U0143015

學校行政

秦夢群　朱子君　黃旭鈞　郭昭佑
何宣甫　湯志民　林偉人　葉連祺
濮世緯　陳錫珍　合著

秦夢群◎主編

五南圖書出版公司 印行

主編序

20世紀電影巨擘英格瑪・柏格曼（Ingmar Bergman）在其名作「野草莓」中，敘述一位皓髮窮經的老教授，為接受榮譽博士學位而啟程他鄉。途中偶入一小城，街道上杳無人跡。遠處教堂大鐘靜止不動，驀然回首，一輛馬車迎面衝來。天旋地轉之際，老教授瞥見馬車中蹦出一具棺木，其中不是別人，正是自己。

此種超現實的映象，鏡照出老教授面對「夕陽無限好」的恐懼。生死大限，無人能敵。無奈，人孤獨於浮世間，面對紅塵俗體，雖有人群環繞身旁，焦慮帶來的虛無感始終未曾停止。即便身處繁華世界，最後參破鏡花水月的，還是只能靠自己。

近年再看「野草莓」，心中卻不由自主浮現學校校長的影子。在教育組織與權力重組的臺灣，學校行政者面對的是看似黝黑死寂的世界。上級朝令夕改，教師卻不動如山。然而渾沌校園中事事皆在質變，一旦有突發事件未及處理，即可能星火燎原，造成眾相指責的窘境。處於暴風中心的校長，不禁懷疑自己究竟該表達什麼。在暗長的甬道中，不斷吶喊，得到的只是瘖啞回音，只好咬牙匍匐前進。深怕孤立無援下，一旦誤判，即可能粉身碎骨。

這並非危言聳聽。近年來教育全球化，學校行政之運作大受衝擊。首是開放系統理論之興起，再是管理學派績效運動之捲土重來。前者打破學校自我封閉之象牙塔，導致各種利益團體之大舉入侵；後者則將學校市場化，堅持資源投入後應有令人滿意之績效，否則領導者即應被檢討。孰料公立學校之組織未若私人企業公司，好的構想橘逾淮而成枳，往往使不上力。因此外面各種教育改革喊得震天尬響，一入學校卻如四兩棉花般的飛散。夾在上級與基層之間，學校行政者之難為可想而知。

1

為使校長不被譏為只是「管家」，在撰寫此書時，內容即鎖定在「領導創新」的層次，飢飩瑣事之處理則非寫作重點。除了傳統之教務、訓導、總務與輔導之內涵，還加上校園規劃、公共關係、品質管理、與創新經營等新興理念。期盼學校行政者不只以校園平安無事自滿，還能隨著時代的浪潮更上層樓。

　　本書計有十位作者，人數不多卻各自奔忙，如期繳稿實在難能可貴。他們多為青壯年之教授，平日涉獵學校行政實務頗深，配合相關理論，寫來自是鞭辟入裏。章節後附有「參考案例」與「回答問題」，期盼讀者能參酌最新的教育理念加以探討。其目的不在求標準答案，乃希望藉研討之過程，建構相關隱性知識，以備風雨襲來時，能見機行事度過難關。

　　柏格曼在2007年撒手人寰。他一生恐懼死亡卻深刻描寫死亡。學校行政也是如此，即使再難為，也得勇敢面對。它需要一點點傻勁，一些些衝動，但最重要的，卻是捻花微笑的頓悟。這頓悟，絕非一朝一夕所能成，但願此書能盡棉薄之力。

秦夢群

2007年盛夏、臺北

目　錄

第一章 學校行政的基本議題

· 秦夢群 ·

　　為了傳遞文化，人類自有文明以來，即以不同之型式進行各種教育活動。自一對一式的家教至動輒上萬學生之大學，學校組織已成為最普遍之正式教育處所。晚近雖有在家教育（home schooling）之主張，但學校目前仍是傳遞知識之主要場所。

　　「學校」一詞在中國出現甚早，但「學」與「校」兩者最初卻有不同之意義。前者係指中央國學，後者則多指地方鄉學，以教育小學生為主。東漢之後，「學校」一詞才漸成中央與地方教育機構之泛稱（高明士，1999）。自傳說中的唐虞分學校為上庠下庠，夏禹改東序西序，殷商名左學右學，西周分大學小學，乃至清光緒22年（1896）籌設京師大學堂為止，各代官辦和私立的小學、書館、社學和蒙館等都屬於初等教育機構，實施的多是大學和小學兩段制教育。即至1897年，盛宣懷創辦上海南洋公學，在外院（附屬小學）之上開辦上、中兩院，學校才開始有正式中學階段的組織。

　　歐洲各國之學校組織上承希臘、羅馬傳統，古希臘時已有中小學之分別設立。例如雅典在弦琴學校等小學之上，設有中學性質之修辭學校與文法學校。課程有文法、修辭、倫理學、幾何等科目。歐洲近代學校制度則創立於16世紀文藝復興時期，但仍以教會與私人創辦為主。及至19世紀，西方各國才開始興辦各種公立學校，師範學校和職業學校也逐漸得到發展。

學校雖已成現代社會不可或缺之一環，但其所扮演之角色與功能，學者歷來看法卻是不一。結構功能學派（structural-functionalism）之學者如Durkheim（涂爾幹）主張教育可將個體轉化為社會人，也可自學校中習得謀生的知識技能與群體生活的道德規範。此種價值的塑造需藉助教育的社會化（socialization）過程。Parsons（1959）也認為教育的選擇功能（selection function）可以培育出符合社會所需的人才，視教育為穩定社會運作與進步的力量。

在另一方面，衝突學派（conflict perspectives）與持新馬克思主義之學者，卻以衝突與宰制的觀點來探討學校在社會運作中扮演的角色，主張教育往往是統治階級控制底層勞動者的工具。學者如Bowles & Gintis（1976）認定教育只為資本家服務，資本家假借民主之名，卻行干涉教育內容與運作之實。學校常教導一些不切實際的觀念，且致力於培育順從的學生。影響所及，社會階級經由學校產生複製的結果，教育平等與社會流動只是假象（Althusser, 1993; Apple, 1990; Bourdieu, 1993）。激進學者如Illich（1971）甚而提出解構學校（deschooling）的想法。控訴統治階級控制下的學校課程往往只利於其下一代。因此，學校只是一種製造社會認可產物之機構，處於不利學習位置之勞動階級下一代，卻永無翻身之日。因此，Illich主張將學校解散，另藉由社會學習網（learning web）之建立，讓願意學習的人皆能分享到知識。

由以上之主張中，可以一窺學者對學校角色與功能看法之歧異。此雖為教育社會學探討之主題，但身為學校行政者，卻需瞭解社會潮流與脈動，如此才能使學校組織有所創新經營。先予敘明後，以下再分別就學校行政之定義、範圍、研究走向、原則、問題與發展趨勢加以分析敘述。

在家教育之爭議

　　長久以來，依據「強迫入學條例」的規定，臺灣的國民義務教育皆由國家提供，且具有強迫之性質。當父母不滿學校的品質時，即產生強烈改革要求。有人直接引進體制外的教育（如森林小學、華德福學校），也有人力促內部體制的鬆綁。在家教育即是後者一種對抗學校的另類教育型態。

　　根據在家教育倡導者的看法，所謂的義務教育是「國家有義務提供國民接受教育的機會」，而學校教育只是「其中」一種，絕非是「唯一」型態。他們認為現行學校教育的統一管理，把孩子塑造成木頭人，父母是最瞭解孩子的，絕對有能力可以教育子女。透過在家教育，因為充分瞭解孩子的需求，可提供孩子發展多元智慧適性教育的機會。此外，當孩子被帶回家後，政府也應不斷提供在家自行教育的資源，並指派老師定期給與協助，而非棄之不理。

　　反對者則認為學校教育向來是社會化重要的歷程，透過教師及同儕團體相互學習，孩子可以接受完整的社會化陶治。雖然有意對孩子進行在家教育者，對自己的教學充滿信心，但是懂得不一定教得，而孩子在家學習，家長同時擔負了老師的角色，親子和師生角色如何釐清，上學與課後如何巧妙切割。另外在家學習缺乏同儕團體的互動，是否會造成孩子孤立的性格，是否會對孩子過度保護？一旦回歸體制有無適應的問題，凡此種種皆需事先慎重考慮。

　　為應付在家教育之要求，部分縣市政府已訂定相關法規，允許部分學童在家教育。例如臺北市教育局2002學年通過在家教育個案審查已達81件，顯示國人教育觀念的改變。

　　雖然義務教育不再限於學校，但講求互動及系統化教學的學校教育仍然無可取代，因此在家教育可能成為教育型態之一，但短期內仍無法衝垮學校的圍牆。然而從另一方面來看，在家教育的日漸盛行，使得學習衝破了學校的圍牆，學校行政者必須重新省思學校的定位與功能。

讀完上述內容後，你贊成在家教育嗎？理由何在？請思考看看！

第一節　學校行政之定義與範圍

一、定義

近年來，國內在學校行政領域業已發展成熟，有關學校行政之論著可謂汗牛充棟（如王淑俐，2001；任晟蓀，2000；何金針，2003；吳宗立，2005；吳清山，2004a；吳清山，2004b；吳清基，2001；吳煥烘，2004；林文律，2005；范熾文，2006；張明輝，2002；張添洲，2003；張鈿富，2006；張銀富，2002；陳木金，2002；陳義明，2005；陳寶山，2005；蔡進雄，2001；鄭彩鳳，2003）。專家學者對學校行政的意義多有所闡述，強調之層面也各有不同。基本上，學校事物經緯萬端，牽涉之內容甚廣，因此必須藉助有效之管理，方能創造理想之績效。表1-1中即列出2000年後，各專家學者對學校行政之定義，大同中卻有小異，可看出不同學者之關注點。基本上，不脫在學校組織中，處理相關之人、地、事、財、物等相關事項，以促進學校的進步。

表1-1　2000年後學者對學校行政之定義

代表學者	學校行政定義
任晟蓀（2000）	學校行政乃學校依據教育原則，運用各種有效的行政理論與科學的方法，將校內人、事、財、物等，做有效的領導與管理，使校務能順利運轉，從而達成學校的教育目標之歷程。
江文雄（2001）	學校行政是一所學校，依據教育原理及政令，有效經營管理學校各種事務，充分支援教學，提升教育績效，達成教育目標的一種歷程。

張瑞村（2002）	學校行政是基於教育目的，在學校組織情境中，有效的應用行政理論與科學方法，妥善處理學校教務、訓導（學務）、總務、學生輔導、人事、會計、公共關係和研究發展等業務，並有效導引、支援及服務教師與學生之「教」「學」活動，以達成學校教育目標的歷程。
鄭彩鳳（2003）	學校行政乃是學校依據教育之原理原則及有關法令規定，運用有效及經濟的方法，對於學校組織相關的人、事、物、財等要素，作系統化的經營管理，藉以促進教育進步，進而達成學校教育目標的一種歷程。
吳清山（2004a）	學校行政乃是學校所處理的一切事務，舉凡人、事、財、物等各方面都包含在內；更嚴謹的說法，學校行政乃是學校機關依據教育原則，運用有效和科學的方法，對於學校內的人、事、財、物等業務，作最妥善而適當的處理，以促進教育進步，達成教育目標的一種歷程。內容包括學校教務、學務、總務、輔導、人事、會計和研究發展等業務。
陳寶山（2005）	學校行政是處理有關人、事、物等一切學校教育資源的手段，是要整合校內各種寶貴的教學人力、物力資源，以及校外豐富的可開發不可依賴的社會資源，有計畫、有組織的投注到學習者一連串的學習活動中，達成學校教育目標。
謝文全（2005）	學校行政乃是對學校教學以外的事務作系統化的管理，以求有效而經濟地達成教育目標。並且包含了四項內涵： 1.學校行政處理的是學校教學以外的事務。 2.學校行政的目的在達成教育目標。 3.學校行政應兼顧有效及經濟。 4.學校行政係對以上事務作系統化的管理。

　　何謂學校行政，歷來各家看法不一。筆者不揣淺陋，茲將其定義為：「學校行政係指依據教育目標與法令，對相關之學校事務，進行經營管理，以達到既定目標與績效的動態歷程。」

　　在以上定義中，有幾點必須加以說明：

（一）學校行政之推動必須稟承教育目標與依法行政之精神

　　時代改變，教育思潮即以主流之教育目標加以顯示。不管趨勢如何

更迭，行政工作總是要以達成教育目標為鵠的，諸項作為不容偏離教育目標。此外，教育法令之制訂內容也是教育思潮更具體之展現。依法行政乃是學校執行業務之底線，即使部分學校成員有所異議，也必須依法行事。舉例來說，體罰以往在校園中司空見慣，但卻是於法不合。因此即使理由再堂皇，對學生之體罰行為卻可能觸法而被法院判刑。從事學校行政者不得不慎。再者，學校行政參與者主要為校長、學校行政人員、教師與學生，甚而包括家長、教育專家與一般社會大眾。學校行政乃是系統性的運作，在此開放系統內，各個利害關係人（stakeholders）必須維持權力平衡以及相互尊重，系統才能順利運作。而其協調之依據端賴對教育目標之詮釋。

（二）學校行政係將行政與管理之理論運用於學校組織中，有其一定之專業性

以往學校行政之執行多憑前輩之經驗，而造成蕭規曹隨沒有新意之後果。二次大戰後，各種管理策略與技術傾巢而出，使得學校行政之面貌急遽改變。其中如轉型領導（transformational leadership）、全面品質管理（total quality management）和計畫評核術（program evaluation and review technique）等，均使行政運作更加理性與系統化。此外，學校行政目的在於「有效率」的促進學校運作，並以提升學生學習表現為其終極目標。在此過程當中，必有許多問題接踵而至；面對各種瑣碎繁雜的問題，行政當局必須在「效能」與「效率」、「穩定」與「改革」、「公平」與「卓越」之間作衡量，分寸拿捏考驗行政者的智慧。因此，現今之學校行政絕不能只跟著感覺走，而必須利用各種管理技術與方法，進行各項業務之推動，以往一成不變的時代已經過了。

（三）學校行政有其一定之既定目標，其績效必須接受評鑑

　　學校行政者不能只以將事情做完就可交差了事。在目前資源有限、家長社會需求日益多元化趨勢下，學校行政必須創造更高之績效。實務上執行各種業務有不同之作法，但哪一個較為適用？則是學校行政者必須好好思量的議題。換言之，現今從事學校行政工作，除了不出事，拿出好成績來也是必要之責任。

（四）學校行政並非只是片斷活動的組合，而是動態與連續的歷程

　　學校行政乃是連綿不斷的歷程，各活動之間有一定之相關與接續性。學校行政的運作首先必須通盤計畫，衡量目前經費狀況、人員編製以及目標需求等，再與相關參與者進行溝通與協調，決定策略後執行。此外，成果也需加以評鑑以做為下次運作的參考。以縱切面來看，計畫、組織、領導、溝通、決策、執行乃至評鑑皆環環相扣，不能予以分割。例如評鑑活動乃是評估學校績效的必要之舉，其結論應為下次計畫的重要參考。若是只做表面功夫，將評鑑報告束之高閣，則先前經驗即無法傳承，很難有所改進。再以橫斷面來看，各種活動之分類雖有不同，但皆必須相互合作。例如有的分為教務、訓導、總務、輔導，有的則分為人事、財務、學生事務、教師事務等，但不管如何，彼此必須相互聯繫配合。試想訓導與輔導各自為政，又怎能對學生的不當行為，發展適切的管教處置？因此，學校行政的歷程必須是動態且相互合作的，如此才能創建最大的績效。

二、 學校行政的範圍

　　實務上，學校行政乃是教育行政之一部分，此在實施教育中央集權制的國家更為明顯。學校所制訂的重要規章與決定，均必須呈報上級主管教育行政機關核准。近年來學校本位管理（school-based management）運動興起，學校雖獲得更高的自治空間，但其權限仍受教育行政機關之約制。因此瞭解學校行政則必須先分析其上的教育行政運作，否則很難一窺全貌。

　　在界定學校行政的範圍時可採取不同的視角切入，對於學校行政範圍之界定也因而仁智互見。然而分析各家說明，仍是異中有同，可歸納出大致的看法。以下，先臚列學者對學校行政範圍之看法，再將其洞見加以統整分析，據以提出筆者對學校行政範圍之見解。

　　王如哲（1999）指出，根據學者的分析，學校行政大致上可區分為六項主要的任務：1.學校與社區關係、2.課程與教學、3.學生事務、4.教職員的人事事務、5.物質設施、6.財務與一般事務管理。

　　江文雄（2001）則認為學校行政所探討的範圍應包括以下各點：

　　1.學校行政的理論：包括學校行政的基本概念、學校行政的觀念發展、學校行政的發展趨勢等。

　　2.學校行政的組織：包括學校行政的組織理論、組織結構、組織動態及組織發展等。

　　3.學校行政的內容：包括教務行政、學生事務行政、總務行政、輔導行政、實習行政、公共關係等。

　　4.學校行政的人員：包括學校校長、主任、組長、教師、職員、學生等。

5.學校行政的歷程：包括決策、計畫、組織、領導、溝通、協調、評鑑等。

6.學校行政的資源：包括法規、經費、財物、科技、資訊、社會資源等。

7.學校行政的目的：包括學校效能、學校行政革新、學校行政發展。

鄭彩鳳（2003）提到學校行政的內涵若從管理學的觀點觀之，可分成四個方面：一是管理什麼，二是怎麼管理，三是誰來管理，四是為何管理。管理什麼，是管理內容的問題，包括教務、學生事務、總務、輔導與公共關係，亦包括人、事、時、地、物之管理。怎麼管理，是管理手段與策略的問題，包括計畫、組織、領導、溝通與評鑑。誰來管理，涉及人員，亦即領導者角色問題。至於為何管理，是管理目的之問題，主要在提升學校效能，達成學校之教育目標。

吳清山（2004a）述及學校行政所探討的主題可分為「理論」及「實務」部分。理論部分可包括：學校行政的基本概念、學校行政的理論基礎、學校行政的理論發展。而實務部分則包括：教務、訓導、總務、輔導、人事及會計等工作。

謝文全（2005）主張學校行政是對學校教學以外的事務作系統化的管理，以求有效而經濟地達成教育的目標。學校行政的事務可大約分為兩大類，一為教學，一為行政。行政是教學以外的其他工作或活動，旨在支援教學活動，故是間接達成教育目標的事務。學校教學以外的行政事務一般可分為五大項，即教務、訓導、總務、人事及公共關係。另外學校行政係指一種系統化的歷程，這一歷程各專家學者有大同小異的看法，一般可分為以下五項作為或步驟：計畫或決定、組織、溝通或協調、領導或激勵、評鑑與革新。

由上述可瞭解學者在分析學校行政範圍時，多採取不同的觀點或架

構，例如依行政的目的、程序、行為、組織及人員對學校行政的範圍加以界定。綜觀上述看法，學者在界定學校行政範圍時所採取之立論觀點不一，正所謂橫看成嶺側成峰，遠近高低各不同。事實上，社會科學中構念之定義常隨學者觀點之不同而互異，要求得一個放諸四海皆準的定義無異緣木求魚。然而，若仔細梳理學者的看法仍可得到較為一致的意見。一般而言，在描繪學校行政範圍時應參照學者專家之觀點，所得之圖像才較為清晰完整。觀諸文獻後，以下筆者即以「部門」、「任務」及「歷程」三種觀點來分類並剖析學校行政的範圍。茲分述如下：

（一）以部門來分

教育涉及諸多事務，舉其犖犖大者如教職員工與學生之管理、課程與教學、經費與設備，以及學校與社區關係等。而學校行政所經營的事務必須設立相關部門加以掌理。實務上，設立之部門可包括教務、訓導、輔導、總務、會計、人事與公共關係等，各個部門所要處理的事務可分述如下（可參見吳清山，2004a；謝文全，2005）：

1.教務行政

教務行政主要在處理與教學有關之工作，其範圍包括課程發展、課程編排、教學實施、學籍管理、成績評量、教學設備、資訊與網路設備、教具圖書資料供應、教學研究、教學評鑑，並與輔導單位配合實施生活輔導等事項。

2.學生事務行政

學生事務行政主要處理與學生有關之工作，其範圍包含公民教育、道德教育、生活教育、體育衛生保健、學生團體活動及生活管理，並與輔導單位配合實施生活輔導等事項。

3.輔導行政

輔導行政主要在處理與學生有關之管教與輔導工作，其範圍包含學

生資料蒐集與分析、學生智力、性向、人格等測驗之實施、學生興趣成就與志願之調查、輔導及諮商之進行，並辦理特殊教育及親職教育等事項。

4.總務行政

總務行政主要處理與經費及設備有關之工作，其範圍包含學校文書、事務、出納等事項，具體事務如工程營繕維護、財物購置、財物管理、文書處理、檔案管理、經費出納與會計以及印信之典守等。

5.會計行政

會計行政主要處理與學校經費有關之工作，其範圍包含歲計、會計及統計等事項，處理的事務如經費預算決算和公款支付等。

6.人事行政

人事行政主要處理與學校人員有關之人事工作，其範圍包含遴用遷調、教師登記、敘薪待遇、服務、操守、考核、獎懲、差假勤惰、退休、撫卹、資遣、生活津貼以及福利互助等。

7.公共關係行政

公共關係行政主要處理與社會環境有關之工作，其範圍包含：社區瞭解、社區關係建立、社區資源運用以及社區服務等。部分私立學校與高等教育機構中，則設有專責部門以為負責。

（二）以任務來分

1.校長領導

實務上，學校經營成功與否實繫乎校長領導之良窳。秉承其專業，校長必須順應時代與社會之需求，重新定位其領導風格，以創建卓越之學校績效。在領導的過程中，校長必須與教師組成團隊，共同制訂永續發展之典章制度。除了科層體制所賦予校長之法定權力外，校長也應以其道德修養，建立倫理的學校文化，提供高支持的教學環境，並建構優

質的學校組織文化。基本上，現今之校長已非以往唯我獨尊之領導者，其必須扮演溝通者與整合者之角色，使得組織成員能彼此合作，共創學校願景與績效。

2.行政管理

學校除教學外，各種行政運作也不可偏廢。教務、總務、訓輔，乃至校園規劃缺一不可。現今之學校行政強調知識管理，行政者必須藉著對知識之蒐集、組織、傳遞、轉化、分享、運用與創新，以提升學校之表現績效。因此，各種知識管道之建立（如校園網路、e化管理、分享平臺）實屬必要。此外，品質管理與績效責任之引進，也是提高執行力之必要之舉。行政管理絕非只是蕭規曹隨或是做完即可，必須不斷改進與調整，如此才能運用有限資源，滿足學校成員多元化之需求。

3.課程與教學

此部分向來為學校教育之重鎮。然而，行政者之職責不在越俎代庖，替教師進行實質上之教學活動，而應在幫助教師根據教育目標、學校發展、環境條件與社區需求，自主發展因地制宜與符合學生需求的課程與教學模式。校長與行政者應與教師合作，成立課程發展組織，訂定課程計畫，整合教學資源，掌控教學歷程，實施創新教學，以使學生獲得最大的學習成效。

4.學生學習與事務

此部分牽涉到學生之表現與輔導。除了傳統之智育學科外，學生自我概念之建立、主動探索之態度、學會尊重別人、負責認真之態度，乃至人際關係之建立，均需適當之教學評鑑與輔導措施加以配合。以往部分學校常被人詬病對學生表現不聞不問或是只重視智育，未來應將學生之適性發展列為課程與教學之首要目標，方能使學生在此多元環境中良性發展。

5.校園營造

校園乃是學校成員與社區民眾活動之場所，因此必須進行總體之營造，而非只是教室與操場之集合體。校園營造包括型塑學校建築風格、校園安全防護措施、生態校園之建構、人文與藝術氣氛之推動。此外，永續經營的理念也應融入校園營造中，從而建構多樣生態校園，提供師生一個良好的學習環境。

6.家長與社區關係

現今之學校已非孤立之島嶼，家長與社區民眾介入學校之力量日益強大。在此情況下，學校行政人員有時會感到其干預之壓力，惟換個角度來看，家長與社區之資源極為豐富，正可補足學校之各種需求。家長多元參與及學校社區化，已成目前教育改革之潮流，學校行政應營造社區公共資源，型塑學校成為文化堡壘，以協助社區永續發展。

（三）由歷程來分

行政可被視為是達成目的之歷程，在其中可包含不同的步驟或程序。因此，在界定學校行政範圍時，也可依歷程的觀點加以分析。若要清楚界定學校行政範圍，應先瞭解歷程中所包含的步驟。此部分歷年學者看法大同小異，以下即對此加以說明。

Gulick（1937）首先提出POSDCoRB的行政程序，此包括計畫（planning）、組織（organizing）、用人（staffing）、指揮（directing）、協調（coordinating）、報告（reporting）、預算（budgeting）。Fayol（1949）則認為管理或行政是計畫、組織、指揮、協調、控制。依Newman（1950）的觀點，管理或行政是計畫、組織、籌集資源、指揮、控制。美國學校行政人員協會（American Association of School Administration, 1955）將行政視為是計畫、分配資源、激勵、協調及評鑑。而其中最常被提到的乃是計畫、組織、領導及

控制四者。

　　實務上，行政乃是一種持續不斷的步驟或程序。一般而言，計畫、執行及考核三者為多數學者主張行政歷程中不可或缺的步驟，但三者之間的再劃分則見仁見智。以計畫到考核中間之過程為例，有的只保留執行，另外亦可把執行再細分為領導、溝通及協調等步驟。換言之，有些學者對歷程所含括之步驟描繪較為粗略；有些則較為細密。綜合各家看法，可知行政乃是一持續不斷之歷程，而在歷程中，計畫、決策、組織、溝通、領導、評鑑及興革等七個步驟，實扮演舉足輕重之角色。是故，可將此七個行政歷程步驟拿來分析學校行政之範圍。茲分述如下：

1.計畫

　　計畫即對欲完成之行政事項預先規劃，以便執行時能有系統且有效率地完成任務（謝文全，2003）。就歷程觀點而言，計畫乃是實現目標的決策歷程，並作為執行的依據。從行政觀點來看，計畫乃是實現理想的手段策略，同時也是一種歷程。一般而言，計畫的程序可歸納為六個步驟：確定目標及範圍、蒐集現況資料、分析及解釋資料、編擬計畫草案、修正草案及決定計畫（吳清山，2004a）。所謂「凡事豫則立，不豫則廢」，學校行政工作之推展須預先籌謀，訂定周詳的計畫，工作之進行才有所依循，進而可望完成預定之目標。

2.決策

　　決策包括擬定解決問題之方案，並從中選擇最佳者，以有效率地解決問題，完成預定目標的歷程（謝文全，2005）。依此定義，學校行政決策則是學校行政人員為了解決實務教育問題，依其權責研擬行動方案，並做出最佳選擇的歷程。對於組織而言，決策行為扮演極重要的角色。即以學校行政為例，每日即須做出大大小小的決策。其中有前例可循，也有突發棘手的問題。例如學校財務如何分配？如何擺平抱怨工作過度的教師？如何輔導缺乏家庭愛而逃學的學生？往往都是學校行政者

所必須要面對而作決策的。

3.組織

組織係指依照目標與需求，依成員之權責，進行工作配置與設定運作規範的過程。組織為一有機體，必須不斷適應環境的變遷，方能精益求精立於不敗之地。實務上，學校行政工作繁複，為能有條不紊的推行，實應釐清單位及成員權責，將人員與工作加以適當配置，使其權責分明與人事相符，如此方有助工作之推展。

4.溝通

溝通係組織成員互動以交換訊息或情感的歷程，希望以此協調意見或滿足個人需求，以順利達成組織目標。溝通對於現代組織極為重要，此因單位及成員間各有立場，衝突與歧見在所難免，因此學校行政工作之推動須不斷溝通及協調，才能使各單位及成員間達成共識，在行動上趨於一致，共同為學校目標戮力以赴。

5.領導

領導之包含面甚廣，其中如組織體制之變更、成員士氣之激發、團體共識之形成，皆為領導者所必須達成者。學校領導者須發揮影響力，激勵學校成員的士氣，使他們盡其所能，共同為學校的願景與目標奮鬥，方能達成組織之目標。然而，基於各學校之背景與組織型態的不同，領導行為也無一定之最佳模式，必須因地制宜。

6.評鑑

教育評鑑是對於教育現象或活動，透過蒐集、組織、分析資料，加以描述與價值判斷的歷程（秦夢群，2005b）。實務上，學校行政工作是一計畫、執行、考核的過程，評鑑即在針對計畫及執行的推展進行考核的工作。藉評鑑才得以知悉事務推動之成敗得失，若有缺失及不盡完善之處，即可依據評鑑的結果加以改進，使工作之推展更趨完善。以往學校偏向封閉系統（closed system）之運作，鮮少自我檢討或接受外部

之檢驗。如今教育利益團體紛紛興起，學校與其被迫自我檢討，不如主動進行評鑑，方能藉此改進而順應各方壓力。

7.興革

興革係指有計畫且有效率的組織改進過程，此在評鑑後發覺問題時更為必要。組織興革具有以下三種特性：(1)其是有計畫且有特定目標；(2)包含一套特定執行程序；(3)具有新的理念或是科技以能達成目標（秦夢群，2005a）。質言之，興革係指改進革新以求進步發展之意。因興革的速度或重點的不同，或因專家學者遣詞用句的偏好，文獻中出現相關類似的用詞，包括改革、更新、重組、轉型、再造等（謝文全，2003）。值此急遽變遷之際，學校行政人員須不斷求新求變，與時俱進，採行興革作為，才能因應不斷變化的環境。

第二節　研究走向與學校組織行為

一、學校行政的研究走向

學校行政乃是教育行政中重要的一環，向為教育學者關注的領域。由於切入點不同，研究角度也有所差異。分析相關之論文，二次大戰後，學校行政的研究走向大致可分為：(一)組織走向、(二)市場走向、(三)文化走向，以及(四)政治走向。茲將其研究重點簡述如下：

（一）組織走向

從歷史的觀點而論，組織走向乃是學校行政研究的最早發展方向。不可諱言，學校有其特定的功能與目標（隨著時代與社會的變遷而定），而為達到一定績效，設立特定組織乃是必要。基於此，組織走向

的行政學者關心的議題乃在：1.應創建何種組織才能達到特定目標且具理想的效率與效能？2.組織內的結構與特徵應如何隨著時空的改變而有所調整？

組織走向的理論與研究汗牛充棟，重要者如 Max Weber（韋伯），其主張科層結構（hierarchical structure）乃是達成組織效能的最佳模式。事實上，現代公立學校組織皆不脫科層結構的色彩。其特徵包括職位分類分層、階層權力的確立、法定責任的制定、記錄檔案的建立、理性關係的建立、與實施薪水制度等。雖然 Weber 的理論被批評缺乏對文化與非正式組織的重視，但即使至今，其主張仍是學校組織建構的重要依據。

綜而言之，組織走向的學校行政研究，主要在探討「在何種組織建構與操作下，方能獲得最大的功效」。學校正式的科層結構雖仍存在，但近年來已有所改變。例如基於父母教育選擇權，晚近公立學校已有另類型式如特許學校（charter school）的出現。此外，基於合作的觀念，對教師的彰權益能（empowerment）呼籲也日漸升高。做為一位校長，教師並非權力階層中的下屬，而應是合作的伙伴，共同為達成組織目標而努力。最後，不管學校組織如何改變，社會對績效的要求卻從未間斷，因此也使得學校評鑑與如何創建高績效學校（effective school）的研究成為熱門的議題。

（二）市場走向

學校行政的市場走向興起於對傳統專業科層的反動。以往學校的地位特殊，家長也視學校行政人員為專業人士而鮮少干預。然而，隨著教育經費的日益增加，學校產生的績效卻乏善可陳。美國學者Mathews（1996）即指出許多在1980年代進行的學校內部與制度的改革，已多半證明失敗。在此情況下，以消費者為主軸的市場取向於焉興起。

簡而言之，市場走向視學校如經濟學上的財貨，學校所提供的即是特殊的勞務。在尊重消費者（家長與學生）的前題下，學校行政的改革，不必經由政府或學校的科層體系，而應直接由市場來主導。此種看法顛覆了學校專業而神聖不可侵犯的形象。

市場取向看似激烈，其實乃長期社會對學校不滿所致。二次大戰後，教師（尤其是公立學校）經由立法、訴訟乃至組成工會的途徑，逐漸擴大權力而漸與社會脫節。家長抱怨校內不適任教師充斥而無法處理，對於學生的低落成就，也是束手無策，此在社經地位較低之地區更加明顯。換言之，如以企業比喻，學校經營本身毫無風險，成員不會因此而有損失（如降職或解僱），反而是身為消費者的家長與學生必須接受損失。如此窘境遂使消費者奮起爭取主導權。

綜觀近年市場走向的實質作法，不外民營化（privatization）與市場化（marketization）兩大走向。前者如特許學校的興起，由企業或家長直接介入學校的經營，最極端的甚而將自家當成學校，而由家長完全負責進行在家教育。後者如教育券（vouchers）的施行，直接發放給父母，由其選擇心目中的理想學校。後雖未全面實施，但已對學校行政造成巨大衝擊（秦夢群，2005b）。

（三）文化走向

學校行政的另一研究走向為對文化的探索與重視。實務上，能力背景相似的兩個校長，在不同學校中卻可能會產生不同結果（即使兩人皆有相同之作為）。之所以如此，原因即在兩校成員的看法與文化之差異。

學者 Schein（1992）將文化界定為組織解決外部適應與整合內部時，成員所分享的基本假定，並將之傳遞給新成員。呈現在學校行政研究上，研究者關心的重點乃在學校文化對行政作為的影響。其方向包

括：探討學校文化的定義與結構、分析學校文化的層級與表現型式、探究影響學校文化的因素，及其影響學校表現的程度。

文化走向的學校行政研究，以往較限於對組織文化與效能、效率間的關係，即探討何種組織文化可以創建最佳的成果。近年來，研究者逐漸利用質化方法，探究不同學校次文化（行政者、教師、學生）之間的相互影響。例如教師在教學時，其對「成功」的價值觀，即深刻影響學生的表現。此外，行政者如何型塑學校願景與文化的策略（如轉型領導的出現），也成為關心的焦點。

實務上也發現由於鬆散結合的特性，教師文化傳統即強調個人主義與單兵作戰。因此，即使正式組織的架構將教師聚集一處，但若未有共同價值觀的創建，則根本不會產生真正的合作行為。由此可知，一個正面且具建設性的文化，對於學校的進步，有極其重要的影響力。

（四）政治走向

就經營的過程而言，學校行政頗具政治的色彩。以公立學校為例，校長經遴選後由上級指派，依法即具有決策與分配資源的權利。換言之，整個學校在校長的領導下，必須與上級、部屬、教師、父母與社區團體加以周旋，方能決定權利的增減與由誰來進行決策。此類議題實可將學校視為是一個政治體或是政治系統。

學者 Carnoy（1994）即主張學校是一微觀的政治系統，批評主張市場導向的教育學者，忽略了教育與學校行政系統多半係屬公共領域的事實。學校的許多決策並非簡單的「輸出－輸入」模型與市場供需機制所能決定，其還牽涉到社會與社區的觀感。Blasé（1991）也認為任何個人或團體運用權力以達成既定目標，即具有微觀政治的色彩。近年學校衝突日增，各成員與利益團體合縱連橫，政治運作的氣氛更加明顯。

基本上，將學校視為政治體或政治系統的研究，大致可分為三類：

1.價值的分配與決策過程：例如 Wirt 和 Kirst（1992）即認爲學校必須
輸入價值與資源，以形成日後的決策與行動。2.注重學校公民性與公民
社會的特性：以瞭解學校與社會的關係及學校在公民社會中所扮演的角
色。3.學校的階層化與再製，探討學校如何利用權威關係（如教師對學
生），以形成特殊階級的形成與再製（Apple & Beane, 1995）。

二、學校組織行爲之形成與分析

　　學校乃是爲達成教育目標的正式組織，在各種成員活動中，必定產
生特定的組織行爲。學校行政之研究除表面之政策制度外，更應注重學
校成員的組織行爲，方能判定辦學之良窳與績效。學校組織行爲絕非片
斷，而必須整體分析之。歷來研究學校組織行爲之模式頗多，限於篇
幅，以下即以Getzels和Guba（1957）以及Hoy和Miskel（2001）的社會
系統理論（social system theory）加以分析說明。

　　社會系統理論反對將學校行政之分析單純化，指出僅止於若干步驟
的分析，易流於機械化，容易忽略教育行政組織內部的整體運作，與來
自外在的諸多影響（黃昆輝，1988）。換言之，社會系統理論者把學
校行政組織看作是一種社會系統。在此系統中各種相互關聯之層面的交
互作用，即形成學校的組織行爲。社會系統理論的訴求乃在把組織視爲
一個完整系統。此系統創造情境，也型塑組織中人員的整體行爲脈絡
（Owens, 2004）。

　　依Getzels 和Guba的主張，社會系統爲組織中成員爲了共同目的
而進行互動及參與的動態歷程。就此而言，學校可被劃歸爲社會系統
（Fiore, 2004）。依Getzels和Guba之模式（圖1-1），社會系統包括二個
層面，一個是規範層面，另一個則爲個人層面。社會系統中產生的行爲

乃是此二個層面互動的結果。基於此,可以一個方程式B ＝f（R × P）
加以代表。其中B為可觀察到的行為。R是由期望所界定而賦予的角色。
P是由其需求傾向所界定的角色人格。角色及人格因素決定行為的比重
會隨著所涉及的特定系統、角色及人格而有所變異。除了這些主要社會
行為之決定因素外,仍須考量其他相關的附屬因素,例如生態、環境及
文化因素（Getzels, Lipham, & Campbell, 1968）。易言之,社會系統中
可觀察到的行為是機構、角色及期待;以及個人、人格及其需求傾向之
函數。是故,當研究學校社會系統時,觀察到的社會行為即為組織需求
（制度、角色、角色期待）及個人需求（個人、人格、需求傾向）兩者
互動而成（Fiore, 2004）。

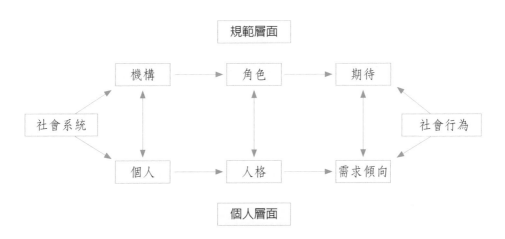

圖1-1　社會系統的組織模式（Getzels-Guba模式）

資料來源：出自Getzels & Guba（1957：429）。

　　在Getzels 和 Guba的模式中,將學校社會系統分為兩個子系統（人
與機構）。其後,基於組織的複雜性,部分學者在其基礎上加以增修,
而產生進一步的模式,其中之一即是將學校組織概念化為一社會科技系
統。此系統是由結構（如作決定、控制、計畫、部門、溝通）、任務

（教學、視導、行政、支持性服務）、技術（裝備、材料、課程、知
識）和人員（技能、地位、價值、領導、人事、情感等）等子系統所組
成。上述四種內部組織要素因時間、組織之不同而有所差異。在一特定
組織內，四種要素高度交互作用，每一種要素都企圖形成和塑造其他要
素。事實上，學校系統與所存在的較大外在環境之間會產生持續、動態
的交互作用。而此處所指環境係指所在學區或學校的超級系統：如社
會、政治、經濟等系統。以政治系統為例，法令、預算之通過，經常會
影響學校組織目標之訂定及執行（Owens, 2004）。

　　　Hoy和Miskel（2001）亦將學校視為社會系統。其主張學校是具有
四種重要因素或次級系統（即結構、個人、文化、和政治）的開放社會
系統（如圖1-2所示）。學校組織行為即為學校情境脈絡中各種因素互動
之結果。正式組織中的行為不僅受結構和個人影響，亦受文化和政治因
素的影響。具體言之，「結構」是以正式科層體制的期望來界定，它們
是為了實現組織目的而加以設計和編制。「個人」以需求、目的、信念
和工作角色的瞭解加以認知，個人也提供達成組織目的之能量和能力。
「文化」是參與者共享的工作導向，它給予組織特定的認同體。「政
治」是用來抵抗其他系統控制的非正式權力關係之系統。大體上，系統
內所有元素及互動皆受核心技術和環境的力量限制，且系統是開放的。
再者，社會系統如果要獲得生存和發展，便須解決適應、目的達成、整
合和維護等基本問題。根據學校社會系統模式，組織的表現至少受到四
組主要因素決定（即結構、個人、文化、與政治）。四個因素會與教學
過程產生互動，且會從環境中獲取投入並將其轉型。這些因素與互動組
成了轉型系統，但亦受來自環境的要求所限。簡言之，此模式歸納了被
視為開放社會系統的組織之主要內部與外部特徵。行政行為與學校社會
系統的主要元素息息相關。結構、個體、文化與政治因素常影響組織成
員的表現。決策、溝通與領導等行政行為是影響學校表現的關鍵過程，

領導者如果操縱系統的某個層面，便會產生漣漪效應影響到其他層面，而期望與行為的新組合便應運而生。

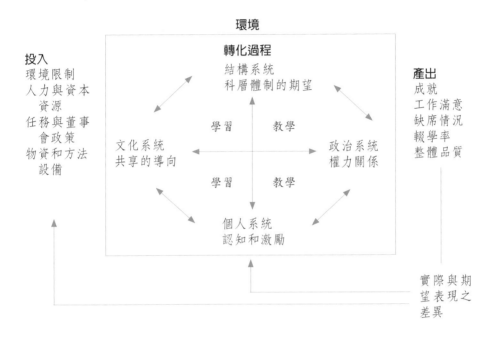

圖1-2　學校社會系統模式

資料來源：出自Hoy & Miskel（2001：31）。

　　由以上各種社會系統的觀點可知，學校是由相關聯的層面或因素所構成，彼此之間有內在互動之關係，系統與外在環境之間亦會互動。系統狀態的改變，可能起因於內在單元間關係的消長，亦或許肇因於外在環境因素的改變。所謂「制事須先明變」，如果要掌握問題的特性，則須先瞭解系統變化的原理。若能洞悉環環相扣的生態因果關係，去審證求因，辯證論治，便可掌握問題的癥結。學校因具有複雜性與彼此聯結性，學校行政者必須時時進行系統思考，認知整體的重要性，而非僅著重於部分細節。切記學校為社會系統，而系統之整體卻大於部分之總和

（Hoy & Miskel, 2001）。行政人員須有宏觀思維，把學校事務視為一個整體系統，透過整體的觀察，明瞭事務內部以及因素之間的整體結構關係，並利用對事物內、外在回饋機制的操作與運用，方能見木又見林，進而洞悉全局。

　　綜上所述，社會系統之觀點有助於行政者瞭解學校行政之運作。投入、轉化過程及產出是分析學校行政運作的架構，其中所涉及的要素可謂經緯萬端。因之，除學校行政工作實務（如教務、學生事務、輔導、總務、會計、人事與公共關係）以及行政的歷程（如計畫、決定、組織、溝通、領導、評鑑及興革）外，投入、產出與過程所涉及的個人、技術、任務、政治、組織結構、組織氣候、組織文化、組織生態以及環境等諸多要素之掌握，對學校行政之瞭解亦相當重要。在探討學校行政時，實應將其納入而不容偏廢。

第三節　學校行政的原則與問題

一、學校行政的原則

　　從系統理論的角度來看，學校行政乃是一整體的系統組織，其雖常為外界譏為「養護性組織」（domesticated organization），但是隨著教育思潮的改變，學校當中各個層面的團體互動加劇，更需要一定的行政原則來面對各種不同的考驗。

　　針對學校行政的原則，歷來學者多有所論述，並加以歸納條列。學校行政牽涉極廣，大自團隊，小到個人皆有所關聯。因此，其原則必須涵蓋制度與個人層面。對此鄭彩鳳（2003）認為，學校行政基本原則不能脫離法、理、情三大要素，但是必須把握「以法為主」、「以理

為先」、「以情為重」之主軸理念，並且分別落實在「制度」、「合理」、「人性」等層面。因為制度化是管理的起點，但制度並非停滯不前，必須配合理論與現實的考量而追求其合理性。「情」表示人性化的管理，前述「合理性」則以管理的「人情化」為起點。在制度方面，有合法性、目標性、程序性、統整性、前瞻性、發展性等原則。而在合理方面，則有科學性、系統性、權變性、專業性、經濟性、精緻性等原則。至於人性方面，則必須注重人本性、民主性、教育性、合作性、可行性、服務性等原則。

　　張添洲（2003）認為學校行政的原則有以下幾點：1.專業化原則：較長時間的訓練，提供獨特的服務，具有相當的自主權，不斷在職進修，並且遵守專業倫理信條；2.科學化原則：辦公室自動化，分工與授權；3.學術化原則：在職進修，實驗研究，教學視導；4.民主化原則：校園民主，教育鬆綁，溝通協調；5.整體化原則：學習型組織特性，兼顧組織與個人；6.彈性化原則：權變領導，學校本位；7.績效化原則：績效責任，成本效益。張瑞村（2002）述及學校行政宜把握下列原則：1.專業化；2.制度化；3.統整化；4.民主化；5.科學化；6.人性化；7.學術化；8.彈性化；9.績效化；10.社區化。江文雄（2001）則將學校行政的原則歸納為：1.專業化原則；2.科學化原則；3.人性化原則；4.民主化原則；5.整體化原則；6.彈性化原則；7.前瞻化原則；8.科技化原則；9.績效化原則；10.創新化原則。

　　綜合上述專家學者之意見，可從學校行政運作、學校教學活動以及學校外部關係三層面來歸納學校行政的原則。茲敘如下：

（一）學校行政運作層面

1.行政運作法制化

各種組織當中必定要有相關的法令規章來作為基本的規範，以防範

組織失序的情況發生。儘管我國多講求人情層面的考量，但是在面對各種實務層面的挑戰時，第一步必須先在法理上站得住腳，才得以有據理力爭的本錢，故在學校行政當中，遵守法令與校規等規範依法行政是最低的基本要求。

2.決策過程民主化

法令責任的訂定雖然對於組織行事的準則有所規範，使之不致淪為無政府狀態，但演變到後來，難免落入僵化的窠臼中，難以隨時代有所調整。故此時便需要透過民主化的決策過程，除了可以使各成員得以參與以杜悠悠之口外，更可集思廣益，由下而上（bottom-up）的形成共識，以有利於日後決策的推動。

3.預算執行績效化

儘管學校組織與外界企業機構調性仍有所差異，但是在強調自主的同時，績效（accountability）亦應同時受到重視，訂定合理的階段性目標，作為日後追求卓越的基礎。利用相關分析技術，如成本效益分析、計畫評核術等，以最少資源達到最大利益。

4.資訊公開化

在科技發達的現代社會中，網路科技的利用成為學校行政不可或缺的一環，任何不必要的資訊封鎖，必定遭致利益團體的質疑。為了降低外界的疑慮與落實民主化的理念，學校網站的建制、電子布告欄的更新等，都可強化學校行政的效率，更可進一步增加外界對於學校的互動。

（二）學校教學活動層面

此為學校當中的核心事項，辦學績效已成為社會評量一所學校的指標，因此在學校教學活動層面的原則如下：

1.校園文化精緻化

Fincher（1986）指出每個組織如同人類般，有其既定的人格與特

質。簡單言之，一個組織的文化包括成員相同的信仰、期望與價值觀，結合之後成為一種常模。良好學校文化有助於校務的發展。反之，不良的文化卻可能使校務的推展窒礙難行；因此，如何型塑學校知識管理的願景，以及凝聚共同學習的文化，產生源源不絕的知識交流，乃為主政者所必須重視的。

2.教師教學專業化

學生的學業成就表現應為學校中所有事務的重心所在，為了達到學業成就高標準的目標，即應有持續性與全校性的專業發展活動。強調教師教學的專業化，回歸教學本質，給予學校教師足夠的自主空間以及尊重。另一方面，教師不能以昨日所學來教育今日之學生，必須與時俱進，因此暢通的教師進修管道即相當重要。例如種子教師模式、團隊學習、參觀教學或是資源共享都是可以促進教師專業成長的管道。

3.教學事項自主化

教師的專業自主權在彰權益能的思潮下日漸受到重視，也漸成為學校行政的核心價值。教育改革應以學生為焦點，教師為基礎，主政者應掌握其精神與作法，賦予適切的教師專業成長途徑，有效提升教師專業成長的具體績效。

4.校園設施人性化

學校為實施教育的場所，而教育的對象為人，空間的使用對象亦為人，校園的設施應以人為中心，融合教育的理念，營造開放、自主、人性的教學環境，提供師生互動的良好空間，使學生在關懷、尊重的環境成長學習。

（三）學校外部關係層面

在現今資訊發達的時代裡，學校的一舉一動均為社區人士所關注。在義務教育階段，由於學生來源集中，學校往往成為當地的活動中心，

其成敗自然備受矚目。此外，社區資源豐富，善加利用者更可創造更佳的辦學績效。Kindred、Bagin & Gallagher（1984）即指出學校與社區之關係「合則兩利，分則雙輸」，是無法等閒視之的。對處理學校外部關係之原則如下：

1.家長參與明文化

隨著新思潮的引入，許多家長現在已開始對教育運作有所主張，並試圖影響學校。家長會的功能很多，可對外募款或自我捐款推動校務，但有時卻有反客為主的現象。對於家長的參與，應樂觀其成，但角色應限於諮詢的功能，並且以明文來界定家長參與的範疇，學校可參酌其意見但卻不能讓其干預校政。任何決策校方有告知的責任，並尋求意見與支持，即便與其意見相左，也應以雙向溝通化解爭端。

2.公共關係社區化

主政者必須利用各種管道，向社區民眾解釋施政之原則精神，以求獲得支持，建立伙伴關係，克服學校組織科層特性的障礙。此外，適時提供有意義的社區服務，也是目前課不容緩的課題；唯有做好公共關係，才能自社區中獲得資源。晚近教育各利益團體勃興，如何建立雙向的溝通管道，也是學校行政者不可忽視的。

3.危機處理效率化

所謂「好事不出門，壞事傳千里」，毫無預警的危機對於校譽以及整體形象的破壞力非常大，若不立即適當的處理，學校就有崩盤的可能。此可呼應渾沌理論（chaos theory）中「奇特吸引子」（strange attractor）之論點（秦夢群，2005a）。學校行政者應隨時注意情勢發展，危機一旦爆發可採取速戰速決的戰術，才能使傷害降至最低，甚至化危機為轉機。

二、學校行政面臨之問題

　　學校行政對教育目標的達成與教育政策的落實，扮演極重要的角色。近年來，隨著政治的民主化、經濟的自由化、社會的多元化、科技發展的快速化，使得學校行政面臨愈來愈多的挑戰與衝擊。推其原因，乃在學校行政推行的過程中，受到錯誤政策的干擾與主其事者未能盱衡時局，導致學校行政目標模糊偏離，權力與資源遭到濫用，對學校教育的發展極為不利。以下茲就各專家學者（張明輝，2002；張德銳，1998；陳寶山，2004；Murphy & Louis, 1999）與筆者之看法，分析目前學校行政所面臨的問題與困境，以期未來能有所改進。

（一）科層體制的組織僵化

　　學校行政本具有目標模糊、鬆散結合的特性，雖在依法行政與層級節制的科層體制下，其運作往往呈現僵化的現象。由於學校組織是以教學為核心，行政之功能為輔助教學活動之進行。然而在實際教育現場中，學校組織的科層體制，往往與教師專業的自主意識格格不入，進而相互箝制干擾。其中如以科層體制的架構來推動講究民主參與的校務運作，即會產生觀念不清、權責不明之缺點。加上權力分享的過程未有適切組織文化的搭配，學校成員時常只以「最低下限」作為教育目標，或以「上有政策、下有對策」的態度來因應組織變革，其結果自是不甚理想。

（二）權責不清的角色定位

　　分層負責與分工合作，是學校成員角色定位的重要原則。然而，面對目前民主化潮流，仍有部分學校行政主管採用傳統之強制權力

（coercive power）與法職權力（legitimate power）來強力干預部屬的工
作，或因不願授權部屬而事必躬親，而出現上下角色職位重疊及職權不
分的情形。此外，學校組織分工常欠妥當，以致勞逸不均，影響教師參
與學校行政之意願，而部分處室行政專業人力的配置不足，也常出現行
政干擾教學的現象。

再者，「教師法」與「教育基本法」的頒布實行，學校教師權力與
地位大幅提升。學校教評會擁有教師聘任的人事主導權，教師會代表亦
依法參與教育政策的制訂。在此彰權益能與分享決策（shared decision-
making）理念的推波助瀾下，學校在人事、課程與經費運用的自主程度
雖有所提升，然而地方教育局、學校與教師在行政之相關權責上，仍呈
渾沌不明的現象，也造成學校行政人員、教師會與家長會三角關係運作
之失衡。

（三）援例辦理的形式主義

長久以來，學校行政的偏失，常來自於方法運用的失當，或缺乏靈
活運用的技巧。學校行政人員囿於情勢，常使用「經驗法則」加以敷
衍，一切依過往檔案資料修改行事，行政工作猶如機械式的運作而失其
彈性。影響所及，學校運作即迷失於繁瑣例行的事務中，行政人員之心
態只求無過，卻不求創新與成效。導致學校行政面臨外在環境的丕變而
崩解，難以因應社會快速變遷。

（四）本位主義的對立文化

現今學校組織常見對立的衝突，可分為制度與個人兩個層面。就制
度層面而言，教師團體所形成之專業團體的鬆散結合形式，其與重視上
下絕對權力的行政人員官僚體系，常因理念的差異而產生衝突。影響所
及，官僚團體抱怨專業團體之配合度，教師則指責行政人員藉法令為擋

箭牌，暗地卻行獨裁之實，日積月累即形成惡性循環，使學校校務的推動遭受極大打擊（秦夢群，2005a）。再者，伴隨行政事務種類的多元複雜化，學校各處室亦常出現事務劃分不清及權責不明之情形，以致產生各單位「互踢皮球」之現象，使學校行政績效大打折扣。

再就個人層面而言，由於學校行政人員，多半仍兼有教師角色，因而時常出現角色扮演間的衝突。當個人角色的價值觀與人格，與組織文化所要求的角色期望有所不合時，常使兼任行政之教師產生不如掛冠求去的惆悵。尤其當學校教師會紛紛成立，家長團體的強力介入，更使學校行政人員面臨「裡外不是人」的窘境。此種本位主義之對立現象，常使學校行政面臨虛耗的窘境。

第四節　學校行政的發展趨勢

教育是國家發展與社會進步的原動力，而追求更好的教育制度，創造更有效率的教育行政改革，已成為社會各界所關切的課題。學校教育為教育革新進步之基石，而學校行政則提供對教育事業的領導與支援。透過適當領導功能，學校教育才能正向發展；透過一定的支援功能，學校教育才有完善的設施與資源，進而提昇教學品質，達成學校教育的目標。

伴隨著教育改革的浪潮，我國中小學學校組織之發展，已經從科層體制朝向學校行政部門、教師會及家長會多元共治的組織架構，傳統學校組織運作方式也將隨之調整與改變。綜觀各國學校行政改革及學校行政理論的發展，可將學校行政的發展趨勢歸納如下：

一、依法行政的自主管理

依法行政是現代行政的基石，亦是學校行政的重要準則。隨著民主社會發展之同時，法與理的層面相對於學校行政更形重要。過往學校文化多強調倫理道德，而較忽視法治觀念，以致空談理想而遊走於法律的邊緣間。在學校行政的推動上，往往偏於「人治」而無法真正做到依法行政。今後應努力的方向為：

（一）強調法治觀念

權力下放到學校，讓校長與教師有更大的自主管理空間，加上家長之參與校務，已成為世界各國學校行政革新的趨勢之一。惟權力下放之同時，依法行政觀念之落實應為基本之要求，學校人員法治觀念之建立應為推展學校本位管理之首要工作。我國現行教育法制趨於完整，「教育基本法」、「師資培育法」、「教師法」等相關法律之頒布與修定，已明定學校教育人員相關之權利與義務，今後學校行政運作亦需朝法制方向邁進，並加強法治觀念。

（二）踐行正當法律程序

落實正當法律程序為法治國之基本精神，「行政程序法」於2002年頒布後，正當法律程序之要求即更形重要。應用於學校行政的範疇時，如教育人員遭受處分時，需將受處分的理由以書面通知當事人，並提供當事人有陳述與申辯之機會，並表明救濟方式。而對於學生之處分，應釐清係屬「校規」問題，亦或「法律」層次，同時提供學生申訴管道，以保障學生權益。正當法律程序為學校行政必要之機制，各項行政事務之推動皆應建立標準程序，並建檔儲存，以利落實績效責任之推展。

（三）提供申訴救濟制度

有權利即有救濟，爲法律對人基本權益之保障。在學校行政的範疇中，教師對於主管機關或學校有關個人之措施，認爲違法或不當，致損害其權益者，應提供教師申訴及行政訴訟之管道，以尋求救濟。而對學生而言，大法官釋字382號、釋字563號明示：對學生所爲退學或類似之處分行爲，足以改變其學生身分並損及其受教育之機會，受處分學生於用盡校內申訴途徑，未獲救濟者，自得依法提起訴願及行政訴訟。由此可知，保障教育人員及學生之基本權益，爲法制行政之必要機制，亦爲未來學校行政發展之方向。

二、學校本位的參與決策

學校本位管理爲近年來歐美學校行政改革的一股風潮，然而在我國學校行政改革的軌跡中，諸如學校教師會的成立、家長教育參與權、學校本位課程設計、學校社區化、校長遴選改革等轉變，不難窺出其朝向學校本位管理之趨勢發展。

學校本位管理是一種權力下放的學校管理，藉由學校行政人員、教師、家長、社區人士與學生共同作決定的權力，理論上不僅能提高學校校務參與層面，亦可增進學校行政效能（吳清山，2004a）。學校本位的參與決策影響學校管理結構與歷程的改變，惟發展上應秉持以下之原則進行：

（一）追求民主開放

擴大參與層面的學校行政模式，提供教育參與者投身學校行政決策之舞臺，此爲民主社會所必要之機制。然而多元開放雖能落實民主機制

而集思廣益，但也容易淪爲多方勢力的相互對抗，進而影響教師士氣。是故，多元參與應謹守民主尊重之精神，在追求開放之同時，學習廣納他人意見及論述，方爲學校本位管理之內涵。

（二）推動自主自律

學校行政革新的目的在使學校學習自主自律，以避免不當勢力的干預。因此落實學校本位管理，應配合發展自我評鑑的學校行政模式，以藉由教育參與者之對話與團體學習，建立學校本位管理的配套機制，促使學校行政人員能自我監督，開展更具效率與獨立負責的行政風氣，以防止長期學校行政遭受不當勢力的箝制介入。

（三）採行分權分責

學校本位管理之精神與「績效責任」概念實爲一體兩面，現代行政強調權力下放之同時，亦要求相對之績效責任作爲因應。因而落實學校本位管理之推展，應先明確界定教育參與者之權力與義務，透過分權與分責的機制，方能眞正促進行政效率之提昇。

三、創新經營的組織再造

伴隨我國整體社會、政治及經濟環境的變遷，教育組織也產生若干變革。校園民主化的腳步也帶動學校組織出現「重組」（restructuring）或「再造」（reengineering）現象（張明輝，2002）。近年來，爲因應學校教師會的成立、教評會的設置、家長會功能的提升等，學校行政者須改變行政的運作型態，進而促進學校組織再造，以順應社會變遷及創造卓越的行政績效。

Hammer（1993）將組織再造定義爲從根本上重新思考，並重新設

計組織的作業程序，以求改善成本、品質、服務與速度等重要的組織績效。學校組織再造為因應知識經濟（knowledge economy）之彈性發展，其內涵包含如下：

（一）組織結構與運作的再造

學校組織再造強調組織的扁平化及運作流程的重新設計，以增進行政人員與教師的溝通，使行政運作擺脫層級的限制。組織再造係以流程為主軸，排除過於繁瑣的工作，使行政工作涉及完整流程；同時配合組織部門間的互動與合作，有助組織彈性因應環境變遷。

（二）組織文化的創新

組織再造改變的不僅是組織的作業流程，改造組織成員的工作態度、價值觀、專業水平及思維模式亦為再造的核心工作。學校組織文化為影響組織再造的關鍵因素。組織再造乃是維持組織彈性與競爭力的重要手段，而組織文化的創新則是學校組織再造的重要一環。創新的文化可以激勵成員求新求變，並活化學校組織生命。

（三）領導觀念的權變

Fiedler權變領導（contingency theory）觀點的出現，不啻為學校領導研究注入新血，而1980年代以來轉型領導的提出，更為組織再造的領導觀提供最佳的註解。轉型領導強調具有願景、強調革新、鼓勵部屬提升其工作動機至較高層級，以共同完成既定目標的領導訴求（秦夢群，2005a），可視情況為因應組織再造可選擇的領導風格。

四、資訊科技的知識管理

　　資訊化時代的來臨與電腦科技的普及，直接衝擊學校行政的運作。資訊科技（information technology，簡稱IT）在學校組織再造的應用，是未來行政知識管理資訊化的重要課題。此外，知識管理（knowledge management）於1990年代普遍受到重視，其對學校行政革新具有重大影響，近年來所強調的學習型學校（learning school）理念即為一例。然而，學校行政未來的發展趨勢是將行政管理結合資訊科技工具之運用，透過e化的網路介面來提升行政流程的效率與品質，同時針對組織中的知識進行蒐集、組織、儲存、轉換及分享，以提高學校組織的競爭力。就此而言，學校科技領導與管理成為近年學校行政不可或缺的一環（張奕華，2007）。

　　在學校組織中，網路科技（network technology）在行政與教學的運用方面，已有日趨普遍的現象。例如校務行政系統、各學科網路教學資料庫、非同步教學系統的建置與應用等，使整體學校行政效能及教學成效，得以大幅提升。再者，「虛擬學校」（virtual school）型態的出現，也將引領學校經營理念邁向另一新思維（張明輝，2002）。

五、多元分享的公共關係

　　學校與社區之關係，實為「合則兩利，分則雙輸」，學校行政工作者不能等閒視之。尤其在義務教育階段，因學生來源集中，學校往往成為當地的活動中心，自然深受社區大眾之關注（秦夢群，2005b）。然而，從社會系統的觀點來看，學校是一個典型的「開放系統」，受外在

環境的影響，且與外部環境相互依賴，因而「學校社區化、社區學校化」之概念已成爲未來學校行政革新之趨勢。因此學校行政決策除了必須考量內部系統，亦應考量外部環境，以維持生存，獲取效能，並得以持續發展（林明地，2002）。

隨著民主平等與資訊開放的浪潮，學校的角色已非以往築起高牆自我孤立的世界，學校良好公共關係的建立已成爲學校行政領導之重要環節。學校公共關係之面向包含學校與家長、學校與社區、學校與媒體、學校與學校等多重關係。良好公共關係之建立應推展分析、規劃與執行三階段進行，同時應善用大眾傳播媒介，建置學校的溝通管道及對話窗口，並推展行銷通路，發展符合社區需求特色的公關策略。

學校行政領導猶如一門藝術，學校公共關係的經營更如是。營造學校與社區的共融關係，結合學校與社區資源的共享合作，已成爲現今學校行政工作者所必須學習的課題。

 參考案例

洩題事件

龍馬國中位於大都會邊緣，學生多爲勞工子弟。成立雖已三年，校舍一大半卻尚未完工，因此一年級學生必須暫借學校對面之國小教室上課。由於校舍施工影響教學，沒有專科教室及室外活動場所，令各科教師與學生抱怨連連，教學只好在克難與將就下勉強進行。

尚科南是第一任校長，也曾力求振作，早日蓋好校舍。緊逼盯人的結果，卻造成被建築工人追著打。加上上級視察頻繁，追究延遲完工原因，並緊盯進度，讓由小學轉考上國中校長的他，頗感吃不消。

此校皇親國戚頗多，教育局長的妹妹甄蘭楚是會計主任，每每本著主計原則，事事依法辦理，師生迭有怨言。但創校迄今，好不容易

才有主任到任，稍解由他校會計兼代的窘境。對此，校長也只好忍氣吞聲。到任一學期後，甄主任的先生即在學校附近成立升學補習班，招攬學生前往補習。

當年6月照例進行第二學期期末考試。第一天考完，教學組長王真純便將一、二、三年級各科考試卷一份，連同印刷廠代印之收據彙齊，經主任蓋好章之支付憑證，送到會計主任處，以便早日請款結帳。當天下午學生自修，教職員跟著也不上班。

第二天中午考完試，部分老師得到學生報告，指控今天考的數學、國文，昨天在補習班都已做過與講解。再詢問同一家補習班的其他同學，共三十多位捷足先登，便向教務處與校長報告洩題事情原委，希望查明補習班試題來源。打聽結果，證實該補習班為會計主任之先生所開設，第一天與第二天所考的試題，當天補習班學生皆已事先做過。

主科老師都認為校方應處理甄主任洩題事件，並向家長說明，屢次向校長表達不滿情緒。但甄主任卻辯稱其先生無意間看到考題，以為是去年資料，拿來給補習班學生習作並無不妥。

教師聞言大為光火，認為學生參加校外補習無可厚非，但牽涉到洩題則事關重大，但是如果讓懲戒事先知題之學生成績零分，則可能引起家長抗議。無計可施之下，一致要求校長給個交代。

回答問題

1. 此事件雖不致動搖校本，但影響師生士氣甚鉅。試依學校行政者之立場，說明在處理此事件時，有哪些因素是必須列入考慮的？
2. 如果你是校長尚科南，你會如何合法處理此問題？
3. 參加補習班的學生成績應如何處理，才能平息眾怒？

參考書目

王如哲（1999）。緒論。載於王如哲、林明地、張志明、黃乃熒、楊振昇，**教育行政**（頁1-26）。高雄市：麗文。

王淑俐（2001）。**溝通，其實不簡單：教育與學校行政溝通的理論與實踐**。臺北市：五南。

任晟蓀（2000）。**學校行政實務：處室篇**。臺北市：五南。

江文雄（2001）。學校行政導論。載於吳清基（主編），**學校行政新論**（頁1-25）。臺北市：五南。

何金針（2003）。**學校行政理論與實務**。臺北市：幼獅文化。

吳宗立（2005）。**學校行政決策**。高雄市：麗文。

吳清山（2003）。教育行政的基本概念。載於林天祐（主編），**教育行政學**（頁1-15）。臺北市：五南。

吳清山（2004a）。**學校行政**（六版）。臺北市：心理。

吳清山（2004b）。**學校行政研究**。臺北市：高等教育。

吳清基（主編）（2001）。**學校行政新論**。臺北市：五南。

吳煥烘（2004）。**學校行政領導理論與實務**。臺北市：五南。

林文律（2005）。**中小學校長談校務經營**（上、下冊）。臺北市：心理。

林明地（2002）。學校社區化在理念與實踐上的發展趨勢。**教育資料集刊**，27，259-280。

范熾文（2006）。**學校經營與管理－理論、概念與實務**。高雄市：麗文。

秦夢群（2005a）。**教育行政－理論部分**（五版）。臺北市：五南。

秦夢群（2005b）。**教育行政－實務部分**（五版）。臺北市：五南。

高明士（1999）。**中國教育制度史論**。臺北市：聯經。

張明輝（2002）。**學校經營與管理研究**。臺北市：學富。

張奕華（2007）。**學校科技領導與管理：理論及實務**。臺北市：高等教育。

張添洲（2003）。**學校經營與行政**。臺北市：五南。

張瑞村（2002）。緒論。載於張銀富（主編），**學校行政：理論與應用**（頁1-16）。臺北市：五南。

張鈿富（2006）。**學校行政：理念與創新**。臺北市：高等教育。

張銀富（主編）（2002）。**學校行政：理論與應用**。臺北市：五南。

張德銳（1998）。**師資培育與教育革新研究**。臺北市：五南。

陳木金（2002）。**學校領導研究：從混沌理論研究彩繪學校經營的天空**。臺北市：高等教育。

陳義明（2005）。**學校經營管理與領導**。臺北市：五南。

陳寶山（2004）。學校行政的省思與實踐。載於邱文忠（主編），**教育理念與行政實踐**（頁56-84）。臺北市：心理。

陳寶山（2005）。**學校行政理念與實踐**。臺北縣：冠學。

黃昆輝（1988）。**教育行政學**。臺北市：東華。

蔡進雄（2001）。**學校教育與行政**。臺北市：商鼎。

鄭彩鳳（2003）。**學校行政：理論與實務**（三版）。高雄市：麗文。

謝文全（2003）。**教育行政學**。臺北市：高等教育。

謝文全（2005）。**學校行政**。臺北市：五南。

Althusser, L. (1993). *Essays on ideology*. London: Verso.

American Association of School Administration. (1955). *Staff relations in school administration*. Arlington, VA: The Association.

Apple, M. (1990). *Ideology and curriculum*. New York: Routledge.

Apple, M., & Beane, J. (Eds.) (1995). *Democratic schools*. Alexandria,

VA: ASCD.

Blasé, J. (1991). *The micropolitical perspective: The politics of life in school*. Newbury Park, CA: Sage.

Bourdieu, P. (1993). *The field of cultural product: Essays on art and literature*. Cambridge: Polity.

Bowles, S., & Gintis, H. (1976). *Schooling in capitalist America*. New York: Basic Books.

Carnoy, M. (1994). Political economy of educational production. In T. Husen & N. Postlethwaite (Eds.), *International Encyclopedia of Education* (pp. 4562-4568). Oxford, England: Elsevier Science.

Fayol, H. (1949). *General and industrial administration*. London: Sir Isaac Pitman & Sons.

Fincher, C. (1986). What is organizational culture? *Research in Higher Education, 24*(3), 325-328.

Fiore, D. J. (2004). *Introduction to educational administration: Standards, theories, and practice*. New York: Eye On Education.

Getzels, J. W., & Guba, E. G. (1957). Social behaviour and the administrative process. *School Review, 65*(12), 423-441.

Getzels, J. W., Lipham, J. M., & Campbell, R. F. (1968). *Educational administration as a social process: Theory, research, practice*. New York: Harper and Rows.

Gulick, L. (1937). Notes on the theory of organization. In L. Gulick & L. F. Urwick (Eds.), *Papers on the science of administration* (pp.3-45). New York: Institute of Public Administration, Columbia University.

Hammer, M.（2002）. *Reengineering the corporation : A manifesto for business revolution*. New York : Harper Business.

Hoy, W. K., & Miskel, C. G. (2001). *Educational administration: Theory, research, and practice*. New York: McGraw-Hill.

Illich, I. (1971). *Deschooling society*. New York: Harper and Row.

Kindred, L. W., Bagin, D., & Gallagher, D. R. (1984). *The school and community relations*. Englewood Cliffs, NJ: Prentice-Hall.

Mathews, D. (1996). *Is there a public for public school*? Dayton, OH: Kertering Foundation Press.

Murphy, J., & Louis, K. S. (1999). *Handbook of research on educational administration*. San Francisco: Jossey-books.

Newman, W. H. (1950). *Administration action*. Englewood Cliffs, NJ: Prentice-Hall.

Owens, R. G. (2004). *Organizational behavior in education：Adaptive leadership and school reform*. Boston: Allyn and Bacon.

Parsons, T. (1959). *The Social system*. London: Routledge.

Schein, E. H. (1992). *Organizational culture and leadership* (2nd ed.). San Francisco: Jossey-Bass.

Sergiovanni, T. J., Kelleher, P., McCarthy, M. M., & Writ. F. M. (2004). *Educational governance and administration*. Boston: Allyn and Bacon.

Wirt, F., & Kirst, M. (1992). *Schools in conflict*. Berkeley, CA: McCutchan.

第二章 學校領導與經營

・朱子君・

　　就一般大眾的觀念，學校是提供學習的場所，因此學校的存在應以學生學習為主要目標，所有人都會認定學校所呈現的氣氛應是支持的、和諧的，更具道德性的。只是我們可以發現現在的學校其實並不是單純的培育知識分子的場所而已，我們無法將其單純地視為一個完成教學任務的地方，因為學校組成的分子並不是只有學生而已，還包括教師，提供教學支援的各行政單位同仁，以及關心此校校務進行的社區及家長。學校儼然成為一個結構完整並且愈來愈大的「組織」。這些關心學校發展與校務的人或團體，我們稱為「利益團體」（interest group），利益團體往往希望藉著學校的運作，達到他們想要的目的。另一方面，現今的學校在社會功能與價值觀不斷的變化之下，再也不像過去單純扮演著教學角色，因此在經營學校組織時，制度面很重要、管理方法很重要、利益團體的經營也很重要。因此我們來看學校領導與經營，應從組織面先瞭解，進而熟悉領導理論與實務，並且要知道學校行政管理的面向，最後涉獵學校經營的層面。

第一節　學校行政組織

學校是一個「組織」。當我們提到組織的時候，會想到什麼呢？是一般所謂的細胞組織？還是由人所組成的社會團體？個體的生存與組織的運作極不相同；雖然組織似乎是由個體所組成，卻不是個體運作的功能放大；原則上人是社會中形成組織的最重要因素，一方面是因為人是群性的，另一方面是因為組織的形成會使人力的表現出現比一加一等於二還要更好的呈現。因此我們不會看到一個老師教一個學生所有的科目；而是以數個老師負責一個班級，但各自教授其專長科目，更可以達到好的教學效果及效率。因此學習場域模式漸漸地由一對一或多的師徒制演化成為學校形式。儘管學校形式的形成使得教學效能不再由教師的作為單獨影響，隨著利益團體（interest groups）介入而使得學校角色多樣化，學校領導者的理念與做法，以及整個組織所選擇出來的運作方向，還是深刻地影響著學校的整體表現。所以我們在探討如何達到好的學校行政以提供學校教學最好支援的時候，應先瞭解學校的組織目標、組織結構、學校領導與學校經營的面向，才能夠對學校行政有更完整且有效率的規劃與經營。

一、組織的意義

簡單地說，一個社會組織的形成要素為「制度」與「人員」。但是這麼簡單的定義對於初次接觸組織理論的人而言，可能還是很模糊。根據謝文全（2003）對組織的定義，組織的特徵有以下四點：

　　1.組織是有目標導向的體系。

　　2.組織是由人員及結構兩基本要素構成。

3.組織是由構成要素交互作用所成的整體。

4.組織透過與環境交互適應來生存與發展。

所以組織不是孤立存在的，而是與環境產生互動的，因此教育組織必須能夠適應環境的變遷，才不會使得組織萎縮或失去意義與運作。

二、組織的結構

（一）正式組織

組織結構是指一種各個不同部門、職位、角色和程序所構成的關係型態（吳清基，1990），我們常常藉著組織架構圖來顯示組織之間的任務及從屬關係，而不同階層的從屬關係運作使得組織成為一個分工的合作組織，也因此組織活動有組織結構作為權責與任務劃分的基礎。這也使得組織活動具有持續性、規則性與持久性。

組織結構有很多種分類方法，有依權力結構區分，有依服務對象劃分等，但所有組織結構理論的基礎源自於Max Weber的科層體制概念，學校組織的組織結構與典型的科層組織不完全相似，但是它也是基於科層組織結構發展的組織。因此在此先介紹科層體制，以提供組織概念的基本知識。

1.科層組織理論

科層組織的概念基本上是一個理想的概念，Weber提出科層組織概念時，其主要的設計便是基於理性行為與專業分工。學者們認為這種金字塔式的階梯形組織最有效率（陳孝彬，1996）。它的特徵有以下五個：

(1)專業分工。

(2)法規條例。

(3)權威階層。

(4)不講人情。

(5)能力取向。

這些組織特徵可以幫助專業執行確實進行，避免個人情緒、喜好與政治行為的介入組織。然而，現實上看組織運作，極少組織可以完全擺脫「人」的因素。科層組織是一個植基於理性行為的理想概念，希望可以表現一致性、服從與協調、合理與激勵的正向功能。可是當過度強調組織階層與法規條例時，科層組織也會出現以下的缺點：

(1)高度精細分工縱使專業盡情發揮，但也會因此造成工作無變化，顯得枯燥乏味，使員工失去對工作的熱忱。

(2)過度講究條例法規會使組織運作僵化，使員工對於發展性目標質疑且猶豫去執行，以避免對現有法規條例有所牴觸。

(3)權威階層容易造成員工創造力低落、溝通管道障礙以及參與熱情的降低。

(4)不講人情，太過講求對人的控制層面，缺乏彈性。

(5)過分注重能力取向會使得組織人情味降低，缺乏人的關懷，製造競爭衝突。

因此，雖然組織發展到了末期，因規模與效率的考量，幾乎所有組織都會走向科層組織結構，但是這個組織模式往往不能達到發揮理性的預設目標，反而會造成組織需要再造重組，形成另一波組織改革的運動。

2.學校組織的特性與結構

科層組織是我們最熟悉的組織架構。然而現在因為人們溝通方式的改變及科技的發達，組織結構逐漸有新的呈現，如網狀組織結構、學習型組織架構、虛擬組織架構等。各種不同組織因其組織目標不同，可以選擇或發展成不同的組織結構。有時組織結構不會很單純地僅以某一種

結構模式呈現，可以因組織需求截長補短進行之。而學校組織的結構一般我們稱之為雙重系統理論（丁一顧，2003）。雙重系統理論清楚標示了學校的特色，學校組織的特性有二：(1)教學系統上有鬆散結合的特性；(2)非教學的行政事務有高度結構化與緊密結合的特性。學校組織的組成有兩大主軸，一是教學、一是行政事務。在教學上，教師雖然是聽命於校長、主任，但是在教學內容與學生家長的互動上卻是完全自主的，就權力結構而言，在學校裡是鬆散的；另一方面，學校的行政人員雖然不能直接介入教師的教學，卻可以透過支持環境的控制來影響教師，如課程的安排、統一教材的選用、課表的編排、教學活動的設計如運動會、校外教學與節慶特別教學活動規劃等，都可以來影響教師生活，因此還是會出現層級節制的現象。所以雙重系統理論正可以解釋學校組織現象，而教學系統與行政系統之間的和諧與合作端靠一個好的領導者來成就。

（二）非正式組織

何謂非正式組織？非正式組織係指在正式組織中人們自動組成的團體，不是依照法令規章所設定。也就是說，在一個正式組織裡，人們因為其興趣、情感、認同、工作、利益等關係，彼此產生互動而成為較為接觸且較易相互影響的組織內團體。人處在一個組織中，一定加入正式組織編制，但不一定會有非正式組織的參與。和正式組織比較，非正式組織有下列特點：

1.是自願自然結合的團體，並無法令限制或命令其成立。

2.成員感情較親近，互動較頻繁。

3.非正式團體中無明顯階級，成員間地位平等。

4.成員組成相互重疊，一個人可以分屬好幾個團體，也可以一個都不參加。且自由度高，可以自由退出與加入。

5.主觀性強，不講求理性分工。

非正式組織之所以存在於正式組織中，就是為滿足人們對於交誼結黨的需求。這些需求在正式組織中因職務階級無法獲得時，人們就會轉向非正式組織中尋求，例如生理、安全感、歸屬感、自尊與自我實現等需求，非正式組織可以以社團活動等方式給予員工滿足的機會，也因為非正式組織不會只有一個，員工也可以藉參加不同團體來達成各種需求。正式組織強調依法行政不講人情，非正式組織即可平衡這種現象，使得員工情緒可以找到出口，使需求獲得滿足。

非正式組織是不是就是一般人口中的「小團體」？原則上及操作型定義上是的，但是非正式組織是一種自然的現象，若運作得恰當，自然不會有「小團體」這種負面形象的反功能出現。因此身為正式組織的領導人不需要害怕小團體出現，反而可以多鼓勵小團體的形成，以滿足成員不同需求，並可以藉小團體之間的影響力，軟性地實施正式組織政策遊說工作，反而有利於正式組織之運作與業務執行；就好像班上同學組成不同的讀書小組一樣，可以滿足學生求知需求，教師也可以藉此提升學生服從班級規矩與立定目標。要小團體朝正向發展的前提，必須是正式組織的領導者切實表現公平的情況下才會得到，若是領導者喜歡掌握資源且不使得所有資訊公開，就會造成小團體內部競爭，或是心生抱怨，反而內耗了組織能量。

三、組織的危機

無論用什麼角度去看組織，組織本身就是一個整合的系統。這個概念人人都懂，但是在組織運作了一段時間後，組織裡的成員慢慢地就會忘記；這也是因為組織逐漸擴張之後，大組織中有了小組織，人們對組織的整體感與思維就縮小到小組織之中，慢慢地整體組織的目標就會被

遺忘、誤解或是扭曲。這是組織的危機，因為當組織的目標不再一致時，也就不能成為健全運作的組織，「組織」自此就不再符合上述的定義了。

再者，組織在此時期，常常伴隨而生的是所謂的「制度」。制度的產生根本上是為了建立員工的信任感。通常我們會覺得一旦組織制度建立了，就可以減少人為造成的不定性；因此今天員工所下的決定才會被確實持續執行或保障，例如近年來政府所承諾的公教人員退休時所領的18%優惠利率，以前的公教人員因為相信政府所定之「退休制度」，因此他們在做職業選擇的當初就因制度所做的承諾而為選擇。然而在組織中因為時間久遠，有時候就會忘了「建立制度」其實是為了增加組織信任度。就像我們常看到幾乎所有的組織都強調團隊合作精神的重要，但有些組織制度卻在鼓勵內部競爭，反而增加組織的不信任感。內部競爭可以說是一把兩刃的利劍，幫助組織活化，卻也可能瓦解組織整體感。

第三，一般組織的形成往往是一個開放系統。各種「利益團體」會藉著正式組織和非正式組織的管道來影響學校組織的決策，因此這些「政治性」行為使得學校經營更為複雜，更需智慧。「利益團體」經營得當可以增加組織效能，但若經營不當，就會造成內耗與空轉。經營一個好的學校組織以提供學生最好的學習環境，對學校組織危機的認識、預防與處理實為學校領導最重要的課題。下一章節將探討學校的領導。

第二節　　學校領導

一、領導的意義

「領導」（leadership）一詞可以為動詞亦可以為名詞。稱為名詞之

時，我們視之為「領導者」或是一個行為互動的「過程」；視為動詞之時，則是對於組織內成員帶領行為的實現。雖然，過去的教育行政研究結論中並無法提出直接的論述證明何種學校領導類型對於學校效能的提升最有貢獻，但是在實務上及各項研究報告中，組織的領導的確影響組織的走向、氣氛以及績效。

　　事實上，很多人會過度依賴領導，因為領導很容易被套上光環而產生了以下的領導神話（也可以說是對領導的誤會）（席酉民、井潤田，1998）：

- 好的領導必須有超凡的魅力
- 領導永遠不能錯
- 領導意味著持續性與始終如一
- 領導應能事先明確發展的目標
- 領導者比被領導者有更大的壓力
- 領導者必須會被領導者要做的工作
- 在任何環境下，領導者都應該領著別人走
- 領導僅是那些能從「上邊」得到強有力的支持的人的一種機會
- 操縱或控制被領導者的不滿和怨恨
- 因為群體努力的成敗是由外部因素決定的，所以領導的作用是偶爾的或附帶的
- 領導者們是一種易受危害的人群，也就是很多人會成為其執業的犧牲品
- 對凡人而言，領導太複雜了

　　以上各點都是一些似是而非的觀點，雖然好像點出了領導的特性，卻是一些表面的理解。更深一步地研究領導，可以發掘領導不是那麼難，或者遙不可及，領導的研究實際上是一個迷人的領域！

　　領導的研究很多，近年來更發展出更細緻的以及更深入的探討，

Yukl（2002）就將領導研究的取向區分爲：1.特質取向的研究、2.行爲取向的研究、3.權力影響取向的研究、4.情境取向的研究、5.整合取向的研究。1980年代的領導研究偏重找出建立願景的特色，所以一些組織變革與組織動力學的研究如學習型組織等，就特別重視建立願景。但是不論領導研究的理論如何變化，基本上可以從特質論、行爲論及情境論三個面向來看領導的研究。

二、領導理論的演變

（一）特質論

特質論的研究者有一種假設，也就是領導者具有某些生理、人格特質與能力，使他們成爲天生的領導者。有些研究者甚至提到身高、長相、學歷等都是成爲成功領導者的條件，但是以外型來決定是否爲一個好的領導者，未免顯得以偏概全，因此後期特質論則較爲偏重成功領導者的人格特質與領導技巧的研究。Yukl（1989）的研究指出成功領導者的特質與技巧：

1.特質：能適應環境、敏覺於社會環境、有雄心且爲成就導向的、堅持己見的、合作的、果決的、可靠的、支配的、精力旺盛的、堅持的、自信的、抗壓的、願意承擔責任的。

2.技巧：在概念上很熟練、有智慧的、有創造力、說話辦事得體老練、口才流利、對團隊工作有見識、有組織的、有說服力的、有社交手腕的。

然而，特質論的研究常會有衝突的結論，因此領導的研究典範開始轉向到行爲論。

（二）行為論

1950年代起，領導典範的研究轉向研究領導者的行為。McGregor（1960）提出了領導者的X理論與Y理論。持X理論的領導者都認為員工都是為了金錢才工作，能偷懶就偷懶，不會主動合作，也不願意工作，因此應該採取嚴格的指揮與監督方式來領導；持Y理論的領導者都認為員工都是為了自我實現而工作，不會偷懶，積極工作，喜歡合作，會主動解決問題，因此應該採取激勵催化的指揮與監督方式來領導。事實上，組織裡一定都會有一些較不積極的人，而Y理論則較為符合現代人力資源觀點，賦權並相信員工，會使組織運作與領導效能更為提升。

美國Ohio 大學的領導行為研究概括出兩個領導者的行為特質「組織化」（倡導取向）與「關心人」（關懷取向）。組織化的領導人習慣於指派工作任務給組織成員，要求成員遵守標準規章制度，並讓成員清楚明白上及對其之工作期望；關心人的領導者習慣於傾聽成員心聲，領導者是友善可親的並且是樂於視成員需求而轉變。領導者的領導行為均是由這兩種行為取向組成，這兩種取向的領導行為運用多寡組成一個四分圖來表示領導者的行為（見圖2-1）。通常一個有效的領導人往往是兩類因素都高的組合，即高關懷高倡導型的領導人。

Likert（1979）將管理的領導方式歸結為以下四種體制：

1.專權獨裁式（exploitive authoritative）：權力集中在最高一級，管理者對下屬不信任，上下級之間極少交往，下屬的需求亦不被滿足。組織中若有非正式組織，其對正式組織的目標通常持反對態度，但其小團體亦不必然因反對而團結，冷漠往往是組織成員所採取的態度。

2.溫和獨裁式（benevolent authoritative）：權力集中在最上一層，但有部分賦權，是一種較謙和的態度。多採用獎懲進行激勵。組織中的非正式團體可能反對正式組織的目標，但多採免強接受態度。

圖2-1 俄亥俄州立大學領導方格

資料來源：Halpin, A. W. (1966). Theory and research in administration, p87. New York: MacMillan

3.協商式（consultative）：管理者對下屬有相當程度的信任，上下級溝通順暢，也能彼此信任。重要問題的決定權在最高層，中下層對於次要問題亦有決定權。若有非正式組織，對於正式組織的目標多表示支持，偶也有輕微抗議。

4.參與式（participative group）：管理者完全信任，彼此處於平等地位，有問題互相協商討論，決策以廣泛參與形式進行。

這四種領導方式會造成不同的組織氣氛與文化。不過相同的、不同的組織文化與成員組成甚至環境特徵都會影響這四種體制的被接受度。一但被接受度高，就算是體制一的專權獨裁，也可能是一個適合的領導方式。因此，愈來愈多人提出疑問：某一具體的領導方式是否能在所有情況下都有效？因此情境理論便開始受到重視。

（三）情境論

領導其實是一種動態過程，而且有效的領導行為應隨著被領導者的特點和環境的變化而彈性轉變。所以領導可以說領導者、被領導者和環境三個重要因素的互動結果，情境論的研究正是回答領導行為應在何種環境下才有效。情境論的研究以費德勒（Fiedler, 1967）的權變領導理

論、豪斯（House, 1971）的目標—途徑理論以及佛洛姆與葉頓（Vroom & Yetton, 1973）的規範性權變理論最廣為人知，稍後將一一介紹。但我們可以將情境論的精神圖示如下（圖2-2），瞭解領導者行為與環境互動的因素：由圖可知，一個成功的領導之進行，必須考慮到領導人本身之特質、部屬的特質、組織的結構以及組織氣氛文化特性等，這些因素都會

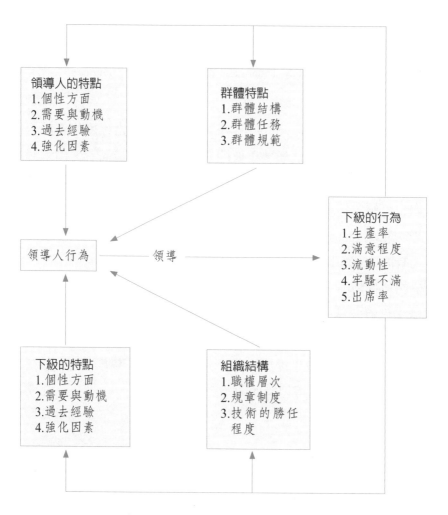

圖2-2　影響領導行為的環境因素

資料來源：席西民、井潤田（1998）。領導的科學與藝術，頁45。臺北市：華泰。

影響領導者之領導，進而影響所有成員的工作滿意度與對組織的向心力。

1.Fiedler的權變領導理論

　　費德勒的權變理論在情境論中最爲有名。他認爲一個領導行爲是否有效，要看領導人所採行的領導行爲是否與環境相符。不同的領導情境下，領導者須採行不同的領導行爲，才能產生有效的領導。

　　費德勒將領導類型分爲工作導向（tast-oriented）與關係導向（human-relationship-oriented）。工作導向所關心的是如何把工作做好，對工作績效較爲要求，對人際關係需求較不關心；關係導向所關心的是成員之間的人際關係，注重成員的需求與感受，相信有良好的組織合作氣氛才能達成組織的有效運作。至於應運用何種領導方式，將視情境分析結果決定。

　　領導情境由領導者與成員的關係、工作結構與職權三個因素交互作用而成。其中以領導者與成員的關係對領導行爲的選擇影響最大，職權影響最小。領導者與成員的關係是指成員對領導者的友善程度，工作結構是指工作目標、作業流程與評估績效標準的「明確性」而言，而職權是指領導者在職務上所擁有的控制力與影響力而言。而這三個情境因素可再分成好壞、高低、強弱，一組合可以組成八個領導情境，如圖2-3所示。

領導者與成員關係	好				壞			
工作結構	高		低		高		低	
職　　權	強（I）	弱（II）	強（III）	弱（IV）	強（V）	弱（VI）	強（VII）	弱（VIII）
控制力	高控制				中控制			低控制
領導型態	工作導向			關係導向				工作導向

圖2-3　費氏權變理論概要圖

資料來源：修改自Fiedler, F.E. (1967). A theory of leadership effectiveness (p.146). New York: Mcraw-Hill.

在第一、二、三個情境下，領導者對情境有高度控制力，可以直接採行工作取向的領導型態，可以達到最佳的效能；在第八個情境下領導者對於情境控制力低，形式不利於領導者，還是以工作導向的領導型態最佳；其他第四、五、六、七個情境中，領導者的控制力普通，採用關係導向的領導方式則可以最佳的領導結果。

2.House的途逕—目標理論

House認為領導的任務在領導成員設定目標，並找出最適用的目標執行途徑。因此，在領導成員追求目標與執行任務時，情境不同，領導模式則因之而異。部屬特質（包括成員對自己的信念）與組織環境因素尤其是影響的兩大因素。領導者考量此二因素，來決定其領導行為；而領導行為、環境因素與部屬特質之互動共同來決定領導效果。互動模式如圖2-4所示。

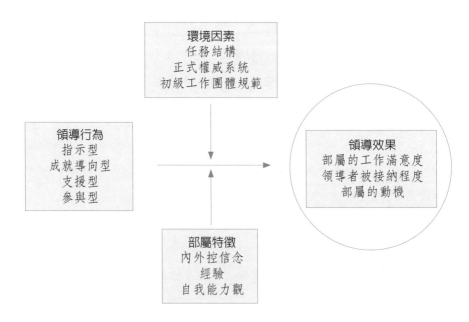

圖2-4　途逕—目標領導理論模式

資料來源：謝文全（2003）。教育行政學。p.310。臺北：高等教育出版社。

部屬特徵包括了員工自我信念（內外控信念：內控信念的員工相信命運操之於自己，而外控信念員工相信命運決定於環境）、經驗與自我能力觀；環境因素是由「任務結構」、「正式權威結構」與「初級工作團體規範」。

領導形式則分四種，原則上此理論十分注重部屬特質，領導形式會因為員工的特質配合：

(1)指示型：強調告訴員工該做什麼，對於外控信念的部屬而言，會是較為合拍的領導者。

(2)成就導向型：強調設定具有挑戰性目標，並要求部屬要有良好的表現。

(3)支援型：強調以平等方式對待、鼓勵及支援部屬。

(4)參與型：強調讓部屬參與，並參考部屬意見來做決定。

這四種領導方式之探討，偏重行為論的領導分類，前二種領導方式偏重「倡導」層面，而後二種領導方式偏重「關懷」層面。而此理論下，領導行為的採用結合環境與部屬特質考量，例如內控信念員工應予以參與型領導，外控信念員工應予指示型領導之；當任務結構明確時宜採支援型，當結構不清時宜採指導型。

3.Vroom & Yetton的規範性權變理論

Vroom與Yetton所提出的規範性權變理論，認為領導者在不同的領導情境下做決策時應有不同的作法。因此對於情境的認識對於領導者十分重要。佛洛姆與葉頓將領導型態與情境各分成以下幾個分類：

(1)領導型態：領導型態分為三大類（專制歷程型、商議歷程型以及團體歷程型），再細分為五類型：

①專制一型（AI）：指領導者僅以自己手邊的資訊，自行做決定，以解決問題。

②專制二型（AII）：指領導者的資訊來源為員工，但是還是自行

做決定，以解決問題。

③商議一型（CI）：指領導者與有關成員個別討論，聽取意見，然後再自行做成決定。

④商議二型（CII）：指領導者與有關成員作團體討論，聽取意見，再自行做決定。

⑤團體型（GII）：指領導者採團體會議與成員討論問題，共同作成決定，共同承擔決策責任。

需注意的是，領導者可能會認為自行做決定的作法違反現在的民主風潮，但是在實際的決策情境中，做決策者往往需要智慧與勇氣擔負起自行做決定的責任，以達到效率與效能的需求。

(2)情境因素：情境因素以問題的性質、領導者的條件以及部屬的特質為主軸，以七個情境問題來幫助領導者認清情境，並以「是」「否」來決定領導類型之採行。七個情境問題如下：

①問題的解決是否具有品質方面的要求？

②領導者是否有足夠資訊做出高品質的決定？

③所欲解決的問題是否具有明確的結構？

④成員接受決定與否是否影響決定的有效執行？

⑤若領導者單獨做決定，成員是否會接受該項決定？

⑥成員是否肯為組織目標賣力，以解決此問題？

⑦所採取的解決方案是否會造成成員之間的衝突？

領導者可以情境問題來決定採取何種領導歷程，如圖2-5的流程所示。對於領導者而言，這是一個很好的參考資料，因為一般領導者對於自己領導風格固化的現象並不自知，此理論可以幫助領導者本身不斷認清因團體動力不同而改換的決策情境。

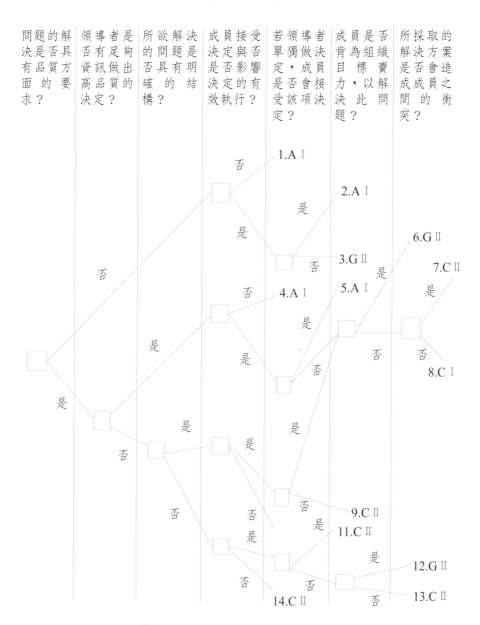

問題的解決是否具有品質方面的要求？

領導者是否資訊足夠做出高品質決定？

所欲解決的問題具有明確的結構？

決定是否明確？成員接受與否會影響決定是否有效執行？

若領導者獨做決定，成員是否接受該項決定？

成員是否肯為組織賣力，以解決此問題？

所採取的解決方案是否會造成之衝突？

1.A I

2.A I

3.G II

4.A I

5.A I

6.G II

7.C II

8.C I

9.C II

11.C II

12.G II

13.C II

14.C II

否 是 否 是 否 是 否 是 否 是 否 是 否 是 否 是 否 是 否

圖2-5 Vroom & Yetton決定流程圖

資料來源：羅虞村（1986）。領導理論研究，p.281。臺北市：文景。

　　因此從領導理論的探討中，組織領導的影響是深入每一天的運作的，深入對學校的經營、對學校事務的管理、對學校目標的達成及對學校同仁的領導，更深刻的是組織中士氣、氣氛、溝通互動，與成員的工作滿意度。我們可以知道雖然學校行政對很多人而言是一個計畫的組織，組織目標與組織運作的彈性都很有限，但是一個合乎組織需求的領導者，是可以在有限的空間中創造最大的組織效能與領導組織的永續經營。

三、學校行政領導的面向

　　學校行政領導是一門藝術；因為學校組織結構的特殊性、學校形象的高道德性以及學校組織目標的模糊性，都使得學校行政領導更需要智慧才能有亮眼的績效。從近年的教育改革呼聲中，學性行政的衝擊最大，包括了教師會的成立、家長會對學校重要性及影響力的增加，以及學校校長遴選制度的推行，均使得學校領導的地位由過去封閉的權威式領導（power over）轉而變為更開放的民主式領導（power with）。

　　因此，當前社會裡一個學校的領導相較於過去封閉環境的領導方式就複雜許多。擔任一校之長必須有更多能力，除了對於教育的專業知識與眼光，還必須具備管理技能、經營理念、人際技巧等。所以，我們應該重視學校校長的養成；在校長上任前有愈多的準備，對於學校經營與發展就有愈多的助益。以下章節我們先來看看學校校長的養成歷程，再從現行的校長遴選制度談起，進而介紹現在新興的學校領導理論，來看學校校長的領導。

（一）學校校長的養成

　　學校是師生的園地，我們都瞭解，學校的主體是學習的學生與教學

的教師。因此，學校中的行政職務也多由教師兼任。現今的校長養成也多是教學有成的老師，在做人生與職業規劃時將學校領導的職位納入規劃，也就是說，現在學校校長多數是由老師開始教育生涯，再轉戰行政體系的。

　　然而，教師生涯與行政生涯是很不同的兩個象限，教師在學校組織中是獨立而專業的，而行政工作需要密切合作，各部門之間息息相關，並且與學校外的各種組織也必須有密切的互動，相形之下，身為學校的行政領導，就必須有能力去面對更複雜的人際網路與環境，而教師只需要做的班級領導，就顯得單純許多。

　　Yielder & Codling（2004）在其研究中指出教學領域的領導者往往沒有管理的訓練；而一般有管理技能的專業經理人對於學科複雜的學術專業又無法合宜地做出決定，因此，教育領域的領導者比一般領域的領導者之養成更為難得與艱辛。學校行政領導在現在的教育環境裡愈來愈缺少後繼者，我們可以從美國的一份有關校長的研究裡看到例子：Growe、Fontenot & Montgomery（2003）在一項研究中指出，26%已有行政職務的學校校長因為薪水、工時、有限的支援、工作的壓力與和家人相處時間的缺乏等因素，認真考慮是否返回單純的教學工作或從此退出教育界；而有62%未兼有行政職務的學校成員根本不想接觸行政工作。至於我國學校行政也有相同的狀況。

　　也許我們可以說現在好校長愈來愈難找，一方面因為上述的一些因素，加上校園民主的倡導，權威的減少，因此願意投入校長行列的人逐漸減少，另一方面校長的養成過程也是一個十分耗時且不易的事。所以美國實行的師徒制（mentoring）提供了可行的方案。

　　根據Robbins（1999）的分類，校長領導的階段可以區分為以下幾個階段：

1.形成階段

造就校長──

從自我概念、工作形式、態度、看法著手，型塑未來做校長的價值觀念與人際觀念，並決定自己是否要做校長。這些態度、觀念與自我鼓勵的方向確認，是教師們還未擔任或立志校長職務時與行政人員互動與觀察得知，也根源於自己的社會網絡與期望是否希望教學優則領導。

2.就職階段

成為領導──

校長養成正式課程並將早期的教師職業視為當上校長的準備。

3.任職階段

扮演領導──

(1)初任：培養自信和互信。

(2)發展：發揮熱忱持續成長。

(3)自治：以團體運作來經營學校。

(4)醒悟：有逐漸專橫的傾向。

(5)醉心：喜愛和他人談論理想和期待。

4.繼續階段

離開領導。

從以上的階段分類可以看出來，校長領導的學習可以分成好幾個階段與面向，朱子君與朱如君（2005）指出校長領導的階段過程中，家庭、學校和其他參考團體的行為、互動規範和價值會深切的影響候用者的自我概念與工作形式（第一階段：形成階段），這種態度與看法的獲得，除了是由環境與理想所支撐，還由學習者所觀察到的及所接觸到的師傅（mentor）身上獲得。師傅這個角色可能由已漸漸進入到第三階段（任職階段）自治步驟的校長開始有資格擔任，雖有因醒悟與醉心兩步驟時的權威取向，但是此階段的在職校長可以提供最及時的指導協助與

最完整的領導分析思維系統；而身處在第四階段（繼續階段）的校長對於校長職務有最深的認識與領悟，但可能有兩種極端的發展，一是熱情貢獻一生所學，提攜後進；一是冷漠對待教育環境，放棄努力。若是他沒有落入冷漠放棄的悲觀情緒中，他也會是個在校長職前訓練與在職訓練課程設計中很好的師傅角色人選。

（二）學校校長遴選機制

中小學校長遴選制度實施至今已有多年，各縣市所實施的校長遴選制度都是由縣市遴選委員會進行之。在制度上規範公開遴選程序可以做到社會公義的實現，但是同時校長遴選制度也影響並改變了長期學校的領導型態，也影響著學校校園文化。

根據吳清山（2002）的研究，遴選制度使學校更加民主化，因此現在學校文化的影響有以下幾點明顯的改變：

較爲正面的是校園民主化及有效的評鑑機制：

1.校務運作可以更公開化和透明化。

2.能夠有效淘汰不適任之校長。

3.校長較能尊重同仁意見。

較爲負面的是校園秩序改變與倫理低落：

1.校長具有工作危機感。

2.校長工作尊嚴受到挑戰。

3.校園倫理要比過去低落。

不可諱言地，校長遴選制度使校園更加開放與民主化，但同時也使得學校環境更加地政治化。因爲校長遴選制度使得有心參選或爭取連任的校長人選分了很多時間去處理選務，至於教育理想的執行以及原則的堅持上大大考驗著候選人，在這樣的情況下，學校領導者是不是還可以在各方面都扮演著領導的導師角色？或者說，在各方面都可以爲學校成

員扮演領導的導師角色的人，是不是就可以選的上校長？這恐怕是校長
遴選制度實施後評鑑及反省時應特別注意的議題。

（三）新領導理論

　　校長的養成培訓與校長選擇過程都會影響一個學校領導者是否優
良，但是一個優良的領導者，並不會只有一種模式，也就是說，領導的
模式有很多種，1980年代之後，教育領域中對於教育領導者的特質、行
為、情境等深入研究，發展出不少新的理論。秦夢群（2005）在其教育
領導的研究中指明了教育領導的研究典範與最常被提及的二十種新教育
領導理論，其中包括了轉型領導、交易領導等新興理論。這些新理論多
由領導研究的三種基本研究（即特質、行為與情境）重新組合或深化而
來。以下為幾個較常被應用在學校裡的領導理論：

1.轉型領導

　　轉型領導係指領導者具有遠見、強調革新、鼓勵部屬提升其工作動
機，來共同完成組織與工作目標。因此領導者對其部屬的影響力不再像
科層組織一樣來自職位的權威或是事務的專業。因此我們可以說轉型領
導者他的行為內涵主要包括個人魅力、激發動機、知識啓發與個別關
懷。一個轉型領導者會關懷員工需求，顧及其基本需要，並激發其對組
織目標與自身自我實現的認同。

2.魅力領導

　　魅力領導係指領導者本身具有「魅力」，一般而言所謂有魅力的領
導者具有自信、轉化焦點、解決內在衝突等特質，領導者以此建立良好
形象，使其部屬對領導者具有向心力。

3.催化領導

　　催化領導係指領導者的領導行為會避免直接下指示的權威命令，而
轉為透過與部屬的互動，來激發團隊效力，使組織能不斷調整進而提升

組織效能。換句話說，催化領導者提供支持的環境，使員工可以將其原本的任務更有效率地完成。魅力領導與催化領導基本上都是由轉型領導發展出來的新理論。因此三者的領導特質與建立的組織氣氛與文化環境有異曲同工之妙。

4.文化領導

文化領導係指領導者透過領導的作為來影響組織成員的信念、價值觀與行為規範等。以組織文化之建立來代替管理制度的規定與聽命於領導者的權威。因此，文化領導者最重要的工作便是文化理念的建立與傳播，進而使用器物、儀式或符號來型塑組織標記，使組織文化不斷傳承，使組織成員有行為之依據與努力完成的心向。

5.道德領導

道德領導係指領導者以道德權威為基礎，本著追求正義、智慧、勇敢等德行的義務感來實施領導，以使其員工感化認同其道德要求，同樣以正義、智慧與勇敢的行為來回應，一齊完成組織目標。以激發員工義務感的方式進行領導，可以使員工的動力增加並且追求組織中的公平。

6.家長式領導

家長式領導係指領導者以父權形式實施領導，特色是具有清楚且強大的權威、樹立行為典範且關懷體諒部屬。成功的家長式領導可以展現極強的組織向心力，但是成敗均繫一人的領導會使得此領導方式不易長久，勢必再轉化採行其他領導方式以補強其缺點。然而家長式領導方式必須配合整體社會基本價值觀，像在華人社會裡的宗族概念正可以順利地將此文化與領導方式帶入組織中而不會受到強烈抵抗；而在員工追求自我發展與能力激發的西方基本社會價值體系中，較不易被實行。

7.交易領導

交易領導係指領導者透過交易互惠的方式來造成員工行動的一種領導方式。此領導行為是注重成本效益的分析與權力的交換的。朱子君

（1999）的研究指出交易行為在組織裡不受領導者的歡迎，因為資源掌握的有效性會因頻繁的個別交易而消耗。而學校成員也不一定喜歡交易行為，因為交易換來的權力與權益，並不能帶來願景（vision），而使其工作失去意義性。

　　無論哪一種領導理論都是可以被採用，只要是在領導者、被領導者與環境之間找到平衡點。但是我們現在看到的學校領導問題，最多的是出在領導者一旦身為領導者之後，對於工作的投入與職位的習慣後，會忽略與被領導者和環境的互動性，因此常常會愈來愈力不從心，雖然不斷地溝通開會，總覺得部屬都不懂自己的意思。這些問題往往不是出在被領導者或是環境，而是領導者本身所代表的意義對被領導者來說是否已經成為職位，而不是指引方向的先驅者了。所以領導者本身要先知道反思與學習，就像Jentz & Murphy（2005）所說的當那些開始懂得接受自己的疑惑的領導者，可以化弱點為成長學習的動力。

　　1.經營概念是管理還是領導？

　　有些領導學說的研究者，如Cloke & Goldsmith（2003）聲明現在的時代應該放下管理的概念，展開領導；Covey（2005）也一再強調運用制度管理遠不如做到員工自我管理；這些論述都是在強調好的領導比制度管理來的重要。我們可以以下表來闡述整合這些概念：

表2-1 領導和管理的差異摘要

領　導	管　理
人	事
自發、機動	結構
釋出、授權	控制
有效性	效率
程序設計者	程序
投資	費用
原則	技巧
轉化	交易
以原則為中心的權力	實用
辨識	評估
做對的事情	把事情做對
方向	速度
毛利	淨利
目地	方法
原則	實務
在系統之上	在系統之中
「梯子是架在對的牆壁上嗎？」	快速爬上梯子

資料來源：Stephen R. Covey (2005)。第八個習慣—從成功到卓越。天下文化。

  2.組織要進步，需要的是管理還是領導？

    不可諱言，很多人都在倡導領導人的重要。組織裡的領導人不僅是組織的代言形象表現，也是真正指出進步方向的人。當我們分辨管理與領導時，就不難由其功能來界定出兩者區別。管理技能是幫助組織在既

定的發展方向中，以更有彈性與科學的方式進行組織運作，使組織效率與效能都能因管理措施的施行而提升；而領導，是在既定發展方向中尋找發展動力，甚或是創造出新的發展方向。因此，「帶人要帶心」是啓發發展動力，屬於領導工作；「權責清楚」則是要強化效率，屬於管理工作。可是若是太過於注重領導而忽略管理，就會發現「人」事實上只能領導「人」，卻不能領導「物」，「物」最好適用管理的方式進行。因此在一個組織中，像是學校，必須領導與管理一起注重，才會有最好的經營結果。

　　另一方面，領導人需要瞭解一個概念，就是要帶領好一個永續經營的組織，必須培育接班人。正像前面所言，師徒制可以培育接班人，但是若是領導者醉心於權利的運作，並沒有為後繼的領導者先做志向、眼界與事務的熟悉預備工作，員工對組織的向心力會降低，對於領導者而言，也找不到有相同心念與能力的好幫手，可以承接組織永續發展的使命，終會導致組織萎縮瓦解。

第三節　學校經營與管理

　　我們常以「經營管理」來稱一個組織的運作，可是「經營」與「管理」兩個概念相似卻各司其職。若要明確劃分，根據蔡培村（1998）的定義：經營表示外部性或整體性之組織運作現象；管理則表示內部性或細節性之組織運作現象。因此，身為一個學校組織的領導者，一方面要對學校內部事務與人士有一規劃管理，對學校整體對外關係與形象的塑造亦要有計畫性之經營。一般而言，人們認為經營管理的責任是落在領導者的身上，但是經營與管理是需要所有組織成員認同與一齊實現。很多甫出校門的教師，以為自己人微言輕，經營管理是校長或學校行政方面的責任，其實這是錯誤的概念，資淺的因素也許影響在決策部分，但

實踐是需要所有人都要有意願、概念與能力一起進行。所以每個人都需要知道如何領導與被領導，如此才會有合意的經營管理模式與結果。

一、學校管理的理念

愈來愈多人喜稱學校經營管理以取代過去習稱之學校行政，其實兩者的差距在於流派典型的轉移。傳統的學校行政偏重於推展業務與完成事務的靜態運作模式，目的在維護學校組織結構；現在的學校管理則偏向富於彈性、延展性與合作性的動態運作，目的在能迅速適應組織所處環境的變遷，並能與之一起成長發展。

學校管理可以從下面幾個主題來探討：

（一）時間管理

時間管理概念近年來方興未艾，對於個人而言不僅是每日時間的安排，時間管理更注重生涯方向的認識。學校組織的時間管理的精神也不例外，時間管理的目標就是要認清目標全力前進，並且可以以更有效率的工作方式與溝通方式減少過程中的時間浪費。學校的時間管理策略可以由以下的策略一步步改進：

1.描繪願景，以長期來規劃短期

先認清組織最終目標，再規劃長期目標、中期目標與短期目標。以願景來帶領行為，就算環境再如何變化、組織運作再如何彈性，方向對了，就不會有白走岔路的顧慮。

2.有效計畫

所謂有效的計畫就是一個可行的計畫加上有影響力的實行措施。願景目標確立後，以有效的計畫來規劃有限的時間與該做的事務。

3.擺脫時間浪費

時間往往浪費在目標不清、議而不決、瑣碎時間的虛度。時間管理應該將這些因素好好規劃。

4.避免完美主義

太注重細節反而會耽誤有限的時間，因此想在緊迫的時間裡將事情做得完整，必須揚棄完美主義，才能夠使得事情及時完成得以順利接軌到下一階段。雖然不追求完美主義，但也要注意迅速確實。

5.加強組織互動

組織中的日常互動可以增加組織內部溝通的效率，往往會議一開好幾個鐘頭都是因為議題本身爭議大，平時又沒有溝通管道，因此需要在會議裡詳加瞭解。因此，組織中良好的互動可以讓訊息更快速流通，也可以減少因陌生或衝突造成之時間耽擱。

6.尊重部屬時間

很多主管因為要求嚴格，因此常有公文一改再改甚至重寫的情形。若是指示清楚、目標明確，則可以減少部屬的時間浪費。

（二）人力資源管理

學校裡的人力資源管理與一般工商業界的人力資源管理會稍有不同，因為教育領域的三個重要權力：課程權、預算權和人事全都屬於中央的權力，學校所能自由運作的彈性較少。在學校裡的薪資結構幾乎僅有年資會對其有影響，對於績效獎金的設計因為牽涉到教學績效難以評估，所以不太可能進行；另外，學校人員聘用的規定也幾乎沒有淘汰機制，學校人力的流動基本上都是個人因素，鮮少有因評鑑結果公平地進行人員汰換。雖然如此，我們還是需要重視學校人力資源管理制度的建立，因為若有很好的人力資源發展設計，也可以彌補較僵化的人力結構。

　　學校裡的人力資源包括了教師、幹事、工友、兼任行政人員（如各處室主任都是由教師兼任）、校長等。這些都是讓學校可以正常運作甚或經營成功的最重要人力，以下來看依人力資源管理的幾個面向：

1.人力資源的取得

　　以學校的環境來看，要淘汰一個不適任教師十分不易，教師的人格成熟度會成為學生模仿的對象，因此教師人力資源的取得必須慎乎始。如何選擇適任教師？學校教師的遴聘需要經過一連串的考試，包括筆試、口試與面試。對於候選教師而言是壓力很大的過程，對於學校而言也是一個不得不謹慎的步驟。這些步驟只是最基本的學科能力證明，是否有個穩定的個性以及是否是個好同事，可以讓組織正式與非正式組織都能和諧有效地運作，更是需要考量的因素，未來的教師甄試應特別注重此因素。

2.人力資源的績效管理

　　績效是指工作的成果是否有效率與有效能。自我要求高、勇於嘗試、學習能力與合作能力強的學校成員，對其施以合理積極的績效管理可以更激發其工作的動力。但是評鑑指標的建立是十分重要的，以作為成員努力的標準方向，並建立公平的原則。

3.人力資源的薪酬管理

　　教師與學校行政同仁的薪資結構基本上因為教學績效指標甚難建立、績效制度在學校甚難執行與穩定性要求的幾項因素，使得學校薪酬管理的制度還是以年資計算為主。但是在未來學校環境愈來愈開放與評鑑理念與措施愈來愈健全的情況下，薪酬結構可以考慮加入績效獎金的設計，以激勵有能力的人，做更多的創新與投入。

4.人力資源的發展

　　人力資源發展包括了在職訓練、在職進修與組織目標再確定，以確認人力資源發展的方向。所有人力資源管理研究的學者都贊成一句話，

就是人力資源的取得比人力資源的發展更重要，因為若要改變組織成員的特質，非得要長時間的在職訓練與教育。但若在組織在進行變革時，全體成員可能就會需要再一次確定組織目標，做自我能力與團隊合作信念的能力發展。

（三）目標管理

組織之存在就是因為有一組織目標想要達成，因此在評斷組織管理是否成功時，目標是否達成是很重要的指標。管理時採用目標管理的策略可以使組織成員對於其最重要的工作優先順序有所認識，也使得權責能夠相合，使組織裡的工作績效可以提升。目標管理之施行可以遵行以下步驟：

1.設定目標

設定一個任務，使成所有人的目標，因此目標的正當性、需求性與可行性必須經過良好的溝通以及大力地宣導，如此才可以讓員工在進行目標達成時覺得有意義。但是需要注意的是一個好的目標設立，需要是個正面的目標，如果是個負面願景，就容易畫地自限，不易有創新的作法。例如以「反毒」為目標，最多可以做到毒品不進校園，但不一定能夠建立學生注重身體健康、保持身心平衡的正面目標。

2.擬定達成目標的可行方案

要達成某一目標的可行方案在集思廣益的腦力激盪中可以有很多，但是在數個可行方案中要選擇一個最適用的以供執行，就需要有效的溝通與充分的討論。因此，在這個階段，領導人要注意討論場合中的階級權威要減少，才能使專業意見盡出，提供最多的選擇；另一方面也要注意權責相符原則要確立，否則會有因不瞭解責任的局外人，開了太大的支票讓執行者無法負荷，而使方案顯得更不可行。

3.目標的執行

適才適所的任務分配是領導者在目標執行時首要注意的事，使有能者居之並切實的分工合作，才能夠使得組織目標被所有人接受並盡全力執行之。另外，要隨時注意與環境之互動，有時候環境的劇變會使得目標之執行變得失去意義，在對的時間作對的事並把事情做對，是目標執行的重點考量。

4.評鑑考核

當任務完成後，是否對於目標的達成有效，必須做一評鑑考核，以作為下次目標設立與任務分配的參考依據。評鑑考核需要有一明確指標，使考核結果是個公平的結論，因此考核也應注意過程，不要只注意結果，並在進行過程時時給予回饋與協助，否則僅以結果論成敗會造成員工士氣的降低。

（四）激勵管理

激勵管理是指如何在學校裡提升學校成員之士氣。因為學校裡的薪資結構與人事結構變化不大，彈性很小，所以領導者扮演的激勵角色很重要。宏碁集團的創辦人施振榮（1990）在其標竿學園的演講中談到他的領導經驗，當缺乏人才、資金的草創時期，領導人可以如何激勵員工？就是給夢想，也就是建立願景。所以我們可以知道，要激勵員工士氣，不一定要有雄厚的資金預備，或是層級很多的升官空間，領導者可以善加運用以下提供的激勵管理的策略：

1.有效溝通

員工工作的士氣往往會因為領導者的態度而有明顯的不同，加強溝通管道之建立，領導者適時給予溝通回饋以造成有效的溝通，可以因為目標的不斷確定，使員工士氣較長時間維持在高士氣的狀態。

2.獎勵合宜

獎勵制度要有合理的設計，並且注意公平原則。有時臨時突來的獎勵，可以激勵更高的士氣；但獎勵原則還是以賞罰分明公平的精神爲主，使員工對其行爲後果有合理之期待。

3.適時回饋

當員工有某一種值得獎勵或懲罰的行爲出現時，應立即回饋，才能建立行爲連結，激發好的行爲不斷出現，減少不好的行爲出現機會。否則易有僥倖或是不公的心態會影響員工士氣。

4.豐富工作內涵

人的需求層次不僅僅只在生理滿足，以合理的豐富工作內涵的方式進行激勵，不會讓員工覺得負擔加重，而是會讓員工因爲找到工作意義，而覺得自己的自我實現的需求被滿足，而對工作更加投入。

5.擴大工作範圍

擴大工作範圍的功能與豐富工作內涵有一樣的功能，此措施可以增加員工工作的新鮮感，也可以讓員工更能夠瞭解合作對象的工作結構，更能建立良好的合作關係。

6.協助達成目標

當員工工作遇到瓶頸時，領導者需要適時伸出援手，協助其達成目標，以免因爲一時的困境，使得員工完全放棄此任務，甚至造成冷漠心態。

7.採用彈性工時

一個組織裡的員工會有不同需求，適時給予工作時間彈性調整的機會，使其可以兼顧其生涯中家庭、進修等需求，讓員工可以專心投入工作，免因時間限制而損害了其他人生目標；而且因爲組織重視員工整體生涯的規劃和需要，會使員工更認同組織。

8.重視幕後英雄

工作中有很多團隊合作機會，但通常都有一個意見發表的代表，此人也往往是注意力的焦點，承擔所有獎勵與攻擊。所以一個聰明的領導人應該要注意幕後英雄，適時給予獎勵，使大家的注意力得以放在工作上，而不會轉向爭取代言機會，只注意職位的大小。

（五）形象管理

形象本身即是一種識別系統，讓大眾一看到這個識別迎向就能對此單位有深刻的印象。誰可以代表學校的形象？一般來說，學校文化、學校校園環境、校長個人形象、學校參與社區的態度都會充分地呈現學校形象。所以經營學校形象，從校園文化、校園環境、領導者個人行為與參與社區的熱情都可以是很好的方式。

學校形象之營造方式：

1.認識學校與組織文化

可以加強行銷概念，將學校的歷史、組織文化、願景等在網路、文宣小單子、各種文教場合中加以宣傳，使學校為公眾認識。

2.規劃美好的教育環境

將學校校園、學校氣氛、充沛的教育資源作一重新規劃安排，展現學校的教育環境與用心。

3.發展學校特色

學校的地點、歷史、目標等都是各校自己的特色，可以加以發揮並強化，使之與眾不同。

4.建立識別系統

自校徽、校歌、校旗或是建築、符號等，都可以設計一個風格獨特、目標精神一致，足以代表學校的標誌，建立一個明顯的系別系統。

5.公共關係的建立

主動與社區聯絡、參與分工社區活動，對於上級政策與家長的掌握也需要注意，才可以讓公眾認識學校的理念與資源，並且分享回饋其資源給學校。

二、經營的理念

學校經營的目的在於結合學校內的文化生態與學校外部的社會生態，使整個系統能夠符合服務對象的需求。因此經營一個組織並不僅以符合市場為聚焦，而是要創造價值性為主。學校經營需要有計畫的、有組織的、有領導的能力、不斷評鑑以切合市場真正需求，甚至創造新的價值以求永續發展。

學校經營可以從下面幾個主題來探討：

（一）學校願景建立

學校有校訓，是期許學生的努力方向；學校有遠景，是期許全校成員的努力方向。遠景的建立在組織的經營而言是基石，是最重要的一個步驟。傳統學校行政的研究對於願景概念的提出與分享並不重視，因為過去對於組織概念多偏向於機械式組織的認識，因此做好自己的工作與工作執掌界定是過去較為重視的管理手法。然而就如在本章第一節「三、組織的危機」部分所探討的，組織若無分享一個願景（vision），一個對組織未來共同期待的圖像，組織的內部小團體目標就容易分歧；個人若無法將自己的目標願景與組織整體的目標願景結合為一，組織的工作氣氛與成員向心力便會降低。

訂定學校願景可以經由參考全體參與原則、組織互動成長原則、發揮教育理念原則、實踐社會責任原則等四個原則來訂立。

訂定願景時的步驟：當我們在訂定學校願景時，除了要依據以上原則來思考之外，另外還需要來思考以下問題：

1.誰來訂學校的願景？

學校的願景應由全體成員經過討論分享之後訂定之。可是我們觀察一個組織裡面，往往成員習慣於接受領導，因此在願景的設立方面亦會期待「上級長官」先有一個指示或描繪，自己再來評估自己在這個願景下能做什麼樣的貢獻。然而願景不是由上而下的目標指示，如此的願景不會被實現，只會變標語。組織的動力也會變得微弱，沒有未來的圖像。因此，學校願景的描繪與分享是成功經營的第一步，只有建立有共識的學校願景，學校成員才會將學校的未來與自己的未來畫上等號，學校的理想才會被實現。

2.學校的願景有哪一些？

當我們在為學校建構願景時，通常可以看到以下幾種分類：學校的教育理想、學校未來的競爭力、學校裡的校園氣氛、學生會有的學習目標或式態……等。但願景的建立是以學校為本位的，只要是能夠符合所有學校成員的期待、能夠符合社區對學校的期待、能夠由全體成員取得共識的願景，都可以是學校的願景。只是願景的建立儘量避免以負面願景方式呈現，例如本校沒有中輟生等負面願景。這樣類型的願景容易使學校在運作時僅僅做到「及格」的表現，並不會使得學校經營的進步有機會脫出框框，甚或有創新的可能。

3.以SWOT分析法找出願景

SWOT分析法是一個簡單的分析，對於組織或個人在找自己的市場定位時十分實用。訂立願景不是只是口號，需要找到自己的能力、特色與市場才能夠型塑出令人激奮又可達到的願景。SWOT代表Strength（自己的強項長處）、Weakness（自己的弱項缺點）、Opportunity（有了這些長處及缺點可能在哪裡會有市場與競爭力）和Threats（在此市場裡可

能會有的競爭者和威脅）。當我們在做組織願景的建立時，先以SWOT
分析方式分析自己的條件，設立符合現實需求與自己條件的願景，激勵
全體成員一起實現之。

（二）學校組織再造

1.學校組織變革之來源

學校組織為何需要再造？現在的學校組織不能夠繼續沿用嗎？並不
是現在的學校組織運作有很大的錯誤，而是學校的任務隨著社會變化，
有了很多不同以往的呈現，因此學校組織需要再造，以符合新時代的新
要求。然而這種變革創新不是一次式的革命，而是日積月累地不斷進
行，因為一個內部與外部均不斷成長的組織，這種要求組織變革來源是
自發的也是外誘的。根據吳清山（2002）的見解，學校要變革的發生可
由內部與外部壓力相互交錯影響發生，如下圖：

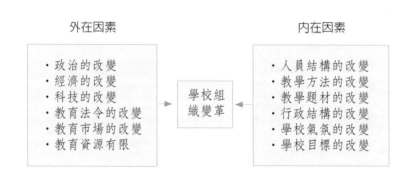

圖2-6　學校組織變革的來源

資料來源：吳清山（2002）。學校效能研究。臺北：五南。

2.學校組織再造的策略

學校要重塑成何種樣式？現在的學校再造研究典範希望可以將家長
變成伙伴，將中央教育行政單位變成促動者，校長等學校領導為激勵

者,而教師是爲領導者,學生則爲行動者;而後兩者才是學校組織再造的重心。因此學校行政不再是爲保護維持學校組織架構而運作,而是轉移到學生學習爲重心的學校行政模式。也就是說,以前是由上而下的組織運作,現在是由眞正主體學生而教育政策制定者的組織運作。

學校組織再造需要根據各學校的需要,並沒有一個固定的模式可以適合所有學校。但是學校組織再造的概念是一種如何重建學校新秩序與學校新價值的典範。經營學校時,對於學校外部整體性的組織運作,可以依據學校本身的願景、價值觀與期待的秩序、制度與組織行爲作一合理的組織再造設計。

學校組織再造的策略可以參考以下幾點:

(1)發展學校共同願景:組織再造前須先取得新的有共識的組織願景成爲大家共同的期待。

(2)針砭學校組織模式:要檢視現行學校組織模式是否可以達到想達到學校願景,若是僅需小幅度變化,則不需大幅修正。創新做法不一定要一個全新的組織架構才能實現,有時只要在工作流程程序中做調整,也可以達到再造的效果。

(3)型塑學校組織文化:學校組織應該是互相扶持的學習型文化,但因爲教師們在經營自己的教學與班級時,也會暗暗地在做內部競爭,因此組織再造時要建立互信基礎,獎勵合作、推進教師專業自我成長,不斷涉獵並實踐教育新知。

(4)逐步推行組織再造:組織再造最忌當革命進行,無論是在課程、教學、行政各方面都應該要注意。變革的進行須有良好的溝通,建立互信的安全感,以鼓勵代替命令。在推行的時候不需急躁,寧可依次進行,也不要心急於把一整套完全全新的制度、概念以及價值觀一次到位地實現。因爲任何改變都需要時間,更需要認同。當溝通工作做好,彼此互相信任,才能造成組織再造的可欲

成果，否則又會有「上有政策下有對策」的組織文化出現，更不可能真正達到學校組織再造的目的了。

(5)經常進行外部競爭者的推廣宣傳：很多人評論學校是保守的、封閉的，因為學校組織長期處在保護的教育體制。在教師培育開放前的數十年，師培的責任集中在師範體系；因無適當的教師評鑑制度，使教師的工作呈現過度保障的現象；學校教學均為獨立的教學現場；中央教育單位掌握預算權、課程權與人事權使學校無法有效進行激勵制度等，都是使得學校組織成為一個充滿安全感的惰性組織。因此適度引進外部競爭的概念會使得學校運作打開封閉的視野，同時教育法令也應該鬆綁，一方面讓原本的保護網減少，另一方面讓學校在經營時可以有更大的空間可以因應環境變化。

(6)鼓勵成員勇於嘗試：學校組織較為有道德光環，加上學校環境較為保守，使成員對於新事務之嘗試較為卻步。但是學校組織的改造應該要先改變組織氣氛，鼓勵成員勇於嘗試，並且領導者必須給予更多的犯錯空間，才能讓組織注入新的活力與充滿創新力。

(7)推行知識管理：推動知識管理可以藉著書面資料的建檔、資訊科技的便利，將學校組織中過去的經驗與現在的知識結合，達到知識傳承與知識創新的目的；另一方面，也可以將社區、家長、學生等需求融入學校知識體系中，使得學校組織更有效能，也讓學校改造的目的，可以更趨近組織成員與外部客戶的需求，建立更有效率的校園環境。

（三）學校形象與行銷

學校的公共關係與形象塑造，事實上與學校領導者有高度關係，學校領導者需要重視這個業務之設計執行。行銷學校形象的工作不是一朝

一夕便可完成，需要長時間的經營才會看到成果。學校形象與公共關係的確立不會只靠幾個文藝活動或社區運動會就完成，需要長時間的投入，並建立全校承諾（commitment），全面而深度地進行，所以需要時間，領導者需要有耐心，將其視爲一個長期工作，千萬不要以爲辦活動參與人數的熱烈就代表學校形象已被廣爲接受，這些成果展現可能要數載的時間。學校進行學校形象行銷應考慮以下重點：

1.高層積極倡導，規劃行銷工作

2.發展學校特色，提供行銷素材

3.善用網路行銷，宣揚學校品牌

4.做好公共關係，豐富學校資源

5.發行學校刊物，分享辦學成果

6.瞭解顧客期望，改變行政作爲

7.建立學校品牌，提升學校形象

8.力行品質服務，強化經營效能

9.撰擬新聞稿件，提供媒體報導

10.建立行銷共識，發展行銷文化

（四）學校社區化策略

在現在的社會裡對學校所扮演的角色期待增加，學校的任務不僅是教好在校學生，也負擔了社區發展與社區教育的責任，因爲任何教育都不是關在一個校園裡就可以完成，需要社區整體合作，而學校致力於社區文化之營造，則可幫助學習更爲有效。另一方面，學校與社區的和諧氣氛，也可以讓學校的文教資源分享給社區，做好公共關係。推動學校社區化可以參考以下策略：

1.打破學校校園藩籬，落實小班小校

小班小校的實施可以使教學更緊密而有效，師生與親師之間得以有

更密切的溝通，使社區成員更容易瞭解學校措施，也較有機會參與學校活動，甚至決策。

2.結合學校與社區，打破本位模式

學校在決策考量的時候，需要打破本位主義，不要只顧慮到學校本身的教學目標，而逕行其目標管理與規劃。因為學校可以成為社區的學習中心或活動重心，因此學校在做業務規劃或管理時，要結合學校與社區。

3.專業參與合作，共同決策執行

學校可以適度地開放決策結構，使得社區的專業意見可以有機會參與學校運作，更可達集思廣益之效果。

4.學術藝文休閒，親師攜手合作

對於活動之推行，需要親師合作，甚至是學校全體與社區所有成員都可以參與，使得學校的文化功能彰顯，影響社區並回饋給學校本身，型塑一個開放合作的學校角色。

（五）行動研究與教育實驗

我國中小學的運作通常在整個教育結構中顯得是最末端的下游機構，似乎只要維持最基本的學校行政運作、執行上級單位賦予學校的政策與任務、經常派人員從事進修帶回最新教育新知，這樣學校經營就可以皆大歡喜。但是學校事務管理、成員領導、整體營造的課題等，每一項都是與學校本身密切結合的。上述過去的作業經驗明顯地使學校一直在戴不同的別人認為很好的帽子，而忽略自己事實上的需要是如何。因此行動研究的能力與教育實驗的進行就顯得十分重要。這些措施才可以真正地使學校中的學生與教師達到賦能（empowerment）的目標，並且真正處理自己學校所面對的需求與規劃。

學校行政運作的趨勢愈來愈朝向開放系統發展，因此學校行政也應

該秉持開放的態度,廣納不同概念,對於成員給予適當領導,對於事務給予適當管理,才能使學校有更好的發展,以達到最佳的經營狀態,造福學子、社區以及學校所有成員。

參考案例

校長的決定

趙校長是一位8月才剛上任的校長。對於調任這所新學校,雖然日前因為校長遴選活動已有初步接觸,但是對趙校長而言,這間學校還是個新環境。各處室同仁還需要一一拜訪懇談才能夠瞭解。

這一天,趙校長的訓導主任林主任來到他的辦公室,說明要與他討論一些生涯的問題。林主任表示,他年高八十的母親生病需入院治療,夫妻二人必須輪流照顧住院的母親,家裡除了兩個七歲與四歲的小孩要照顧之外,還加上要搬新家,新的住家地點離學校更遠,因此在體力不能負荷的情況下,想要提出請辭訓導主任行政兼職的請求。趙校長邀請林主任進入辦公室坐下,並且吩咐秘書不接任何其他電話,以顯示他對這個會面的重視。於是他開始了兩人的交談。

當林主任進入趙校長的辦公室的時候,趙校長發現他手中持有一些文件。當他開始談話,趙校長就知道這些資料表列了校圖需求,要求校方配合執行,以達教育部的標準。林主任提到前任校長已經連續好幾年否決了訓導處的經費計畫,尤其是人手不斷地減少,遇缺不補,並任由組長的位子懸缺,而由訓導處其他組長輪代了一陣子,經費上又僅止於夠用,不像其他處室可以籌劃特別活動增加師生向心力。學生學習狀況不佳,所有家長都直接要求導師,甚至到訓導處來質問,別的處室似乎都不幫忙,導致訓導處表現明顯落後教育部的規範,甚至引來學校同仁對訓導處的訕笑。尤其他也進一步解釋在這幾

年中，訓導處同仁們也嘗試過用其他不同的計畫，來減低以及暫時應付訓導處經費不足的問題，但是所有經費似乎都集中在教務處。林主任再一次強調這個經費計畫必須在未來四年內執行，而且急需學校預算與人手上的溢注，若是他過去表現不好，絕對不是個人因素，而是校方不支持。林主任表示這次他的辭職純粹「真的」是家庭因素，對於個人之「力不從心」深感抱歉。

　　趙校長坐在位子上仔細聆聽林主任的敘述，同時也聽到了一些非常專業的名詞，這些對一位新任校長來說是從未聽過的，很陌生的。他告訴林主任，他很同情訓導處的處境，也同意訓導處的需求應該受到重視。最後趙校長問林主任這需要多少預算，然而當需求總數從林主任的口中說出時，趙校長在心裡很快地算了一下，喔！這需要大約每年校舍維護預算的1/3並且要連續四年。

　　之後沉默了一陣子，林主任便開口詢問趙校長這個計畫的可行性，同時他也提醒校長，學校評鑑將在兩年後就要實施了，訓導處自然也是評鑑的重點之一；當然最後林主任也詢問了自己的請辭結果。一時之間，趙校長沉默了，他知道問題不是那麼簡單了……。

回答問題

1. 若您是趙校長，您會給林主任一個立即的答覆嗎？如果您給了，您會說什麼？如果您不能立即答覆，您會怎麼跟林主任說？
2. 學校評鑑對你來說有多重要？
3. 你覺得刪除1/3校舍維護預算來支援訓導處適合嗎？
4. 您診斷這次的請辭事件，癥結在哪裡呢？
5. 如果學校設備與措施可以及時升級，你會採用哪些步驟來進行？能確保問題不再發生嗎？

參考書目

丁一顧（2003）。**教育行政學**。臺北：心理。

朱子君、朱如君（2005）。校長領導發展。**教育研究月刊，139，**
102-111。

朱子君（1999）。*Micropolitical behaviors of principals and the effect on
student achievement in Taipei junior high schools.* Ph.D. Dissertation.
University of Texas at Austin.

吳清山（2002）。**學校效能研究**。臺北：五南。

吳清基（1990）。**教育與行政**。臺北：師大書苑。

秦夢群（2005）。教育領導新理論與研究取向之分析。**教育研究月刊，**
136，106-118。

陳孝彬（1996）。**教育管理學**。北京：北京師範大學出版社。

蔡培村（1998）。**學校經營與管理**。高雄：麗文。

謝文全（2003）。**教育行政學**。臺北：高等教育。

羅虞村（1986）。**領導理論研究**。臺北：文景。

Cloke, & Goldsmith. (2003)。放下管理、開始領導。臺北：天下文化。

Covey, S. R. (2005)。第八個習慣—從成功到卓越。臺北：天下文化。

Fiedler, F. E. (1967). *A theory of leadership effectiveness.* New York:
McGraw-Hill.

Growe, R., Fontenot, C., & Montgomery, P. S. (2003). *Tomorrow's
leaders: who are they and how will they lead*? Educational
Management, ERIC 2003-10-00.

Halpin, A. W. (1966). *Theory and research in administration.* New York:
MacMillan.

House, R. J. (1971). A path-goal theory of leaders effectiveness. *Administrative Science Quarterly*, 16, 321-328.

Jentz, B.C. & Murphy, J. T. (2005). Embracing Confusion: What Leaders Do When They Don't Know What to Do. *PHI DELTA KAPPAN, Jan*, 358-366.

Likert, R. (1979). From production and employee centeredness to systems 1-4, *Journal of Management*, 5, 147-156.

McGregor, D. (1960). *The human side of enterprise*. New York: McGraw-Hill.

Robbins (1999), *Educational management: Refining theory*, Policy and Practice.教育管理學新論，馮丰儀譯。臺北：韋伯文化。

Vroom, V. H., & Yetton, P.W. (1973). *Leadership and decision-making*. Pittsburgh: University of Pittsburgh Press.Yukl, G. A. (2002). *Leadership in organization* (5th ed.). Upper Saddle River, NJ: Prentice-Hall.

Yielder, J. & Codling, A. (2004). Management and Leadership in the Contemporary University. J*ournal of Higher Education Policy and Management,* 26(3), 315-328.

Yukl, G. A. (1989). *Leadership in organizations*. Englewood Cliffs, NJ: Prentice-Hall.

課程與教學

・黃旭鈞・

第一節　學校行政人員課程與教學的基本認識

　　學校的主要任務在於為學生提供妥適的課程，安排有效的教學，以促進學生的學習，因而課程與教學被視為是學校教育過程的核心要務（Lunenburg & Ornstein, 2000）。我國民中小學學校行政人員，實際上多由教師兼任，因此除了行政工作的推動之外，也必須擔負課程與教學的事務與責任。因此，對兼任行政工作的教師或學校行政人員而言，本應充分支持並服務學校教育的核心要務，並對自身在課程與教學方面的角色、職責、專業知能及所可能遭遇的困境，有基本的瞭解與認識。

一、學校行政人員課程與教學的角色

　　學校行政人員在課程與教學方面的角色主要包含以下八種（吳清山，2000；高新建，2002；黃旭鈞，2003；葉興華，2002；謝文全，2003；Bradley, 2004；Easton et al., 1999；Glatthorn, 2000）：

（一）計畫擬定角色

　　學校行政人員必須能依據上級的計畫，並瞭解師生及家長的需求，與學校教師共同合作，擬定適合學校需要的各種相關計畫與課程教學計畫（謝文全，2003）。尤其在九年一貫課程實施之後，各校要必須有學校整體課程計畫，因而計畫擬定的角色更形重要。

（二）課程管理角色

　　優質的課程是達成卓越教育的要素，學校校長及行政人員必須能領

導教師瞭解學生的多元需求，協調相關人員設計並發展多樣而優質的課程（謝文全，2003）。因而除了本身需具備課程設計發展的專業知能外，更必須健全學校課程發展組織，共同決定、研究與設計課程及學習方案，加強各個課程方案間的連貫與統整。除了課程發展與設計外，學校行政人員亦必須監督並協助教師實施課程，並對課程方案進行評鑑與反省，使學校課程的發展與管理能持續不斷改進。

（三）改進教學角色

教師的工作除了需要準備課程、進行學科教學、批改作業、評量成績、輔導管教學生外，有時還必須處理許多與教學沒有直接相關的雜務，這些工作占去教師大部分的時間（Bradley, 2004），造成教師缺乏反省自身教學的時間或沒有多餘心力進行教學改進。因而學校行政人員有必要積極主動引進教學輔導系統，輔導老師不斷進行教學改進，充實教學專業知能。

（四）溝通協調角色

學校中的課程與教學事務，除了課程的架構、目標、內容、順序、時數等方面必須進行決定外，教學方法的採用、教學資源的分配與整合也經常必須進行溝通協調。除了校內課程與教學事務的溝通協調外，學校行政人員也必須能主動回應家長與社會大眾對學校課程與教學的疑惑，善用溝通技巧向不同聽眾解釋說明課程與教學的各個面向，扮演好校內外課程教學事務溝通協調的角色。

（五）協助支持角色

行政的主要目的在於支援、協助與服務教學與學生的學習，學校行政人員因此針對教師在課程設計發展、教學與學生的學習，必須能提供

充分的資源與支持。對於教師在課程與教學事務上所遭遇的困難，也應能主動協助解決，扮演好協助支持的角色。

（六）課程教學評鑑角色

為了促使課程與教學能不斷改進，並瞭解課程方案品質、教學成效與學生的學習成果，學校行政人員必須能同時有效地使用量化與質化的課程評鑑資料，並能分析、綜合評鑑資料，精確描述教育方案的成果，同時領導學校成員發展出以學生學習成果為導向的評量系統（謝文全，2003）。課程教學評鑑的進行，除了有助於課程、教學與學習的實施情形與困境，亦有助於對課程、教學、學習成果的掌握與瞭解。

（七）研究創新角色

課程與教學必須能不斷研究，才能持續創新。因此，學校行政人員應以身作則，針對學校課程、教學與學生的學習進行研究創新，鼓勵教師進行行動研究，或組織教學研究會、讀書會等專業發展與創新的研究團隊，並對於研究績效良好的同仁，給予獎勵。行政人員扮演好研究創新的角色，對學校課程教學的革新，具有非常正面的激勵作用。

（八）關懷激勵角色

學校的教師是各學科的內容專家，但學校的行政人員或課程領導者則必須是激勵的（facilitation）專家，因而課程領導者必須具備良好激勵技巧，營造溫馨的環境，鼓勵教師對課程教學的內容做成明智的決定（Bradley, 2004）。尤其在設計與發展學校課程時，難免會遭遇一些困難、抗拒與挫折，學校行政人員，更有必要扮演關懷激勵的角色，來突破這些困境。

二、學校行政人員課程與教學的職責

　　學校的課程可以狹義地定義為是書面的學習科目（course of study），也可以是教師實際教導的「教導的課程」（the taught curriculum），亦可是每個學生實際所學習內容，稱之為「經驗的課程」（experienced curriculum），亦可是師生間互動，共同合作所創造的「創造的課程」（creative curriculum）。這些定義主要又可區分為「學習科目」的「外部課程」（outer curriculum），以及師生共同體驗，並合作創造的學習經驗的「內部課程」（inner curriculum）（Brubaker, 2004）。「外部課程」和「內部課程」是不斷互動且交互依存的。據此，學校行政人員在課程與教學方面的職責，不能只侷限在狹義的「學習科目」的學習內容及其教學，同時也應重視師生互動的經驗及創造的課程，因此，從校長、教務主任、訓導主任、總務主任、輔導主任等不同職務的學校行政人員在課程與教學方面都有著不同的職責與任務，可以說課程與教學，人人有責。以下進一步說明學校行政人員在課程與教學方面的主要職責：

（一）瞭解學校課程定位，發揮承上啟下功能

　　根據Glatthorn（2000）的分析指出，從國家、地方、學校、教室等不同層級，其在課程與教學事務上有著不同的功能與職責，學校必須能承上啟下，定位其課程與教學。就學校層級而言，其主要的課程與教學事務的功能與職責包括：1.根據地方學區的願景，發展優質的學校願景；2.補充地方學區的教育目的；3.發展學校的學習方案；4.發展以「學習為中心」的課表；5.決定課程統整的本質與範圍；6.連結「建議課程」（recommended curriculum）、「書面課程」（written

curriculum）、「教導課程」（taught curriculum）、「支援課程」
（supported curriculum）、「測驗課程」（assessed curriculum）、「習
得課程」（learned curriculum）；7.監控並協助課程的實施。就教室層
級而言，其主要的課程與教學事務功能與職責包括：1.爲運作課程，發
展年度計畫行事曆；2.發展學習單元；3.豐富課程並補救學習；4.評鑑課
程。從這些職責可以看出，學校行政人員在課程與教學事務上必須能掌
握並遵循國家或地方政府的課程政策，適切定位學校課程與教學，同時
亦必須能監督並協助班級的教師有效規劃並實施課程。

　　因此，整體而言，學校行政人員針對課程與教學的事務，必須領導
學校成員，根據學校的課程架構及目標，決定課程的內容與順序、設計
學年或學習領域課程方案，並根據方案選擇合適的教材和學習活動，加
強各個課程方案間的連貫與統整，監督並協助教師透過教學實施課程，
不斷對課程方案進行評鑑與反省，批判與修正，使學校課程的發展與管
理能持續不斷改進，進而提升學生學習成果。

（二）善盡各處室職責，領導課程與教學事務

　　由於學校中不同處室的行政人員，各有著不同的課程與教學職責。
例如校長必須綜理學校整體校務，教務處行政人員必須規劃課程計畫、
編排課務、教學活動；訓導處人員必須負責學生生活教育、安全教育、
衛生及體育教育；總務處人員則必須負責設備的修繕維護及教學設備的
採買；輔導室則必須負責學生的心理與行爲輔導、資料建立等事務。各
個處室的行政人員有著不同的職責。茲舉與課程教學事務最直接相關的
教務主任爲例，說明其有在法令上所規定的職責主要包括下列事項（引
自吳清山，2000）：

　　1.秉承校長指示，策劃學校教務工作事宜。

　　2.綜理教務處工作事宜。

3.協助教務處各組組長及有關人員，擬定教務工作計畫。

4.主持教務會議。

5.出席校務會議和行政會議，報告教務工作推展狀況。

6.分配教師擔任課務事宜。

7.巡查各班教學情形。

8.協助教師教學，並解決其困難。

9.策劃及督導教學環境布置。

10.策劃全校或各項學藝活動。

11.與各處室協調，共同合力推展校務。

12.協助教師從事研究與進修工作事宜。

13.評鑑教務工作績效。

綜合上述學校行政人員在課程與教學事務上的職責可知，學校行政人員就鉅觀而言，必須能承上啟下，除必須執行國家、地方的課程政策外，也必須兼顧學校的特色與需求，發展自身的整體課程；就微觀而言，各處室行政人員，依據其職掌，在課程與教學事務上有著不同的職責，必須分工合作，共同領導學校的課程與教學，使其有更整體而有效的發展與實施。

三、學校行政人員應具備的課程與教學知能

學校行政人員在課程與教學方面有其該扮演的角色與應盡的職責，學校行政人員除在學識修養方面應熟悉相關的教育法令與國民教育的特性，亦應具備溝通協調與運用語言、文字的能力。在專業的才能方面除一般計畫、組織、執行、評鑑等經營管理能力外，也要具有課程設計、教學理論、教育研究、教學評鑑、教學媒體等各種知識（吳清

山，200）。一般而言，學校行政人員在進行課程與教學領導時，會借用許多行政領導的智慧與能力，但學校行政人員本身要進入課程和教學的核心，當然必須具備課程與教學的專業素養與知能，這些知能主要包括：1.言詞說服溝通能力；2.課程慎思（deliberation）決定的經驗；3.閱讀各種專業雜誌，並能與人分享；4.瞭解國內外的課程實際；5.具備行為科學和社會科學的素養；6.具備課程和教學視導的能力（歐用生，2004）。

學校行政人員在課程與教學方面所應具備的知能與修養，更具體言之，根據Pajak & McAfee（1992）的研究調查指出，在課程與教學工作方面有良好表現的校長，必須具備下列特定的課程與教學的知識、態度和技能：

1.重要相關知識

兒童和成人的發展；課程發展的過程；課程理論；課程模式；課程研究；學習心理學；學科領域內容；哲學、社會學、歷史的基礎。

2.重要相關態度

強調課程問題的意願；致力於改進學校的課程；堅信課程的重要性；致力於讓教師參與課程發展；堅信課程發展是一持續不斷的過程；致力於各種內容領域間的平衡；激勵教師對多樣課程的知覺；對潛在課程具敏感度；致力於改進課程。

3.重要相關技能

鼓勵教師課程的所有權；設定目的和目標；讓成員專業發展的作為；課程目的與優先順序的連接；與課程需求產生關聯；監控課程實施；確保不同年級的連續性；應用兒童發展的原則；建立課程實施的合理時間架構；協助教師瞭解課程教材；建立課程計畫團隊；進行實際且實質的課程改革；統整課程內容；注意課程的範圍與順序；協調教科書的選用；改編和修訂課程；發展課程教材；設計課程。

　　因此，學校行政人員，除了在行政管理經營能力的培養之外，想成為卓越的領導者或行政人員，必須能充實自身在課程與教學方面的專業知能，除了學校行政人員在職前教育養成過程中必須加以重視外，在職訓練與專業發展時，亦必須重視上述這些課程與教學專業知識、態度與技能的培養。

四、學校行政人員領導課程與教學的困境

　　學校行政人員在課程與教學事務上有其主要的角色、職責，並應具備相當的課程與教學的專業知能。但在實務現場，由於一些個人的認知觀念、專業知能、時間安排等問題，以及學校所處的環境脈絡、學校文化、法規命令等制度性的問題。使得原本理想上應是學校行政人員與教師共同合作，一起戮力將焦點集中在課程、教學與學生學習的事務上，在現實的個人與制度的限制，而產生學校行政人員在領導課程與教學時產生了一些個人及制度上的困境。造成不少校長比較關心有形建築及設備，或專注於公共關係的建立，每天忙於可分層負責的會議或瑣事，在學校課程教學的領導反而疏忽了。然而校長及學校行政人員在領導整個學校時，一定得重視課程與教學領導的工作，否則任何課程改革的理想不可能實現，也不可能將學校的教育辦好（黃政傑，1999）。以下茲就學校行政人員在領導課程與教學時所遭遇的個人與制度上的困境加以分析說明。

（一）個人的困境

　　學校行政人員在領導課程與教學事務時，經常遭遇的個人困境主要有下列幾項（黃旭鈞，2002；黃政傑，1999；葉興華，2002；歐用生，2004；Bradley, 2004；Glatthorn, 2000；McEwan, 2003）：

1.課程發展專業知能不足

學校行政人員雖然多為教師所兼任,但由於我國以往在師資及行政人員的養成過程中,較重視行政領導及教學方法的訓練,造成學校行政人員在課程發展方面的專業知能普遍不足。導致行政人員一來不知如何領導課程與教學事務,造成部分校長急欲跳脫課程教學的事務,同時其在課程專業的地位與能力亦受到部分教師的質疑。

2.脫離課程教學事務過久

校長及部分學校行政人員,由於長期皆以辦理行政業務為主,對於課程與教學事務不是愈來愈不熟悉,就是逐漸與現場實務的情況脫節,對老師及學生的需求無法瞭解,或是對老師做出一些不合理的要求,造成行政人員與老師間的衝突,影響領導課程與教學事務的成效。

3.行政事務繁瑣,時間不足

校長或行政人員由於行政事務繁瑣,有許多會議要召開舉行,又經常需要溝通協調行政事務,造成校長及多數行政人員經常認為時間不夠,不僅無法參與學校中課程發展的活動與事務,亦經常分身乏術,無法領導課程與教學活動的發展。然而時間不足或許有時是制度因素使然,但有時卻是個人的意願與時間管理不當所造成。如果屬於個人因素,學校行政人員必須能有更好的時間管理。

4.參與課程發展意願不強

雖然近幾年在課程改革的過程中,有許多校長或學校行政人員以身作則,配合學校的特色與需求,想要領導學校教師參與課程發展,但經常力不從心。但學校教師習於接受政府規定的課程,參與課程發展或相關課程會議與組織的意願不強,加上教師追求專業自主的意識抬頭,常有老師不希望行政人員有過多的要求,或希望能擁有不要改變現狀的「專業自主」,課程發展與課程組織的運作流於形式,亦增加學校行政人員課程與教學領導的難度。

5.課程觀念過於偏狹保守

事實上仍有許多教育人員將課程的範圍侷限在教科書、教材或教學指引，尤其是國民中學受限於升學壓力，許多校長及學校行政人員的課程觀念偏狹，將課程侷限在考試科目。中小學科目和活動界限嚴明，課程設計流於保守，失去學習領域課程統整的精神。這種偏狹的課程觀不利於卓越課程領導的發展，學校行政人員缺乏改革的願景、意志或勇氣，經常使課程與教學的領導失去正確的方向。

6.過多管理控制，缺少領導

由於績效責任的要求，校長及學校行政人員在領導課程與教學事務時，有時習於採取過多的管理與控制方式，而缺乏領導的作為。造成教師課程主導權降低，創造協商的空間縮小，對學生與情境需要的回應減緩。老師變得保守被動，對課程發展漠不關心，形成一種「反課程」的氣氛。在過多的管理控制的氛圍之下，這種管理控制多於領導的情境，實際上並不利於課程與教學領導的實施。

（二）制度的困境

學校行政人員在領導課程與教學事務時，在制度上經常遭遇的困境，主要可包括（黃旭鈞，2002；黃政傑，1999；葉興華，2002；歐用生，2004；Bradley, 2004；Glatthorn, 2000；Glickman, 2003；Johnson, 2004；McEwan, 2003）：

1.政府課程規定與控制過多

雖然國家政府為維持學校教育的品質，對學校課程都會加以規範，這些規範可能是直接而有形的課程標準、課程綱要、課程架構等規定或文件，也可能是間接無形的透過經費補助或道德勸說的方式來控管。我國實施九年一貫課程，原本的立意在於賦予學校更多自主的權力來發展設計學校課程。然而實際上政府對於學校課程的規定和控制仍然過多，

造成學校自主決定課程的部分受到嚴重的壓縮，不利學校本位課程的發展。

　　即使像美國這種地方分權的國家，根據Johnson（2004）研究分析發現，美國絕大多數的教育局長與校長認為責任與規定愈來愈多，超過八成的學校校長認為要跟得上地方與中央的規定命令花費太多時間，他們希望規定和公文都能減少。尤其不同層級的法規命令有許多彼此牴觸衝突，這些對學校課程與教學的過多規定，以及不同層級規範間的牴觸衝突，是學校行政人員領導課程與教學經常必須面對的困境之一。

　　2.學校文化趨於穩定保守

　　相較於一般政府組織，學校的文化較為穩定保守。教師在工作上很有保障，對外在環境的變遷與要求，較無即時因應的壓力。這樣的組織文化較不利於課程教學的研發與創新，有些教師並不熱衷於課程的發展設計與教學的創新，而較習於實施既定或原有的課程，甚至抗拒任何的課程教學的改革。有些教師即使有意願改革，處在保守穩定的文化下，又沒有得到應有的支持與鼓勵，而逐漸失去改革的熱誠與動力。加上教師間缺乏專業的對話機制，同時部分教師有固守自己班級王國的心態，學校這種趨於穩定保守的文化，亦是許多有意改革的行政人員，感到帶不動的主因之一，此亦是課程教學領導的困境之一。

　　3.課程計畫決定機制鬆散

　　學校的課程計畫與決定經常被當作行政的計畫與領導的事務在處理。九年一貫課程雖然要求學校每年必須呈上學校整體課程計畫，但這些計畫最後常流於形式，失去原本課程計畫與決定的地位與功能。課程計畫與決定，並無法有效銜接各年級間的內容、知識、能力與經驗，同時無法清楚明確地呈現課程計畫在學校整體校務計畫間的關係與地位。學校課程計畫被當作是一種行政事務或工作在處理，課程計畫與決定無法發揮引導教師進行課程與教學的功能，反而變成流於形式徒增教師工

作負擔的苦差事。

4.學校合作伙伴關係不足

學校課程與教學的事務，必須能結合師生、行政人員、家長、社區人士和支持者，一起合作的經營和發展課程。有些教師經常關起門來在自己的班級王國中教學，不樂於也不願意家長及其他人員參與班級課程與教學事務，即使校內的老師間在課程教學事務上亦經常彼此孤立，缺乏協同合作。家長、社區人士不瞭解學校校務，學校亦無法與附近的機構、專業團體或大學合作，造成校長等行政人員在領導學校課程與教學時，缺乏伙伴關係與不同人員群組間合作關係的建立，這樣的情況，亦降低學校行政人員課程與教學領導的成效。

5.課程評鑑工作不夠落實

雖然近年來學校面對各式各樣的評鑑，然而評鑑的進行除了課程與教學實施成效的瞭解外，更重要的是課程與教學實施的改進。然而由於課程與教學評鑑工作重視標準化的績效責任的考評，經常流於表面績效的評鑑，缺乏深入對各種課程與教學問題的探討與解決，使得教師對評鑑工作從原本的戰戰兢兢的接受評鑑，到覺得是徒增困擾的例行公式，從默默接受變成消極抗拒。課程教學工作的不夠落實，造成學校行政人員，不僅得面對上級績效責任的要求，又得安撫教師的反彈不滿，加上評鑑的結果經常無法區隔表現良好與混水摸魚的成員間的差異，而使領導課程與教學評鑑時，常遭到許多阻力。

6.課程教學資源支援不足

要提升學校課程發展的品質，鼓勵教師進行課程研究、課程實驗與教材研發或製作，需要充裕的經費、設備、人力等資源來支援，然而在課程教學資源的支援方面卻經常顯得不足。不僅是經費、硬體、空間等物質支援不充足，在人力資源和諮詢服務方面的支援亦經常有所欠缺。學校行政人員領導課程與教學實施時，若經常處於缺乏物質、心理、社

會、環境等方面資源的支援的話，非常不利於學校課程的設計發展，以及教學的有效實施。

第二節　學校行政人員的課程與教學領導

學校行政人員在課程、教學與學習的事務上，有其應該扮演的角色、職責，當然在學校現場仍難免會遭遇一些個人或制度上的困境。身為學校校長及行政人員，除了必須瞭解自身在課程與教學方面的角色與職責外，更重要的是如何克服在領導課程與教學時的困境，並解決個人與制度方面的限制，而有效的課程與教學領導則是克服這些困境與限制的重要手段與作法。本節將先闡述課程與教學領導的意涵，並歸納分析課程與教學領導的重要任務，進而論述如何實施課程與教學領導，最後提出課程與教學領導的策略。

一、課程與教學領導的意涵

McEwan（2003）的分析指出，傳統（1970或1980年代早期）教育行政的主要工作包括：成員人事、學生學籍、學校社區、教學和課程發展、總務、事務和設備管理、與政府部門關係的建立。但現在對學校行政人員的訓練必須主要集中在教學領導，學會如何透過技巧性的授權和合作，建立學習社群，以發揮此一重要的管理功能。Sergiovanni et al.（2004）也指出，近年來愈來愈強調校長在教學領導方面的角色，並成為合格校長所必須具備的要件。

　　為何學校行政人員的訓練取向與重點會有上述的轉變？其主要的理

由在於學生的成就自始至終都與教師的素質、教學的方案及其領導有關，學生學習成果的改進與教師教學效能的提升實有賴課程教學領導。因此學校行政人員想要提升學生的學習成就，必須考量教師的素質？是否能發展設計優質的課程與教學方案？是否能具體有效地教學？能否有效處理學生不良的表現？能否開放心胸接納新觀念？學校行政人員最重要的角色之一即在針對上述的問題，進行課程與教學領導（Gabriel, 2005）。

基於上述學校行政人員在課程教學事務上的重點與角色的轉變，課程與教學領導的主要意涵在於：學校行政人員必須釐清課程的意義與範圍，認清自己的角色，領導教師進行課程設計與發展、課程實施、課程評鑑，發展優質學習方案，並支援引導教師進行課程與教學專業發展，提升教師專業知能，同時塑造合作的學校文化，協調整合各種勢力與有利的資源，支持教師的教學，進而提升學生學習的成果與品質。易言之，課程教學領導的主要意涵在於透過各種領導的作為，型塑專業文化，充分支援發展設計優質課程方案，提升教師教學效能與專業知能，進而改進學生學習成果。

二、課程與教學領導的任務

根據美國「南區教育委員會」（Southern Regional Education Board, SREB）的研究與探討，確認了有效能的校長與學校領導者，之所以可以提升學生成就的十三項重要成功要素，主要包括（Fry, Bottoms & O'Neill, 2005）：

(一)建立有焦點的任務改進學生成就，同時建立學校、課程與教學實務的願景，以創造可能的高成就。

(二)對每個學生設定高度的期望,學習較高層次的內容。

(三)認可並鼓勵能激勵和增進學生成就的良好教學實施。

(四)領導建立學校的組織,讓教職員工都能瞭解每位學生的需求,並讓每位學生皆有人加以關懷支持。

(五)能利用資料引發並持續改進學校、班級實務,提升學生的成就。

(六)讓每個人皆能掌握資訊並將焦點集中在改進學生的成就。

(七)讓家長參與其子弟的教育,建立一個親師合作的結構。

(八)瞭解改革的過程並具備領導和激勵的技巧,加以有效地管理。

(九)瞭解成人如何學習,知道如何透過優質的專業成長,促進有意義的改革。

(十)能以革新的方式來利用安排時間,以符合學校改進的目的和目標。

(十一)更明智地取得並使用資源。

(十二)爭取教育局、社區及家長會長對學校改進計畫的支持。

(十三)持續學習並與同仁分享,使同仁可以跟上最新的研究及已證明的實務。

綜觀上述這十三項成功的要素,都是課程與教學領導的主要任務有密切關係,其最終目標都在提升學生的學業成就,透過優質的課程、有效的教學,以及各種資源的整合及人員的參與,加上成員不斷的專業成長與改進,形成一有效能的學校。由此可見,課程與教學領導的實施是成功的學校領導與有效能的學校不可或缺的要件。

有關課程與教學領導的任務,主要有以下幾項(李安明,1999;高新建,2002;黃旭鈞,2003;黃政傑,1999;黃嘉雄,1999;歐用生,2004;Bradely, 2004;Brubaker, 2004;Glatthorn, 2000;Henderson & Hawthorne, 1995, 2000):

（一）建立學校課程願景與目標

　　學校必須建立課程的任務與願景，以作為帶領與指引學校課程發展與努力的方向，並用以激勵教師的教學和學生的學習。此外，由於課程規劃與實施必定會涉及不同層級與不同性質的課程。因此，課程與教學領導強調必須要建立學校課程願景與目標，同時也必須考量不同層級或不同性質課程間的差異與要求，邀集相關人員一起討論，尤其是教師、家長與社區人士等利害關係人更是要一起參與討論的對象，如此共同建立學校課程願景，根據課程願景，再建構出學校整體的課程架構與目標，作為進一步發展課程方案的依據。同時，也藉由願景的建立激發教師發展課程時的使命感與崇高的理想。

（二）設計並管理學校課程發展

　　依據學校的課程願景與目標，課程領導者必須進一步設計發展學校的課程方案，並針對學校課程的發展、實施、評鑑進行有效的管理，以確保學校課程品質的維持與改進。要有效管理學校的課程發展工作，首先，課程領導者及相關人員應具備紮實的課程專業知識與理論基礎；其次，健全學校課程發展組織與工作團隊，發展專業的學習社群，促使學校課程發展委員會與各學科或領域課程小組可以正常運作，以使學校的課程能順利實施，並將課程內容有效地傳遞給學生；第三，爭取必要的設備和資源，提供必要的資訊與諮詢服務，發展或選用優質的課程文件與教材。最後，還必須針對學校課程進行評鑑，以瞭解課程設計、發展與實施的成效及缺失。在學校課程發展與管理的過程中，尤其要重視對話與參與的過程模式，慎選參與課程發展過程的對象，並與教師專業組織合作共同選擇合適的課程教材。

（三）規劃並倡導成員專業成長

教師專業成長與發展是有效課程領導的重要關鍵，所謂「沒有教師專業發展就沒有課程發展」，其理在此。因此，規劃並倡導教師專業成長，對於課程領導的成效具有其關鍵性的影響。專業成長活動或在職訓練的實施，必須能符合教師的需求，且能在合作的教育環境之下，彼此交換教學經驗、心得與技巧，才能發揮其效果。此外，目前專業發展活動，已由過去只重視知識的複製、記憶與一致性的「專業訓練模式」，逐漸轉變成為強調成員承諾、投入、自我研究及應用專業知能的重要性之「專業發展取向」，同時強調知識是個人的，並重視教師間工作的連結性，同時也重視拓展不同群體間的合作，促進教師專業發展。

（四）型塑並改造學校專業文化

學校組織與文化是決定課程改革與領導成敗的關鍵要素。因此，課程領導者有必要型塑並改造學校課程專業文化。尤其是開放的學校文化、促進教師間的團隊合作、對話討論、分享與創新、反省實踐、批判思考、不斷地考驗課程的實踐及其合理性等專業的課程文化，更是型塑學校專業文化的重要做法。由於學校是保守而穩定的制度，易於抗拒改革，加上課程發展是複雜、充滿問題、有時是混亂未決的。在民主多元的社會中，課程與教學領導者必須致力於參與支持性的對話，並發展可信賴的專業主義，引導原本常處於孤立狀態的教師，察覺一起努力以建立專業社群的必要性，進而創造關懷、有創意、批判與成長的專業文化，讓教師學習在不斷對話中形成共識，尊重容忍差異，並能分享多元的觀點，同時在專業社群中的互動，建立起專業人員間彼此鼓勵、交互激盪與互相關懷的人際關係網絡，進而創造專業的教育社群。

（五）爭取並善用資源與設備

　　成員的發展與課程的發展有密切的關聯，為利於課程發展，有賴於決策者在時間、經費與設備方面的充分支援。因此，課程領導者必須提供教師實施新課程所需要之物質的、環境的、心理的、社會的支持。此外，想要提升學校課程發展的品質，鼓勵教師進行課程研究、課程實驗與教材研發或製作，也都需要充裕的經費和足夠的設備支援，並爭取大學或專業研究團體的諮詢顧問，提供老師研究設計課程的必要指導與協助，如此才能讓教師做好其專業發展工作，以及全心全力投入於教材或教具研發。因此，課程與教學領導者必須爭取必要的資源和設備，有效加以整合與利用。

（六）評鑑並改進課程教學品質

　　課程領導除了課程發展與行政管理之外，針對課程實施的成效也必須加以評鑑與監控。此外，對於教師的教學績效與學生的學習成果都必須加以掌握瞭解。因此，課程領導者必須實施校內課程評鑑，以瞭解課程實施的困難與問題，確認實施績效及改進方向。課程評鑑的工作必須兼顧課程設計與實施的評鑑，以瞭解課程設計需要改良之處；而且也要掌握課程實施的確實程度，並找出課程實施的困難與問題，進而瞭解課程實施的效果。所以，課程領導者必須基於上述課程評鑑的目的，就課程設計的成品、學校本身發展的課程成品、教師的課程設計與實施、學生的學習成果，進行持續的評鑑工作。

三、課程與教學領導的實施原則

　　由於近年來愈來愈重視校長在課程與教學領導方面的角色，所以校

長的領導除了傳統的學校領導與經營管理外，同時更必須重視課程教學
領導角色的扮演，然而這並不意謂校長必須完全取代教師在課程與教學
領導方面的角色，而是必須培育教師具備教學領導者的能力，讓校長成
為領導者的領導者（principals as leaders of leaders）（Sergiovanni et al.,
2004）。在課程與教學領導實施時，一起合作領導學校的課程與教學的
發展、實施與評鑑。

　　誠如蔡清田（2005）所言，由於學校校長、教務主任、教學組長、
學年主任或領域小組召集人是最接近學校教育現場的課程與教學領導
者，較能體會教師與學生在教學情境中的需求，可以帶領教師進行課程
方案設計，特別是大多數教師常忘記除了教科書之外，尚有許多教學資
源可以運用，如人力資源、自然環境教材。另外，在課程與教學領導的
運作與實施過程中，由於經常會遭遇成員對改革的不瞭解、誤解、抗
拒，因而需要透過成員的在職進修與學校組織發展，進行專業反思與溝
通，化解歧見，充實課程實施所必要的知能，以使課程方案順利實施。
除此之外，溝通與氣氛的營造亦相當重要，校長及行政人員可透過朝會
講話、與教師的正式與非正式會談、經費規劃等，展現學校領導者對課
程與教學的價值觀與信念，營造整體的組織氣氛，塑造行政組織來促進
課程實施的成效。

　　具體言之，課程與教學領導的實施，可以把握以下七項有效課程教
學領導的步驟與原則（Marzano, 2003; McEwan, 2003）：

（一）溝通傳達學校的願景和任務

　　課程與教學領導者必須能促進學校相關人員及社區人士參與發展學
校的願景和任務，並使學校的願景和任務能建基在相關的知識和理論基
礎之上，以符合多樣的文化、社會、組織和個人的需求。在願景和任務
發展之後，課程與教學領導者必須有效傳達願景和任務，並善用溝通技

巧，讓教師、學生、家長等相關人員瞭解學校的願景和任務將如何實施與達成，進而發展成員對實現願景的共同承諾。

（二）為成員及學生設定高度期望

課程與教學領導者必須對學生、成員及自己設定高度的期望：能發展設計最優質的課程，提供最佳的教學，增進每位學生的學業成就。為成員及領導者自身設定高度的期望，一方面可以賦予成員在課程與教學方面的使命感，提升成員的動機；一方面可以肯定成員的能力，激發成員的潛能。

（三）建立、實施並達成學業標準

在學校願景和任務之下，課程教學領導實施時，仍必須先建立學業標準，作為課程設計發展、教學與學習的指引。尤其是在課程教學領導實施的初始階段，宜先有學業標準的建立，以作為課程發展、評量設計與提出教學改進方案的指引和基礎。之後再實施Henderson & Hawthorne（1995）所強調的：領導者廣泛的喚醒意識，促進成員增權賦能，不只在控制並有效的達成目標，同時也要是引導成員提高判斷的層次與自我管理。

（四）提供並成為成員的資源

課程領導者必須能提供教師各種提升專業能力的機會與資源，提供成員有效的教學方案，幫助成員瞭解並能應用學生學習的最佳實際策略，設計符合學校與成員需求的完整專業發展計畫，並能對課程的設計、實施、評鑑，以及各種促進有效教學的原則，給予適切的建議（Sergiovanni et al., 2004）。課程教學領導者必須以身作則，帶頭示範，給予成員必要的資源與支援，當領導者在領導與評鑑教師時，教

師也同時在評鑑領導者，教師會決定是否尊重領導者的課程與教學領導，如果得不到老師的敬重，則難以成功地成為一位領導者（Gabriel, 2005）。因此領導者不僅要提供教師必要的資源，最好也成為教師的教學資源。

（五）建立有助學習的學校文化和氣氛

　　課程教學領導者必須能應用多元的方法來評估學校文化，再基於學校所處的情境脈絡，建立改進學校的文化。因此，校長及其他行政人員可以利用行動研究、自傳、傳記和敘說、課程慎思、成長檔案、文字、口頭發表、觀摩學習、座談、讀書會、工作坊、閱讀和分享等方式，吸收他人的意見，發表看法，作批判反省，不斷學習改進，增益自己與教師的課程和教學素養，同時建立並型塑有助於學習的學校文化和氣氛（歐用生，2004）。

（六）培養教師領導者

　　現今的校長必須有更多的分散式領導（distributed leadership），授權分散管理的責任，所以必須培養教師領導者（teachers leader）。教師領導人的角色提供老師在形成課程教學方案、支持學校願景及引導教師團隊達成目標發聲。教師領導者可以是正式的職務，如處室主任、學年主任、團隊領導人、教學導師，也可以是非正式的職務，如教師自組讀書會、聯誼團體的領導者或學有專長備受同事信任與推崇的教師（Gabriel, 2005; Patterson & Patterson, 2004）。在許多組織中非正式的教師領導人，有時反而更具有影響力。在課程教學領導實施時，領導者為了能讓領導的效能做更有效的發揮，有必要分散領導的權力，培養並善用各種教師領導者。同時藉由教師領導者的培養，增進領導的延續性（leadership sustainability）。

　　校長及行政人員應使學校成為一個社群（community），校長應作為服務人員（servant），負責管理經由學校共同價值與目的所界定的各種需求。同時校長必須提供家長、教師及學生服務與協助，與學生、同事和家長建立並維持正向的關係（Sergiovanni, 2001）。藉由與學校各種利害關係人（stakeholder）正向關係的建立，促進學校成為一個整體的社群，將更有助於課程、教學與學習事務的推動。

四、課程與教學領導的策略

　　有效的課程教學領導，除了必須瞭解課程教學領導的意涵、任務與原則外，更需要有具體有效的策略，茲提出以下幾項課程與教學領導的策略：

（一）評估學校情境，掌握課程教學領導脈絡

　　學校必須考量學校條件與文化、制度結構社區特性、家長期望、學生需要，結合全體教師與社區資源，發展學校課程，並審慎規劃課程計畫（黃旭鈞，2003；蔡清田，2005；Erickson, 2002）。具體言之，學校在發展和設計課程時必須透過系統化的需求評估，蒐集必要的資料和資訊，加以整理、分析、摘要，進而發展成脈絡概況圖（context profile），排列出各種脈絡資訊的重要性與優先順序，做為設計和發展變通課程的依據（Armstrong, 2003）。經由上述學校課程教學領導脈絡的分析掌握，除有助於瞭解學校課程發展的優先順序外，亦有助於校長與行政人員決定該扮演何種適切的課程教學領導角色與任務。

（二）釐清學校課程方向，確立學校課程發展願景

學校校長與行政人員，作為課程教學領導者，必須先澄清自己辦學理念與課程哲學，以建立學校課程願景，並據以建立學校教育和課程的目標（高新建，20002；黃旭鈞，2003；黃政傑，1999；Doll, 1996；Ervay & Roach, 1996；Fullan, 1992；Glatthorn, 2000；Gross, 1998；Henderson & Hawthorne, 2000；Wiles & Bondi, 1993）。

學校課程發展願景的建立，可先透過開放討論的方式獲取相關人員對於學校未來課程發展方向與願景的初步看法；接著分析各種不同的理念與看法加以整理，再比較不同看法間的異同及其關聯性；最後，衡量校內外實際的狀況，策略性地選擇可行的數項議題作為學校課程發展方向與願景。透過這樣的步驟，瞭解學校課程發展方向，並確立學校課程發展願景，作為成員共同努力發展與改進學校課程的方向和指引。

（三）管理學校課程，健全課程組織

學校的課程必須能有效連結國家、地方和學校的標準，強化課程的連貫性，發展設計更加統整與科際整合的教學單元與內容（黃旭鈞，2002；Erickson, 2002；Glatthorn, 2000）。所以課程領導者引導教師進行專業的課程設計，包括成立學習領域與活動課程方案設計小組，進行教學活動的設計，教材的編選設計，學生的分組，教學內容的範圍、順序與組織，空間、資源與設備的配置（蔡清田，2005）。

此外，學校必須組織課程發展委員會來管理學校課程發展工作，委員會由教師、家長、社區成員、教育行政人員、學生（必要性）和大學教授（可能時）等組成，選擇不同社會、文化背景、生趣、角色和信仰的人來擔任，以確保政策的周密（Henderson & Hawthorne, 1995, 200）。課程組織一定得充分發揮其功能，進行實質的討論與課程辯

證，而不能只流於形式，缺乏生產性。

（四）倡導教師專業主義，培養教師領導人

歐用生（2004）指出，隨著課程理論的再概念化，課程領導應由以往的由上而下的視導，轉變成由內而外的反省；課程領導的理論也由行為主義、實徵主義走向詮釋學、現象學，甚至是後現代主義。由強調生產的、檢查的、臨床的、由上而下的課程領導觀，轉向重視教師研究、成長與發展的課程領導。

這樣的趨勢特別強調教師的權力共享與專業主義（collegiality and professionalism），所謂的權力共享係指專業性質的真正互動，教師之間必須能公開分享失敗與錯誤，彼此互相尊重，並能有建設性的分析批判實務和程序，培養教師權力共享與專業主義主要有三大行動步驟：1.建立可以產生同僚合作與專業主義的行為和品行規範，重視成員間衝突的化解、專業問題的解決、分享資訊與溝通；2.建立允許老師參與學校決定與政策的管理結構，發展教師的效能感，並增進學校中「管理團隊」、「學生與教學團隊」、家長團隊間的合作；3.促使老師參與有意義的專業發展活動（Marzano, 2003）。

因此學校行政人員，若要課程教學領導可以深入而長久，倡導教師專業主義，同時培養教師領導人，教師能和同儕老師間一起合作，共同為改進課程、教學與學習努力。

（五）建立教師網絡，發展專業社群

Adams（2000）指出，教師能一起合作，彼此分享，才能有較佳的教學。因此，主張必建立教師網絡（teacher networks），教師網絡的建立有助於政策、實務和專業發展的連結。建立教師網絡要達成上述的目的有五項基本的假定：1.必須提供班級老師共同的時間來參加課程和

政策實施的事務；2.必須有效組織資源以支持教師實施課程和政策的努力；3.必須培養專業的論述對話，以形成共同的實踐定義；4.必須建構共同的目的、經常的互動、立即而共同的經驗、減少不同網絡間落差的連結；5.必須有充足的材料和物質的支持，讓教師能將注意力集中在教學事務上、培養實驗創新感，並深植於當地的政策脈絡。

　　一旦教師網絡建立，也就可以發展教師的專業社群，在專業社群中人員充滿希望，有堅定的信仰與信念相信自己有潛能可以成功接受挑戰，並能以務實而樂觀的態度來面對現實的一切，這樣的教師專業社群，實際上就是一種希望的社群（a community of hope）（Sergiovanni, 2004）。學校的領導者的重要職責在於必須引導學校社群發展並連結他們的信仰項目，進而建立強而有力的理念影響力，建立教師網絡，發展教師專業社群。

（六）促進教師專業發展，型塑課程的專業文化

　　在推動學校課程與教學事務時，必須能促進不斷進行專業成長，然而現今學校提供給教師所進行的專業發展，對教師而言並非都是有意義的，Marzano（2003）分析現今學校提供給老師的成長進修活動的主要缺失包括：1.提供成員發展的研討會無法與個別的學科領域緊密結合；2.缺乏給老師轉化策略到個別學科領域脈絡中的機會；3.在專業發展活動期間沒有提供老師現場測試策略的機會；4.提供少數的成員發展日（staff development date），成員發展活動彼此沒有關聯且無法連結。

　　為了避免上述現今教師專業發展活動安排的缺失，必須提供有助於教師專業知能提升的成長進修活動。根據研究教師心中覺得最能改變其教學行為的專業發展活動的主要特徵包括：1.焦點集中在內容知識：強調專業發展活動著重在個別學科領域的具體策略，但不需要分學科領域分別辦理專業發展活動，而是必須符合學科領域脈絡的教學知識；2.主

動學習的機會；教師能應用其所習得的教學知識，主動在實際教學中嘗試；3.所有專業發展活動具備整合性與連貫性：提供愈多的教師專業發展活動，則愈能夠改變教師的行為（Marzano, 2003）。

　　除了促進教師專長外，專業的學校文化更是決定課程改革與領導的成敗關鍵要素。因此，課程領導者必須型塑學校課程專業文化，塑造開放的學校文化、促進教師間的團隊合作、對話討論、分享與創新、反省實踐，批判思考，不斷地考驗課程的實踐及其合理性。因此，所要塑造的學校課程專業文化不是只在提高學生的學業成績，而在強調思考的心智、強烈的自我概念以及民主的價值。不是由上而下，相當強制的決定與處置，而是共同慎思、共同決定，不斷的反省實踐和教師研究成長（歐用生，2000；Henderson & Hawthorne, 1995）。

（七）進行課程發展的評鑑與回饋

　　課程發展、行政管理、評鑑認可過程必須相互支援，因此必須確認有效的監控與評鑑課程的方法（Ervay & Roach, 1996）。所以，課程領導除了著重課程發展與行政管理之外，針對課程實施的成效也必須加以評鑑與監控。是故，課程領導者必須實施校內課程評鑑，以瞭解課程實施的困難與問題，確認實施績效及改進方向，規劃改進方案。同時，課程領導對於課程評鑑的工作必須兼顧課程設計與實施的評鑑，評鑑的主要目的包括，瞭解課程設計需要改良之處；瞭解課程實施的確實程度；瞭解課程實施的困難與問題；進而瞭解課程實施的效果。課程領導者必須基於上述課程評鑑的目的，就課程設計的成品、學校本身發展的課程成品、教師的課程設計與實施、學生的學習成果，進行持續的評鑑工作（黃政傑，1999）。進行課程發展相關過程的評鑑，並依評鑑結果，提供課程設計、教師教學與學生學習的即時回饋。

（八）擴大參與合作對象，爭取課程教學資源

　　學校的課程與教學事務需要各種不同人員的參與，主要教育行政人員、立法人員、專業組織的代表、學校行政人員、教師、家長和社區人士，甚至是學生。所以，學校行政人員在進行課程教學領導時，必須儘可能擴大參與和合作的對象，而不是讓教師孤獨地進行課程發展的工作，不同性質的人員參與，可以帶進不同的觀點，有些人可以帶入某一學科領域的專門知能；有些人可以提供有助於課程實施的論點；有些人可以提供如何取得必要的教學材料與資料；有些人可以幫助宣傳推廣課程的決定與內容。多一些人員的參與可以讓課程發展工作的進行，更具有生產力（Armstrong, 2003）。

　　除了擴大參與合作對象之外，學校行政人員更必須爭取一些必要的資源，來協助學校的課程發展與教學實施的進行。這些資源可以是物質性的經費設備的補助，可以是彼此關懷鼓勵的心理性支援，也可以是組織團隊的社會性支持，也可以是邀請學者專家和大學社教機構的人力資源。不論是哪一種資源的爭取，都有助於課程與教學的實施，學校行政人員必須幫助教師爭取這些資源。

第三節　教學改進與教學輔導

　　任何課程的實施與推動，都有賴透過老師的教學，運用各種適切的教學方法將課程的內容有效傳遞給學生，或透過教學時師生與環境的互動，創造課程。教學改進及輔導教學改進的教學輔導工作，亦是學校行政人員推展課程與教學事務時的重點工作。以下先就學校的教學實施作一分析，進而說明如何進行教學的輔導與改進，促進教師的專業成長與合作。

一、教學的實施與分析

根據Glickman（2003）的分析，阻礙教師教學實施與專業成長的五項環境要素主要包括：

1.班級王國的心態

許多學校教師覺得自己帶一個班，所以認爲這是「我的教室、我的學生、我的教材、我的專業世界，其他人應該不要管我，而這種作法剛好與成功學校的老師相反。

2.賦予初任教師（beginners）不當的責任

有經驗的老師經常保護他們的勢力範圍，而把他們棄之不要的留給新老師，新老師進到的教室布滿了其他人留下不要的設備、教材或器具。行政人員通常也將令人頭痛且低成就的學生放在新進老師的班級中，徒增新進或初任教師的困擾。

3.不夠公開透明，彼此孤立

研究發現有經驗的教師中，有半數未曾爲改進教學而接受教學觀察，有76%的有經驗教師從未接受過學校中其他教師的觀察。

4.缺乏專業對話

因爲大部分的教室是謝絕參觀的，教師就少有機會如同專業人員般地對談。更有研究顯示教師每天一起對談的時間總少於兩分鐘，教師幾乎將其所有的時間都花在對學生談話，或與其他人交際上，而不是花在一起解決教學問題上。

5.有限的選擇

教師的教學生活通常是活在科層體制和被限制的環境中。教師少有選擇，行事曆已被排定，教師只是被告知該教什麼及何時教，最低的能

力、規定的課程、學校外部發展的政策都進一步限制他們的選擇，教師少有機會參與整個學校事務的決定。

　　從上述Glickman的分析可知，在實際教學實施時，教師個人的不當心態、學校的文化與環境、政策與制度的規範，都會阻礙教師教學實施時的成效。爲了突破上述的教學困境，Glickman（2003）繼續分析，美國有些州試圖立法透過提供更高的薪資、補助、借貸、建立生涯階梯等方式來吸引更傑出的老師。然而如果只改變這些外在的環境與物質條件，而不能讓學校變成專業的工作環境，則難以吸引眞正傑出的老師留任，其成效亦相當有限。因此視導人員、處室主任、教學領導者和校長必須擔負起這項困難的工作，改變教學環境中阻礙教學改進的因素，塑造學校成爲專業的工作環境，不過度嚴格控制，讓教師可以有高昂的士氣、成員和諧而有效率地一起工作。同時學校成員可以集體行動，對目標及達成目標的信念上有共識，學校的教師視自己是整體行動的一部分，並對組織的目標和信念有共識。

二、教學的輔導與改進

　　儘管學校行政人員針對課程、教學與學習有視導的責任與義務，但在視導之後，針對教學的轉導與改進，才是更主要的目的。同時對教學進行輔導，並促進教學的改進，亦是克服上述教學實施困境的重要方法。因此學校行政人員除了原有的視導職責之外，必須進行實地教學的輔導與改進的責任。常見的教學輔導方式包括（謝文全，2003）：教學導師（mentoring）、同儕輔導（peer coaching）、自我評鑑視導（self-assessment supervision）、行動研究（action research）、直接協助（direct assistance）、團體發展（group development）、提供進修成

長（provide professional development）等幾種方式。

（一）教學輔導的途徑與步驟

上述各種的教學輔導方式，有其適用的對象、情境與重點，然而其共同的目的都在幫助並改進教師的教學。以下茲舉近來相當受到重視的「發展性教學輔導」為例，說明如何進行教學輔導（Glickman, Gordon & Ross-Gordon, 2001）：發展性教學輔導主要可分為三種途徑：

1.指導人際途徑（directive interpersonal approach）

係指由視導人員主導整個視導過程，又可細分為指導控制型（directive control approach）及資訊指導型（directive informational approach），前者所指的是由視導人員強力主導，並決定視導的方式與內容，適用於被視導者屬於低發展階段（缺乏教學知能與意願）或緊急狀況，來不及聽取被視導者的意見，後者雖然仍由視導人員主導，但賦予被視導者部分的選擇權，適用於被視導者屬低發展階段，或時間緊迫須快速採取具體行動。

2.合作人際途徑（collaborative interpersonal approach）

係指由視導人員及被視導人員雙方合作進行視導，雙方一起討論，分別提出自己的意見，再彼此協商出雙方滿意的行動方案。適用於被視導者屬中度或混合發展階段或若被視導者不參與的話會喪失士氣的情況。

3.非指導人際途徑（nondirective interpersonal approach）

係指被視導者擁有相當自主性的視導方式，由視導人員先傾聽被視導者的意見，視導者僅適時提供諮詢建議，最後仍由被視導人員做決定。適用於高度發展階段時，或被視導者須負責任時。

不論採取哪一種途徑，都必須視實際的適用時機與情況，三種教學輔導方式都包括：陳述、澄清、傾聽、鼓勵、反省、協商、問題解決、

指示、設定標準、增強等十個步驟。

（二）落實教學視導制度

學校的視導人員必須評估自己學校的情況、成員及社區狀況，再決定採用哪種視導的方式，為了讓整體學校教學視導制度更加落實，必須讓教師脫離個人的及分散的行動方式，而要能有更加合作的集體行動，其具體作法如下（Glickman, 2003）：

1.逐漸增加新進或初任教師的責任

學校必須讓有經驗的老師帶領新進或初任教的教師順利進到教師這個專業領域，並建立起新進和有經驗教師間的伙伴關係。

2.增加教學的公開性和透明度

鼓勵教師彼此互相觀摩教學，觀摩彼此的教學並給予回饋。舉行課後會議，讓教師可以針對教學彼此質問與答辯。透過教師會議的問答，教師可以輕易看出不同教師間及不同年級間課程有哪些不一致的地方。

3.增加教師間的專業對話

必須找出時間讓教師在教職員會議時進行專業對話。給老師時間提出計畫說明他們如何改變現有的問題。讓會談的焦點可以集中在成員可以控制的行動。

4.增加教師專業的選擇

必須鼓勵教師在團體中合作，使他們可以控制部分教學進度、教材和課程。教師跟年級或跟學科可以一起合作完成規劃某些年度活動。不論這樣的工作是否包含特殊的課外課程計畫、學科或課程改革的研究團隊，以團體的方式來實施的力量有助於建立集體行動。

綜合言之，上述教學輔導及教學的改進，主要最終目的皆在改進學生的學習，促使教師採取合作式的、有目的性的方法來從事教學，進而能統合組織目標和教師的需求。

王祥豪是臺北市一所國小的校長，由於第一任校長任內，被分派到市郊的一所小型學校服務，學校雖然較偏遠，但環境不錯，教師年輕有活力，且彼此之間的感情與互動情形良好，學生背景單純，家長對校務的意見也不多，完全信任學校的辦學方式。事實上王校長在這所學校任內，就聽從師傅校長的叮嚀建議，一開始必須強勢嚴格一點，才能建立校長的威嚴，果然在環境這麼單純的學校，得到不錯的效果，教師對校長的要求，配合度很高，加上王校長在任內的第二年正好考上課程與教學研究所，開始進修碩士學位，有些剛學到的理論與學理，就可以先帶回學校應用驗證一下，老師們也覺得校長很有理念，且能以身作則，帶頭進修，都盡力配合，所以在這所學校王校長的評價還算不錯。

　　就在王校長完成碩士學位的那一年，也正好第一任校長任期屆滿，他參加校長遴選，順利轉任到較為市中心的另一所小學服務。這所學校歷史優久，教師平均年齡偏高，有許多老師任教年資都比校長還久，家長的社經水平雖然較高，但學生的來源就顯得差異性大，且複雜許多。學校在上任校長屆齡退休之後，早就呈現一種穩定安逸的組織文化，教師間習慣沒有太多活動的日子，只要把班級管好，學生不要出事就好。王校長到任後，當然也感受到這股不同於他之前學校的氣氛。但他滿懷信心，相信以他從前的領導方式，套用到現在這所學校一定不會有問題，加上他現在研究所剛畢業，正有滿腹的課程與教學的學理理論等著他落實到學校的現場。在到任一個月之後，他就開始要求老師必須進行「課程統整」，發展學校本位課程，同時應該要自編教材，排出共同時間進行專業對話。教學時也要同學年或不同學年的老師間，打破班制界限，實行「協同教學」的理念。此外，王

校長還親自帶領老師進行行動研究，並督促老師要持續進行「課程慎思」與「反省批判」。週三下午或假日，週週都排了滿滿的教師專業成長活動，還規定老師一定要來參加，因為他深信「沒有教師專業發展，就沒有課程發展」。

王校長如此積極地推出各種活動，可說是每隔一陣子就有新點子，每隔一陣子就有一套新措施。他堅信在他這麼用心努力的領導與經營之下，學校一定馬上能有一番新氣象，老師們也一定可以有很不一樣的作為。一學期過後，王校長逐漸發現，老師仍然固守課本教科書的內容，並跟教務主任抱怨課本都教不完了，哪還有時間教別的教材，更別說自編教材了。教師們也覺得自己就有能力把自己的班級教好，何必還要弄個「協同教學」，所以校長高倡「協同」，教師們還是各自教自己的，要專業對話，也只是大家聚一聚聞話家常一下。至於行動研究，老師們更是認為，作研究是大學教授或學者的事，也覺得研究結果對他們的教學沒什麼太大的幫助，所以，也就大家剪剪貼貼，勉強湊出個行動研究報告。而課程慎思與反省批判，對老師而言更是抽象了，要慎思什麼？要批判什麼？老師們反倒覺得校長該慎思，該反省一下為何要把大家弄得心神不寧、心力交瘁的。所以，儘管校長精心安排了各種專業進修活動，老師們不是請假不想參加，不然就是帶著簿本或報紙到研習會場批改作業，或者是看報紙、聊天、打瞌睡。

老師們的反應與反彈，王校長並非沒有感受到，只是他覺得再過一段時間，等老師習慣了，也瞭解他的用心之後，情況自然會好轉。一年過去了，整個學校的氣氛變得很不好，行政人員與教師對立情況愈來愈嚴重，教師也變得愈來愈冷漠消極。至此王校長心裡想著，為何付出愈多，反而得到的回報卻是如此。他心裡想著應該要有所調整與改變，只是他還不知該怎麼改變？

回答問題

1. 上述案例中的王校長主要遭遇了哪些困境？

2. 在上述案例中，你覺得王校長在兩所不同的學校中所應扮演的課程教學領導角色該相同嗎？你覺得王校長及學校行政人員在這兩所不同的學校該擔負什麼樣的課程與教學職責？

3. 你覺得上述案例中的王校長該有什麼樣的改變？你有哪些具體的作法可以幫助他改變？

參考書目

吳清山（2000）。**學校行政**。臺北市：心理。

李安明（1999）。「為教學而行政」的校長教學領導：理論與實務。**教育政策論壇**，**2**(2)，158-203。

高新建（2002）。學校課程領導者的任務與角色探析。**臺北市立師範學院學報**，**33**，113-128。

黃旭鈞（2003）。**課程領導：理論與實務**。臺北市：心理。

黃政傑（1999）。**課程改革**（三版增訂）。臺北市：漢文。

黃嘉雄（1999）。落實學校本課程發展的行政領導策略。**國民教育**，**40**(1)，29-34。

葉興華（2002）。從課程領導者的角色期望——談我國國小校長課程領導之困境與展望。**初等教育學刊**，**13**，177-200

歐用生（2000）。轉型的課程領導及其啟示。**國民教育**，**41**(1)，2-9。

歐用生（2004）。**課程領導：議題與展望**。臺北市：高等教育。

蔡清田（2005）。**課程領導與學校本位課程發展**。臺北市：五南。

謝文全（2003）。**教育行政學**。臺北市：高等教育。

Armstrong, D. G. (2003). *Curriculum today*. Upper Saddle River, NJ: Pearson Education , Inc.

Bradley, L. H. (2004). *Curriculum leadership: beyond boilerplate standards*. Lanham, MD: Scarecrow Education.

Brubaker, D. L. (2004). *Creative curriculum leadership* (2nd ed.). Thousand Oaks, CA: Corwin Press.

Doll, R. C. (1996). *Curriculum improvement: Decision making and process* (9th ed.). Boston, MA: Allyn and Bacon.

Ervay, S. B., & Roach, C. S. (1996). *The curriculum leader: A comprehensive guide for the curriculum decision maker.* Emporia, KS: The curriculum leadership Institute.

Easton, C., Golightly, J., Oyston, M., & Waters, M. (1999). *Coordinating the curriculum in the smaller primary school*. London: Falmer Press.

Erickson, H. L. (2002). *Concept-based curriculum and instruction: Teaching beyond the facts*. Thousand Oaks, CA: Corwin Press.

Fry, B., Bottoms, G., & O'Neil, K. (2005). *The principal internship: How can we get it right*? Atlanta, GA: Southern Regional Education Board.

Gabriel, J.G. (2005). *How to thrive as a teacher leader*. Alexandria, VA: ASCD.

Glatthorn, A. A. (2000). *The principal as curriculum leadership: Shaping what is taught and tested* (2nd ed.). Thousand Oaks, CA: Corwin press.

GLickman, C. D., Gordon, S. P., & Ross-Gordon, J.M. (2001). *SuperVision and Instructional Leadership. A Developmental Approach* (5th ed.). Needham Heights, MA: Allyn and Bacon.

Glickman, C.D. (2003). *Holding sacred ground: Essays on leadership, courage, and endurance in our schools.* San Francisco, CA: Jossey-Bass.

Gross, S. J. (1998). *Staying centered: Curriculum leadership in a turbulent era.* Alexandria, VA: ASCD.

Henderson, J.G., & Hawthorne, E. D. (1995). *Transformative curriculum leadership.* Upper Saddle River, NJ :Prentice-Hall.

Henderson, J.G., & Hawthorne, E. D. (2000). *Transformative curriculum leadership* (2nd ed.). Upper Saddle River, NJ: Prentice-Hall.

Johnson, J. (2004).What school leaders want? *Educational Leadership*, 61(7), 24-27.

Lunenburg, F. C., & Ornstein, A. C. (2000). *Educational administration: Concepts and practices* (3rd ed.). Belmont, CA: Wadsworth.

Marzano, R. J. (2003). *What works in schools: Translating research into action.* Alexandria, VA: ASCD.

McEwan, E. K. (2003). *Seven steps to effective instructional leadership.* Thousand Oaks, CA: Crowin Press, Inc.

Pajak, E., & McAfee, L. (1992). The principal as school leader, curriculum leader. *NASSP Bulletin*, 76 (547), 21-30.

Patterson, J., & Patterson, J. (2004). Sharing the lead. *Educational Leadership*, 61(7), 74-78.

Sergiovanni, T. J. (2001). *The principalship: A reflective practice perspective* (4th ed.). Boston, MA: Allyn and Bacon.

Sergiovanni, T. J., Kelleher, P., McCarthy, M. M., & Wirst, F. M. (2004). *Educational governance and administration* (5thed.). Boston, MA: Pearson Education, Inc.

Sergiovanni, T. J. (2004). Building a community of hope. *Educational*

Leadership,61 (8), 33-37.

Wiles, J., & Bondi, J. (1993). *Curriculum development: A guide to practice* (4th ed.). New York: Macmillan.

第四章 學生事務與輔導

　　學校行政是學校維繫教學功能的支柱，而學生不僅是教育的對象，更是教學的主體，更遑論學生是學校生態中人最多、事最雜、較不成熟且最需要輔導的一群（江文雄，2001；郭昭佑與閻自安，2004）。因此在學校行政的範疇中，有關學生的相關事務與輔導是最為直接、重要且不容忽視的。

　　然而，相關的學生事務與輔導工作林林總總，繁複且多樣；況且學生既為教育對象，所有學校教學與行政事務莫不應以學生為終極標的，那麼究竟哪些才是屬於本章所論述的「學生事務與輔導」的學校行政工作呢？

　　為能釐清學生事務與輔導的範疇，本章以較實務的觀點，也就是在學校行政組織的實際運作過程中，較直接與學生有關且有別於本書其他各章節之學生事務與輔導工作為重點，首先探討其基本概念，其次歸納包括多元學習活動的規劃與指導、生活輔導與學生自治、生理衛生與保健、及心理輔導與諮商等四項主要的學生事務與輔導工作，而有關危機管理部分因事涉各層面且相當重要另立專節討論，最後提出學生事務與輔導的一些核心準則以為學校行政參考。

第一節　學生事務與輔導的基本概念

一、學校行政與學生的關係

（一）特別權力關係的調整

特別權力關係是指在特定行政領域內，為達成行政目的，在國家與人民之間建立「加強人民對國家從屬性」之關係。在此一關係中，人民被吸收進入行政系統內部，不再適用一般情形下所具有的基本權利、法律保留及權利保護等，可能形成一種「無法的空間」，而像是「法治國家的漏洞」。然而，伴隨著民主與法治化的發展，特別權力關係的法理基礎，逐漸受到挑戰（林佳範，2003）。呂啓民即質疑學生與學校間的特別權力關係，他認為這種空泛的原則隱藏著「擴大概括」的危機；林紀東也認為不能僅以特別權力關係為由否認學生請求裁判上救濟的權利（引自謝文全，2000）。由此可知，此一特別權力關係正逐漸向正常法治化調整，學校與學生的關係愈來愈受到法律的規範。

雖然如此，在實質的學校運作過程中，其與學生間的關係仍無法等同於一般民眾面對法律的關係，因為在教育過程中，學生依舊被視為不成熟的個體。一方面，在特別權力關係的大傘下，學生的許多非法行為即受到適度的保護或保障，而僅依循學校規章甚或是教育作為以避免法律之適用，例如在學校中經常發生許多不合法的偷竊、恐嚇、作弊……等行為，學校系統多僅止於校規處分，甚或僅是口頭告誡即是一例；而另一方面，特別權力關係仍使得學生在許多基本人權上受到限制，例如司法機關雖已認同學生的救濟權，但在學生表現的評分上依教師法

「教師之教學及對學生之輔導依法令及學校章則享有專業自主」，教師仍有其專業自主權，除非影響學生身分，否則在救濟上仍常受到限制；另外，體罰更只是在學校與學生這種特別權力關係下才能討論的特別議題。

（二）學生的「受教」權利與義務

　　「受教權」是學生特有的權利，學生是教育過程中的主體，接受教育是依法保障的權利，不能因學生身心異常或其身分背景而有所差異，學生或其代理人均得以主張此一公平的受教權利，例如臺灣近來教育改革的重要議題，包括資優教育、教師評鑑、學費調漲、教師罷教權……等爭議，學生的受教權都是最重要的考量。除了受教權及特別權力關係鬆緩所釋出的救濟權外，在多元民主開放的校園文化中，經由學生的自覺或學校的導引，學生的「參與權」及「自治權」已逐漸受到重視，在高等教育中甚至成爲學校改革的動力。

　　憲法規定，學生接受教育不僅是一種權利，也是一種義務。學生在義務教育期間即有「受教義務」，在臺灣更受「強迫入學條例」的規範，應入學而未入學者處罰其代理人。從「受教」義務的衍生觀點，江文雄（2001）更認爲學生有接受指導的義務，在就學期間應服從學校教導並認眞學習；還有遵守校規的義務，無論學習、生活、言行均應合乎規矩倫理，如有違反，應受校規處分。

（三）學校行政的可能作爲

　　學生既有受教的權利與義務，學校即負有教育的責任，除了依相關法令及學校安排之課程實施教學活動外，依循上述權利義務，在學校行政上應有的作爲包括：

1.積極維護學生受教權

依教師法規定，教師必須積極維護學生受教之權益，在學校行政上亦同，行政是教師教學的有效後盾，不管是對身心異常、學習障礙或社經地位弱勢的學生予以必要的協助，對未入學或中途輟學學生進行追蹤輔導，或是對不同性向學生提供多元的學習機會……，在學校行政上必須積極維護學生的受教權益。

2.導引學生健全人格

除了知識的學習，學生良善品格的養成是學校教育的另一個重點，教師依法須「輔導或管教學生，導引其適性發展，並培養其健全人格」，而在學校行政上，則應使處於團體生活的學生理解學校規範並接受指導，更應在學生適應不良時予以輔導，此一生活的與心理的輔導是導引學生健全人格的重要方法。

3.導引學生從參與中學習獨立自主

學生是學校的重要組成，學校應鼓勵並導引其參與權的認知與實踐，除了從學生的觀點提供興革的意見外，並應透過學校行政的參與學習獨立自主，建構屬於學生的自治團體社群，以彰顯學生的自治權。

4.重視學生的救濟管道

在特別權力關係中，學校與學生並不是一個對等的關係，「壓迫」是許多學生在面對學校常有的感覺，除了公正公開的生活規範及必要的心理輔導外，更應重視並暢通學生的救濟管道，舉凡申訴、行政訴訟、訴願……等，都應讓學生理解自身應有的救濟權益。

二、學生事務與輔導的意涵與範疇

廣義來說，學生事務（student affairs）即為「學校日常生活中與學

生相關的事務」。然而，在學校教育系統中，學生是接受教育的標群體，也是學校存在的主要目的，似乎沒有任何教學或行政作為與學生無關；因此本章對「學生事務與輔導」的探究，係「依循務實觀點，從一般真實的學校行政組織運作慣性中，將與學生最直接相關的部分區隔出來，統稱為學生事務與輔導」。其中有兩個內涵：其一是「學校行政實務運作觀點」，主要係在真實的學校行政系統中實際上的業務分工；另一是「與學生最直接相關的部分」，鎖定在與學生直接相關的事務上。而這兩者同時界定了本章在論述「學生事務與輔導」時與一般所稱廣義的學生事務的區隔。

在此界定下，學生事務與輔導的主要內容包括：1.為符應學生不同學習需求並增進學生學習興趣的「多元學習活動之規劃與指導」；2.為使學生符合學校團體生活規範並協助其獨立自主的「生活輔導與學生自治」；3.為維護學生身體健康的「生理衛生與保健」；4.為維護學生心理健康的「心理輔導與諮商」；及5.因應突發事件的「學生危機管理」等五大部分。

在這五項主要內容中，為何在本章中特別將「輔導」置於學生事務之後並列為「學生事務與輔導」？事實上，相對於每天在課室中與學生朝夕相處的教師群而言，學校行政系統總是給予學生一種較為遙遠且著重管理的角色，而使學生產生不安的感覺，即使是「學生事務」亦難擺脫這樣的刻板印象；然而，攸關學生心理健康的輔導（guidance）工作卻常須取得學生的信賴感同時避免威脅感，此一特質使得「心理輔導與諮商」在相關的學生事務工作上獨樹一格，這亦可從實際的學校行政運作中見其端倪——學生輔導雖同屬學生事務工作，但卻經常獨立運作，常見的包括與學生事務平行的學生輔導處、室之設置，或另立學生輔導中心……等，而這也是本章為何稱「學生事務與輔導」的重要原因。

由上述有關學生事務與輔導的五項主要內容，可見其界定雖已限縮

在一定的範圍內，但深究其內涵則可發現其所展延的可能範疇仍相當的廣：

1.在空間上

從空間來看，學生事務與輔導的範疇雖以學校為主，但不以學校為限，包括校外教學、社團、學會、學生活動……等，即使是學生危機管理，亦都含括學生在校外的相關事務。

2.在時間上

學生事務與輔導表面上始於學生到校，而止於學生離校；這當然是受教主體──學生學習的重要時段，但卻不是學生事務與輔導的唯一時段。包括學生進入學校前及離開學校後的路隊規劃、放學後或假日的課後、社團、學生……等學習活動，尤其是住宿生的管理或賃居生的輔導等隨時的關心，在在呈現學生事務與輔導的超時特質。

3.在對象上

學生事務與輔導的對象是學生，其中除了確保其受教權益，使其在學校生活規範下學習外，還包括生理上的保護，及心理上的輔導，且必要時更擴及家庭背景的理解與關懷。

4.在人力資源上

學生事務與輔導的人力資源除了學校行政人員外，主力則是教師；除此之外，在許多活動上，家長、義工、社區人士等，甚至學生自身亦能透過自治團體、服務團隊或社團，成為學生事務與輔導的重要人力資源。

三、學生事務與輔導的目的與功能

學校是學生學習的主要場所，為能有效學習，須確保學生身心的健

全發展，而此一學習同時亦是一個團體生活的情境，必須遵守必要的生活規範，以尋求自我獨立與學習成長。由此可知，學生事務與輔導之目的係在「維護學生的身心安全與健康情形下，協助其建構在團體生活中學習的有利條件」。

而在此一目的下，學生事務與輔導在學校教育上所能發揮的功能包括：

1.受教主體的保護

學生是教育的主體，因而學生事務與輔導的首要發揮功能在受教主體—學生的保護，保護學生使其能在身心健全且安全無虞的情境下進行學習，而此一保護含括身體上的及心理上的保護，以確保學生學習的良好狀態。在此，生理衛生與保健、心理輔導與諮商及學生危機管理都是重要的學生事務與輔導工作。

2.學習生活的規範

學生係來自不同的家庭，存在著多元且截然不同的生活習性；然而，學校教育不僅是品格教育的搖籃，更是團體生活的學習過程，因此學生在學習的同時，亦應遵循團體生活的規範，培養成為良好社會公民的素養。據此，學生生活輔導是相當重要的環節。

3.教育性的服務

行政原就是服務性的工作，而在學校中所提供的則是屬於教育性的服務。事實上，學生在學校中的學習，並不僅止於學校所安排的正式課程，學生在教育過程中的所有經驗都是學習的重要素材，更何況正式課程僅係學校提供學生學習的基本需求，無法滿足學生多元學習的發展需求，因此，在學生事務與輔導中即須具備多元學習活動，以提供多元的教育性服務，滿足學生的學習需求。

4.賦權增能（empowerment）

學生在學校的時間只是一個成長與發展的過渡期，終究得成熟自主

的面對未來的生活，因此在學校的學習生活中，學生應在學校的輔導下，學習自我管理與自主學習，這是賦權增能理念的體現，也是學生邁向獨立自主的重要里程。因而在學生事務與輔導中更須提供學生自治發展的可能機會，使學生得以賦權增能，邁向成熟。

第二節　多元學習活動的規劃與指導

在學校中除了正式的課程的學習外，為豐富學習的內容與廣度，學校通常會提供非正式課程的學習機會，讓學生有更多元的學習空間，同時抒發學習壓力（何進財，2001；教育部，1995；教育部，2004；張雪梅，1996；謝文全，2000; Barr, 2000；Cunningham, 2002；Gerber, 1996；Nathan, 1988）：

一、多元學習活動的功能

除了正式課程外，學校大多會規劃或提供學生多元學習活動並予以指導，可見其重要性，而多元學習活動所能提供的功能主要如下：

1.符應學生多元的學習興趣與能力

在教育機會均等的概念下，學校的正式課程旨在規劃每位學生一種屬於必備能力的基礎學習，卻無法提供個別學生依循其興趣與能力的多元發展空間。弈棋、攝影、登山……此一學生多元學習興趣與能力的個別需求，在學校正式課程上多無法顧及，為滿足學生多元學習需求的自主性與選擇性，學校多元學習活動的規劃相當重要。

2.導引學生另類的群體隸屬感

學生在學校中一向以「班級」為歸屬對象，但在多元的學習活動中，卻常跨出班級的界線，提供更多另類的群體隸屬感，或許是全校性

的，或許是合作性的，更可能是志同道合的……，在這諸多的群體隸屬中，學生除了更有機會感受到團體生活與制度規範的重要性，亦可能從中獲得領導與溝通的能力，至少尋得更多的心理支撐，讓自己在面對學習時更具能量。

3.提供學生學習壓力的適度調節

學生在正式課程中或多或少存有學習壓力，而多元的學習活動可使學生在繁重的課業中放鬆心情，適度調節學習過程中的壓力與焦慮，並抒發學生過剩的精力，同時促進學生的身心健康。

4.強化學校與社會的聯結與互動

學校雖是教育機構，但同時也是社會系統的一環，包括與學生家長、社區及社會機構與人士的互動都是相當重要的，然而正式課程卻大多集中於學校資源的範圍內，因此，較具彈性的多元學習活動亦可間接強化學校與社會的聯結與互動。

二、學校主導的多元學習活動

學校的多元學習活動種類很多，最常見的仍是學校主導的活動，尤其是臺灣中小學在九年一貫課程實施後，彈性學習節數在學校自主的課程與教學規劃下，促使學校思考更為多元的學習活動。而學校主導活動的主要類型包括：

1.全校性的例行活動

在學校所主導的多元學習活動中，許多都是全校性的例行活動，常見的包括校慶活動、運動會、畢業生畢業活動或是學校自身發展的特色活動等，此類活動多是以學校為主體的重要活動，亦是全校性的整體活動，師生沒有選擇參與與否的權利，有時甚至可能影響正式課程的實

施。

2.展演或競賽的活動

學校有時必須配合主管行政機關之教育政策，舉辦全校性，甚至參與縣市層級，以至全國性的展演或競賽活動。最為典型如國語文競賽，依年級、學校、區域、縣市、全國逐級實施，另外亦有各類的展演或競賽活動，如音樂、美術、舞蹈、體育、康樂、科學……等，此類活動不但能凝聚學校發展的重點與特色，並提供多元性向學生的發表空間，同時更能誘發學生多元學習興趣的發展。

3.服務性的活動

服務性的活動有時為學校主導，有時則為以學生為主體的社團所發動。服務學習屬於生活教育的一環，而從服務中學習、印證課堂所學，進而建構社區意識，符應「學校社區化，社區學校化」的教育。服務性活動的範圍包括：家事服務、學校服務、社區服務及對其他團體或機構的服務。許多學校即印製「服務學習護照」，供學生記錄服務內容及認證使用。服務學習的時間可利用班會、社團活動、彈性學習時間，亦可運用假日或課後時間，讓學生自主的參與服務學習。

三、以學生為主體的多元學習活動

除了學校所規劃的活動外，另外有些活動是在適度規範下，以學生為主體的多元學習活動，除了教師或學生個別邀約，或以班級為單位的課程或假日聯誼活動外，最具代表性的就是社團活動了。在部分學制或學校中，或稱聯課活動或課外活動。

為使學生有充分的選擇機會，因此學校所規劃或同意設立的社團種類繁多，依性質區分，主要包括：1.學藝性社團：如讀書會、作文、

演講、書法、美術、詩歌朗誦……等社團；2.展演性社團：如音樂、國樂、舞蹈、戲劇、攝影、樂隊……等社團；3.康樂性社團：如弈棋、紙牌、集郵、團康……等社團；4.體育性社團：如球類（籃球、排球、羽毛球、桌球、躲避球、巧固球、棒球）、田徑（跳高、賽跑、跳遠、擲鉛球……）、體操、游泳、民俗體育（國術、踢毽子、跳繩）……等社團；5.服務性社團：如社區服務、孤兒、敬老、環保、教學、義工……等社團；6.科學性社團：如自然科學、標本、科展、天文、氣象、動植物……等社團；7.技能性社團：如手工藝、童軍、雕刻……等社團；8.聯誼性社團：如原畢業校友會、同鄉會……等社團。

不管性團的性質為何，它終究提供了一個學生自主性較高的多元學習空間與機會，相對於學校的正式組織與課程而言，其特色如下：

1.以學生為主體的課程選擇權

社團活動係審酌學校師資、時間與空間的規劃，提供學生對有興趣活動的自主選擇機會，彰顯以學生為主體的課程選擇權。

2.學校的另一種次級組織型態

為使學生自由選擇所要學習的活動，社團經常打破班級，甚至年級建制，因此社團時間常是數個班級、整個學年，甚至全校排在同一時段以方便學生選課。且因為社團經常是志同道合的組合，共同學習的時間雖短，但凝聚力卻相當高，常被喻為是學校中自願性程度較高的另一種班級型態，而這也同時提供了學生自治的一個練習機會。

四、校外教學

在多元學習活動的規劃與指導中，校外教學是較為特殊的部分。它可以是學校主導的活動，如畢業前或每學年所規劃的校外教學；亦可以

是以學生為主體的學習活動，如社團的校外活動。不過，它雖只是學校教學上在空間上的延伸，但所涉及的學習規劃、安全及行政相關問題較為複雜，因此另立專項討論。

　　校外教學亦是學校教育的一環，其目的在提供學生另一種學習的機會與場所，不僅在彌補校內教學的不足，更可以協助師生充實生活體驗，開拓見聞領域，發展社會化行為，並激發思考創造能力；但因學習場域在校外，相對於校內教學而言，有許多須特別注意的流程及重點，這亦是學校參與同仁應善盡的學生指導及監護責任。

（一）校外教學前的準備

1.計畫擬訂

　　校外教學過程中有許多作業並非學校專長而必須經由招標程序委外辦理，但在委外前應擬訂計畫，包括校外教學的目的、地點及停留、時間及日程、參與對象及人數、食宿安排、交通工具及路程、聯絡方式、氣候特殊時的處理、安全考量等。在擬訂計畫時首先須依據法令辦理，主辦單位（處室、學年或班群、班級）應詳閱校外教學相關法令及規定，例如交通工具、日數……等都有規範可遵循，避免違法並明權責；其次則是共識決定，許多教師均有校外教學經驗，在計畫擬訂前應經會議形式，在經驗分享與討論中決定計畫內容，例如在日程上如何避免雨季、哪些地點不適合……等，以凝聚共識、明確分工，並分擔責任。

2.行政招標作業

　　計畫擬訂妥適後，即可簽請核示辦理招標作業，此部分應由總務單位依政府採購法及相關規定辦理。除了依法辦理外，安全與品質是最重要的考量，因此，在招標文件中應詳列學校的應有要求，包括交通工具及駕駛人員的合格限定甚至合約條款、食宿的基本需求及所能提出符合法令規範之保證、保留實地勘察及勘察後修改的權力……等；因此，在

招標作業中不宜以低價標處理，以免廠商為了得標而降低安全與品質，甚而徒增校外教學實施時的爭議與困擾。

3.實地勘察

在招標前或招標後，對於校外教學的日程、路線、地點、設施、食宿……應作實地之探勘，以瞭解是否符合相關法令規定，及其安全性與品質，如係經常性的地點，至少仍須再次確定其安全措施符合法令規定。

4.詳擬實施規範及注意事項

在師生比例仍相當高的情形下，對於學生在校外教學過程中的行為宜有一定的管理策略及規範。在組織上，包括領隊、隨車教師、學生分組與權責規範都應明列；在活動上，包括學生分組活動、乘車、用餐、住宿之分配、應攜帶物品……等亦須事先安排；在聯繫上，如與學校、領隊、隨車教師、同組組長與同學的聯繫方式應妥為建制；在緊急事故的處理上，亦應列舉可能事故及如何處理之簡要流程。重要的是，此一實施規範及注意事項應編擬成冊，於行前發給參與人員隨身攜帶。

5.行前應聯繫事項

在校外教學前，對內應聯繫家長，以書面說明活動內容並獲得其同意，同時瞭解學生身心特殊情形，並歡迎家長隨行；而對外則須辦妥旅遊平安保險以保障師生校外教學安全，必要時亦須發文至校外教學、餐宿等單位以請求其解說或協助，使校外教學能夠順遂。

6.行前說明與安全教育

在校外教學實施前，應對擬參加之師生舉辦行前說明及校外教學相關之安全教育，讓參與師生瞭解所有規劃、應遵循之規範及相關注意事項，並宣導安全之重要性及緊急事故的處理方式，以維校外教學之規範與安全。

（二）校外教學過程應注意事項

1.行前檢查

在出發前，除分組清點人數、確定彼此聯繫方式並再告知相關注意事項及檢查應帶物品外，最重要的是確認交通工具及駕駛人員是否符合租約規定，駕駛人員狀況是否良好等，並與駕駛人員核對行程。同時告知學生行車安全及逃生設施，必要時得進行逃生演練。

2.行車安全

在行車途中，應隨時留意車況、車輛間的彼此聯繫、駕駛員精神狀態及是否有違規情形。同時亦應維持車內學生的秩序，聯誼活動雖無不可，但不應過於喧嘩，甚至影響駕駛情形。

3.定點活動的規範

不管是正式的校外教學活動或是暫時的停車休息，定點活動宜以分組團體行動為主，事先預告該定點的特殊情形、可能的危險及最後的集合時間並對錶，同時留意少數較易失序的學生，以維定點活動規範。

4.用餐注意事項

用餐時除留意秩序及餐桌上的禮儀外，亦宜比照校內用餐情形先預留一份餐飲，以備食物有問題時採樣之需。

5.住宿的規範

在校外教學中經常有住宿情形，除再次確認住宿地點之安檢措施並做必要之宣導或消防演練外，對於外出之分組團體行動規範、回來的報告、隨時可聯繫方式、晚點名時間（清點人數後不得再外出），甚至外宿情形的處理……等，都應請學生遵守原訂規範。

6.隨時清點人數

不管校外教學成功與否，人是不能少的。因此在定點活動、用餐、住宿前後，都應隨時清點人數，此部分可藉由分組方式處理較為簡便。

7.安全狀態的回報

爲使學校對校外教學狀況有所掌握，因此宜在固定時間進行安全狀態回報，使學校安心。

8.緊急事件的處理

如遇緊急事件，立即依校外教學活動注意事項或當下相關規定進行權宜措施處置之危機處理，並立即聯絡學校發動危機管理機制，擴大處理的資源。

9.堅持至最後一刻

校外教學的行程並不在回到學校後結束，在清點人數及車上東西並進行失物招領後，應要求學生立即回家或向家長回報安全，直至所有同學安全抵達家門回報後才算完成，因此應堅持至這最後一刻。

（三）校外教學後的檢討

在校外教學後，應進行相關的檢討。除了在學生所撰寫之校外教學心得與感想中尋求可能的改進方向外，亦應請學生提供相關改進意見，並以學生意見爲基礎召開會議討論得失，必要時得請學生列席討論，使校外教學辦理機制更完整，法令規定更完備，也爲未來的校外教學留下可參考的檔案資料。

由上述各流程及應注意事項可知，校外教學應同時兼顧教學與安全需求，務使學生快樂的出發，平安且行囊豐碩的回來。

五、規劃與指導多元學習活動之原則

不管是學校主導的，或是以學生爲主體的校內外多元學習活動，學校在規劃與指導時有些應遵循的原則：

1.法令依據與經驗傳承

在規劃與指導多元學習活動時應確實依據法令規定，同時重視過去相關的經驗傳承，以免觸法並避免不必要的錯誤或困擾。

2.專業分工

學校教育人員在規劃或指導學生所需要的多元學習活動時，應以專業分工爲原則，一方面使教師專長得以發揮，同時學生所學亦得以紮實，有些非教育人員所能勝任者則可委外辦理，以求專業便利，使多元活動的學習更爲精緻。

3.以安全爲首要

在多元學習活動中，許多活動不僅走出學校，甚至具有身心危險性，而這確是所有家長最爲關心的，因此學校在規劃或指導多元學習活動時應以安全爲首要，務使學生在安全無虞的情境中學習。

4.學生意見的參與及選擇

既是學生的學習活動，因此在規劃與指導過程中應重視學生的意見，包括其參與的意願及選擇的機會，尊重其自主的權利。

第三節　生活輔導與學生自治

學生在學校的生活是需要受到規範的，除了外在的生活輔導，學生亦須經由自治過程學習團體生活規範（吳武典主編，1995；教育部，2002；謝文全，2000; Barr, 2000；Cunningham, 2002；Hartley, 2001；Nathan, 1988）：

一、學生社會化的重要階梯

學校是一個微型的社會，教育過程亦是學生社會化的過程。除了正

式課程的學習外，在學校行政的範疇上亦提供學生重要的社會化學習階梯：

1.團體生活規範的輔導

學生在學校所受教育與家庭截然不同，它是一種團體生活，學生面對來自不同視野的同儕，必須適度收斂自己的既有習性，學習尊重他人的想法，並適應共同生活的可能性；而對於學校而言，如同社會秩序一般，須設定一套學生學習過程的團體生活規範並予適當輔導，讓所有學生的在校行為有所依循，學習尊重如同法令與制度般的生活規範，以達社會化的過程。

2.從他律到自治

學生不會永遠是學生，他終究得離開學校走入社會，「給他魚吃，不如教他如何釣魚」，因此在學生事務與輔導的立場，不能只是訂定規範要求並管理學生遵循，而必須從尊重規範，體會規範的重要性，進而學習訂定規範的程序、如何訂定規範及如何使他人遵循，此一從他律到自治的學習，才真正是使學生邁向社會化的重要階梯。

二、學校生活規範的指導

學校的法令規章相當繁雜，有些與學生直接相關，有些並無直接關係，而有些則是遇上了才有機會瞭解。因此，對於學生而言，學校生活規範是在學校學習過程中逐漸瞭解的，當然，初入學的輔導對學生而言，是瞭解學校生活規範梗概的重要基石，在學校中通常稱為新生入學輔導。

新生入學輔導旨在使初入學校的學生認識學校的新環境，加速其對學校的適應，以提供學習效果。新生入學輔導的內容除了必要的資料填

載及幹部選舉外，約可分爲三項重點（謝文全，2000）：

1. 學校概況

認識環境（包括學校整體環境與配置，尤其是學生的學習場所、保健室、圖書館……）、師長（宜配戴名牌）、同學、課程、上放學路隊、作息時間及信號……等，使學生對學校運作有概括性的瞭解。

2. 學校法令規章

包括成績考查辦法、獎懲辦法及請假辦法……等，一方面使學生的行爲能符合學校規範，一方面使學生知道如何享受應有的權益及應盡的義務。

3. 常規指導

出入學校常規、集會常規、教室常規、儀容常規、衛生常規……等，指導學生在學校團體生活中應遵守的規範。

新生入學輔導重點在各教育階段的適切銜接，通常在開學之前幾天進行，一方面不會影響全校的活動，另一方面也不至於使課程進度受到影響。而在參與人員方面，除了學校行政主管的簡要說明外，學長的現身說法對新生來說較爲活潑、親切，也更具說服力，而經由學長經驗作爲介紹，亦可讓新生從學生的角度認識學校以及未來的學校生活。在新生入學輔導過程中更應提供發問與分享的時間，可使他們更深入瞭解學校概況，最好有些簡要手冊提供學生快速認識學校，並導引透過網路瞭解學校。

三、學生管理與獎懲

在指導學生瞭解學校生活規範後，接著就必須要求學生並運用策略使學生在校期間確實遵循此一規範，此即學生管理與獎懲。

（一）學生管理的範疇

學生管理的範疇主要有三：

1.學生出缺勤管理

學校對於學生的管理，最重要的莫過於從到校至離校的「學生人數」問題了，這也是家長最基本的安全要求，亦即請假規定及中途輟學問題。尤其是中輟的管理：首先是中輟的預防與掌握，儘量使學校課程符合學生需求以預防中輟，並於有癥兆的學生妥為輔導，同時利用班級或課程系統，每日或每節課確實掌握學生到勤人數，尤其是未成年的中小學生，學校更應於到校時間後立即透過班級系統瞭解未到校學生原因，不但使家長感受學校用心（如請假時），更能在第一時間掌握學生上學過程中的安全狀況（如綁架時）及中輟情形（如逃學甚而逃家）。其次，是中輟的及時處理，三日以內是處理中輟問題的黃金時間，超過三日依法即列為中輟生，同時亦將與學校漸行漸遠，因此當發現中輟情形時，應即時依循其同儕及人際關係，並迅速運用學校脈絡關係找到學生，說服他回校復學。最後則是中輟生復學後的輔導問題了，每位中輟生的中輟原因與期間都不相同，應透過輔導方式協助學生心理建設甚至解決問題，並多予以關懷使其逐漸回到正常的學習軌道。

2.學生常規管理

學校是許多學生的學習與活動地點，團體生活與學習必須有團體的規範，在學校中即是常規。學校的常規無所不在，除了法令規定及學校單行規章以外，學校的慣例（如上課若干時間內進教室），甚至教師因教學需要的個別要求均屬常規範圍。因此，除了新生入學輔導外，許多常規係學生從在校生活中逐一接受相關的規範而來。而在學生事務與輔導上，則須做好一些指導、管理、協助與輔導，以防止個別學生違反團體規範。

3.學生住宿管理

許多學校學生住校或賃居於校外，對於這些學生而言，雖係放學之後，甚至是賃居於校外，然而延伸對學生生活的關心，學生住宿之管理在學生事務與輔導上亦屬相當重要的問題。除了瞭解學生住宿的安全與品質外，更應時時關心，讓學生甚至讓賃居屋主瞭解，這群孩子仍在學校的生活管理範圍內。

（二）學生管理的主要機制─導護工作

許多學校的學生管理機制主要落在所謂「導護工作」上，謝文全（2000）認為導護工作即指導保護學生的工作，積極方面是「指導」學生校內外各種活動的正當方法及態度，消極方面則為「保護」學生從事校內外活動時的安全。

導護工作相當繁多，且屬於全天性質，主要可分為校內與校外兩大部分：1.在校內導護工作上，包括學校生活規範的宣導、全校性集會的管理、維護學校各場所之衛生與安全、指導學生課間活動安全、預防並糾正學生違規行為、必要時處理跨班級性的偶發事件及相關學生問題；2.在校外導護工作上，主要在校外安全知能的指導、上放學交通的協助、賃居校外學生的輔導及學生在校外問題的協助等。但近來許多教師團體依據教師法規定，以教師專業及學生到校時無教師在班級內指導之理由，認為教師不應從事校外上放學交通協助的導護工作，亦引起相當多的討論。

而導護人員的組成是相當多元的，主要是學校行政與教師及較高年級的學生所組成，有些時候家長或義工亦可扮演類似的角色，在高中以上學校則多由教官擔任。學校對於執行導護工作的人員應施予服務訓練，包括專業及態度，使導護工作更受崇敬。

當然，除了導護工作外，每天在學校與學生最接近的莫過於級任導

師了，在學生管理上，學校行政的規劃雖然必要，但關鍵卻在級任導師的協助指導，唯有透過這樣一個綿密的輔導網絡，學生的品格陶冶及生活規範才得以順利養成。

(三) 學生獎懲的運用

獎懲是學生管理的重要手段，透過獎勵優良行為及懲罰不良行為的策略，一方面使好的行為重複發生並減少不好行為，另一方面使旁觀的學生經由觀察以間接學習。

在獎懲方法上分為正式與非正式兩類：1.正式的獎懲：係依法令或規定所行之處分，獎勵如記功、嘉獎，懲罰如記過、警告，類此正式獎懲對學生而言是一種標竿與楷模，導引學生的應行應為。2.非正式的獎懲：終究學生係未成熟個體，獎懲亦是以達到教育目的為依歸，況且優劣行為無法逐一列舉，更無法凡事獎懲，因此包括榮譽卡的使用、公開褒獎、口頭獎勵或告誡等，此種非正式的獎懲可隨時隨地且可有彈性的適用於每位學生。

獎懲的運用並非隨興所至，有些原則宜遵循：

1.適當的程序

包括告知學生受獎懲的理由，讓學生有申辯機會，及獎懲確定後的申訴管道。

2.善用正式獎懲的公平及非正式獎懲的彈性

正式獎懲宜公平、公正、公開，不能因人而異；但在考量個別差異情形下，有時非正式獎懲反而易使學生管理者有充分彈性面對不同的情境。

3.不可濫權

學生管理者與學生間並非權力的對等關係，身為學生管理者應謹守分際，不可藉由自己的權限做出踰矩情事。

4.教育性目的

獎懲在教育的應用上並非在獎優汰劣，它只是手段，而對學生的生活教育，甚至促發其自我反省才是目的，手段之施爲應隨目的達成的可能性而彈性調整。

四、生活適應的輔導

在學校的團體生活中，有些學生呈現適應不良，甚至偏差行爲的生活適應問題，此時除了獎懲的運用外，在行爲改變的過程中更需要積極的輔導。

適應不良或偏差行爲的原因除了遺傳因素外，不外乎環境因素及個人的學習與抉擇，且其成因通常是多元而非單一的；在輔導上，環境影響需要學校教師與同儕、家庭及社會的整體配合；而在個人因素上則須透過學習與再學習以增進學生因應環境及自我抉擇能力。因此，對於適應不良或偏差行爲的學生，學校生活輔導的可能策略包括（吳武典主編，1995）：

1.傾聽與協助

他人的回饋對學生的自我觀念形成與自我力量發展有相當大的作用，教師在輔導時須先能專注傾聽，這樣不但能使學生自我淨化，更能促進其自尊，同時有助於瞭解並適時給予必要的協助。近來臺灣爲使個別的生活輔導較具成效而設的認輔制度，即是希望參與的認輔教師有更多時間傾聽個案學生的問題，而能給予更多的協助。

2.尋求家庭的合作

許多生活適應問題在於家庭的影響或與學校間的觀念落差，況且學生除了學校外，家庭仍爲其生活核心，因此在輔導上，須儘量尋求家庭

的共同合作，甚至改變。

3.同儕力量的導引

在資訊化的社會，學生資訊來源相當多元，許多觀念的建構已遠超乎師長們的想像，此部分在輔導時宜藉由同儕關係，瞭解學生的問題，亦可導引同儕的力量與協助，改變學生的適應不良甚至偏差行為。

4.社會資源的援引

學生有些偏差行為係受社會影響，此時在學校的關係脈絡中，或有能勸服或嚇阻學生遠離誘惑者，如警察單位；或有能導引學生從事良善志趣者，如志工服務團體；應適時引進使社會影響朝正向發展，協助學生改變偏差行為。

5.必要時轉換環境

一旦學生受學校、家庭、同儕或社會因素影響過大，無法改變時，一個短期的策略即是轉換環境，在學校行政中，轉學是一不得已為之但可能有效的策略，透過環境的改變使學生重建其在學校環境中的行為。

五、學生自治

學生管理與獎懲終究是一種外在的力量，且僅侷限於學校內，一旦學生畢業出了校門，就成為社會的一員，需要自主與自立。因此，對於學校而言，培養學生自我組織與管理是學生生活輔導的重要工作。所謂學生自治係指學生在學校的指導下，組織自治團體並進行自我管理的過程。主要目的在藉由組織的凝聚培養學生自我管理的能力，同時經由參與以學習學校事務並增取學生權益，成為未來具獨立自主能力的公民。

學生自治所代表的精神有二：1.參與及服務：這是身為社會公民所必備的能力，經由學生組織，一方面參與各項學生不容易瞭解的學校事

務甚而爭取權益，一方面為學生提供相關的服務，同時成為學校與學生間最佳的橋樑；2.學習自律：學生自治所代表的另一個重要精神是自律，經由自治組織及相關章程與辦法的擬訂，進行自我規範與管理，在學校的支持與指導下，不斷彙集與凝聚學生意見，做自我的修正與調整，不僅止於自立且能自律，以自我成長與發展。

學生自治最基礎的組織即為班會中的班級幹部，包括班代、副班代、康樂、總務……等幹部，以處理班級中的相關行政事務；而學校中層次最高的學生組織是全校學生會，除了學生會長、副會長，及學藝、康樂、總務……等相關幹部所組成的行政部門外，必要時得設立法及司法部門；立法部門通常稱為學生議會，是學生自治團體相關規章的立法組織，如自治章程之修訂、預／決算案等；而司法部門即為學生法庭，負責有關學生糾紛之仲裁、學生自治章程疑義的解釋等。當然，在班級與全校兩級學生會之間亦可設各學生層級的學生組織，以大學為例，可設系學會、院學會……等。

對於學生的自治組織與活動，學校所應為者包括：

1.提供必要的協助

包括輔導其成立，並在組織初期所需要的場地、經費方面予以必要的協助。

2.提供所須的訓練

學生組織中的重要幹部雖然多由全校學生選舉產生或推選，但不一定瞭解組織運作、行政相關規則及法令，因此，學校必須提供其所需要的訓練，類此專業訓練將使未來自治組織的運作更為順遂，且不致觸法而不自知。

3.放手讓學生自治但不能放棄指導之責

學校雖基於學生自治精神，應放手讓組織自治而儘量不予干涉，但學生終究不成熟，學校不能放棄其指導之責，或可建議學生自治組織商

請教師指導，或在開會時請師長列席指導，或在可能的權責範圍中，如經費核銷時予以行政流程之指導與管控，務使其能正常發展。

4.強調民主法治教育

在相關的正式課程中，強化法令教育，瞭解權責相符原理，讓學生普遍學習民主法治的精神，間接促使學生自治得以順利成形。

六、生活輔導的核心價值

生活輔導是學生在學校中除了知識學習外，型塑品格及學習在團體生活中彼此尊重、民主及維繫法治的重要途徑，而其核心價值則在於賦權增能。

賦權增能並不單是「我給你權力」，它有一個很重要的假設，即是「我相信你有能力」，藉由制度的設計與更多彈性空間的提供，讓成員在實踐的過程中創發更多能力，因此「賦權增能」本身不是一個「從無到有」的歷程，而是一個「從有到有」的歷程。其過程與結果間的距離應是批判的、解放的，係以人們能取得控制、掌握所須資源，及理解批判所處社會環境為基礎，幫助人們發展成為獨立的問題解決者及作決定者；據此，賦權增能的基本假定是：每一個人的身上都蘊涵著能力，其過程並不僅意謂著外在的權力授予或增加能力，最重要的是要把每個人身上既有的能力引發出來，能具備掌握資源、運用資源，及批判問題的能力，成為獨立的問題解決者及作決定者（郭昭佑，2000；陳美如與郭昭佑，2003；Zimmerman, 1996）。

教育是一個使學生成長的過程，在於培養學生從依賴走向獨立，期望學生在離開學校後，仍能在社會規範中獨立生活、自主學習。因此，學校生活輔導的功能除了指導學生對團體生活規範的理解與尊重外，最

重要的是導引學生學習掌握與運用學校周遭資源，練習批判思考問題的能力，成為自主與自立的問題解決者及自我決定者。這種「教釣魚方法」而不是「給魚吃」的觀念，也能讓學校在學生畢業時能放心的任學生們展翅高飛。

第四節　生理衛生與保健

　　對於學校來說，學生的生理衛生與保健是一件最基本與重要的事，即使在正式課程上，包括健康與體育相關課程也受到相當的重視；而在學生事務上，則大約可區分為身體保健、環境衛生及餐飲管理等三項（吳清山，1995；蘇清守，2001；Cunningham, 2002；Hartley, 2001）：

一、學生在校生活的最基本要求

　　學生到學校接受教育，在複雜的學習情境中，學校資源與師資良窳或有不同，學生資質及其社經地位背景亦有所差異，因此在學習上或因學生多元性向而有其不同的學習成果，這種常態對於學生其及家長來說是合理且可接受的。也就是說，當學生的學習成果不佳時，學生的努力及家庭所能提供的可能資源之差異，使得學校並非被認知為唯一的責任對象。

　　但是，學生的生理衛生與保健除了特殊情形外，可就是學校責無旁貸的事了。套一句口號「快快樂樂上學，平平安安回家」，不論學生的課業學習如何，保護學生在校期間的身體安全與健康是學校的基本責任，也常是家長對學生的在校生活之最基本要求。因此在學生事務的相關行政工作中，學生的生理衛生與保健雖沒有辦法大顯其活動能

量，但卻是最需要時時關照而不能有絲毫疏忽的。Zepeda及Langenback（1999）即認為學校應持續增加對學生健康的關心，以滿足學生及其家庭對此一需求的不斷提升。

二、身體保健

維繫學生身體健康是最為基礎的事，在身體保健上，主要工作有三：

1.身體健康的照護及定期檢查

許多來自不同家庭且個別差異相當大的學生，在學校有限的環境下活動，身體的病痛及傷害在所難免，因此最基本的身體健康照護須隨時待命，以便緊急處置。學校的保健單位即須負起這樣的責任，包括輕微外傷或病痛的照護及嚴重時的緊急處置後送醫，都是須立即處理的。除此之外，例行性的健康檢查是維繫身體健康的重要工作，包括身高體重、視力保健、口腔衛生等一般性健康檢查，砂眼、寄生蟲等疾病矯治及協助卡介苗、破傷風等預防接種。

2.保健教育

除了外在的身體照護外，學校更應提供保健教育，包括晨間檢查的指導、出版衛生保健手冊、辦理相關比賽或測驗……等，一方面是預防勝於治療的考量，另一方面是使學生都能自我保健，甚至影響家庭的保健觀點。

3.學生平安保險

即使做好保健照護與教育，在學校團體生活中亦免不了發生較嚴重的傷病甚至死亡意外，因此平時即應辦妥學生平安保險，同時讓學生瞭解其保障內容，並在意外發生時協助申請理賠。

三、環境衛生

　　學校是師生共同生活的環境，環境衛生是需要一起關心的。其首要工作在於環境的整潔維護：除了教室外，所有校內公共空間，甚至是校外重點區域都需要積極維護其整潔，尤其在特別區域，如廁所、垃圾回收場等，更應重點加強。其次，是學校的綠化及美化：綠化不但可增加蔽蔭空間、舒緩視覺、活化生態，更能避免砂石飛揚；而在許多川堂、走廊、樓梯、迴廊等空間，更可以適度加以美化，期使環境更為優雅。

　　第三，則是環境教育及資源的再利用：資源的回收與再利用是環境保護的重要手段，亦已成為世界環境保護的重心；而維護環境衛生不只是職責，更是一種觀念，在學校事務中，可適度的宣導或舉辦比賽，教育學生，強調珍惜資源、愛護自然、維護環境的重要性，型塑學生心中的永續校園。

四、餐飲管理

　　學生每天在學校時間經常超過八小時，在很多環節上須取代家庭的部分功能，在餐飲上即是一例，學生在校時間，除了中午用餐外，或有點心或飲料需求，此時在午餐及合作社的管理上即須學校特別關心。

　　首先是營養午餐管理上，有些學校設有餐廚系統或餐廳，有些由外部廠商供應，有些則以訂便當方式處理，不管如何，為了維護學生營養衛生的用餐需求，應依相關法令辦理，且為預防萬一，應冰存一份完整餐盒，以備發生衛生狀況不時之需。其次是合作社的管理問題，有些學校自辦、有些委辦，不過所販售之食品多由學校外而來，因此除了依法

令規定外，對產品的衛生與營養問題亦須留意。最後是營養教育問題，除了瞭解學生營養狀況並分析其缺乏營養原因外，更應透過相關課程或活動舉辦，讓學生瞭解食品的衛生及營養知識，如此才能真正改變學生對餐飲的觀念、習慣與態度。

五、生理衛生與保健的行政原則

生理衛生與保健是學生受教的最基本要求，在學生事務的行政處理上，宜遵循下列兩個原則：

1.預防勝於治療

生理衛生與保健既是最基本要求，因此即使出錯再彌補亦難辭其咎，甚至有些是無法彌補的情況，因此預防勝於治療，管理好午餐衛生總比出問題再善後來得好，所以在行政上必須十分謹慎。

2.以教育為原則

在學生的生理衛生與保健上，除了行政管理外，重點應在學生的教育上。也就是讓學生理解生理衛生與保健的重要性，培養學生良好的衛生習慣及保健態度，以充實健康生活的知識及技能。

第五節 心理輔導與諮商

在學校的學習歷程中，學生在知覺自己身體受傷或生病時大多知道找保健單位，但心理的傷病呢？甚至許多學生已出現心理疾病徵兆仍不自覺。事實上，心理健康與生理健康同樣重要，且兩者相互影響，因此心理輔導與諮商在學生事務中具有相當重要的地位（吳武典主編，1995；吳清山，1995；謝文全，2000；Barr, 2000；Cunningham, 2002；Hartley, 2001；Moran, 2001；Nathan, 1988）。

一、心理健康與輔導的重要性

　　學校是一個集體學習的場所，而學生不僅身心尚未成熟，且來自多元的家庭背景，在彼此的交流與激盪中，或產生衝突，或因情感困擾，加上學習的壓力，甚至是對未來未知的徬徨，學生所面對的情境遠比成人眼中來得複雜且不易處理。一旦學生的心理不健康，輕則影響學習與人際互動困擾，重則造成心理疾病甚至自戕傷人，因此在學生事務上，心理健康是相當重要的。

　　多數人在知覺身體生病時會去看醫生，但許多人在心理生病時卻渾然不自覺，或因諱疾忌醫而不願承認自己的病徵，事實上，心理疾病如同生理疾病一樣，都是可以治療的。學生在學校學習過程中的心理壓力或情緒，都可經由學校適當的輔導或轉介再輔導的過程，學習再認識自己，調整自己看待環境的視野，成為心理健康的快樂學生。

二、心理診斷─學生資料蒐集與心理測驗分析

　　預防勝於治療的觀念不僅適用於生理，也適用於心理疾病，心理疾病通常是有跡可循的，及早發現就可及早治療。是否有所謂的心理健康檢查呢？一般而言，這樣的檢查機制存在於學生資料的蒐集與心理測驗分析。

　　在學校日常生活中，學生的言行舉止都呈現一定的訊息，如何適當的蒐集學生資料並進一步分析是心理診斷的重要資訊來源，而這個任務就非級任導師莫屬了。資料蒐集的方式除了一般性學生資料的填寫外，晤談、問卷、健康紀錄、家庭訪視、觀察都是有效且可隨時實施的，而

一些角色扮演的活動或是社會計量法也能投射出學生的心理狀態或是同儕互動情形，此外，亦可從學生的自傳、日記、過去的紀錄來瞭解學生。

其次，測驗也是瞭解學生心理狀態的有效工具。有信效度的心理測驗可經由施測、計分及適當的解釋，具有評估、診斷及預測的功能。而在學生的心理診斷上，並不是只有人格或情緒問題才會產生心理疾病，因此可透過人格、智力、性向（職業）、興趣、情緒等測驗，廣泛的蒐集有關學生個人的種種資料，以瞭解學生心理狀況，並加以分析運用。

從學生在學校日常生活資料的蒐集與檢視，加上心理測驗分析，即可初步瞭解學生，並協助學生認識自己，甚至對於學生的可能心理疾病徵兆亦能概略掌握，如此，較有可能在心理疾病發生前，給予適當的協助或輔導，達到預防的功效。

三、學生生涯輔導

在學生輔導的範疇中，主要包含學習輔導、生活適應的輔導及生涯輔導三大部分，學習輔導不在本章探討範圍內，生活適應的輔導已於生活輔導一節中討論，因此本節旨在探討學生生涯輔導。

學生即使不成熟，亦是一個獨立的個體，有自己的生活感知與生命抉擇。但如果學生不瞭解人生的全貌，不瞭解自己選擇後的可能結果，其選擇只是隨機或盲從，是沒有意義的。而這正是生涯輔導的重要功能。事實上，在不同學習階段有不同的選擇可能性，所受的影響亦不相同。一般來說，生涯輔導旨在協助學生瞭解自己的性向、興趣與能力，並增進對各性向與興趣所指涉職業的瞭解，使學生理解自己須努力的方向，並強化自己未來做抉擇時的能力。

在學校中，對於生涯輔導的可能作為包括：1.會談指導：對於自己生涯發展有疑惑的學生而言，不管是自我探索、對現實的試探或做決定，都需要適當的會談指導，輔導人員對學生的問題，以重述、反映、澄清、歸納及討論等指導式的會談技巧輔導學生自我澄清與選擇；2.測驗解釋：適當的性向、興趣測驗多數可呈現學生的生涯發展導向，而透過解釋與互動的過程，可讓學生更瞭解自己，增加自我決定的能力；3.提供職業資料：包括簡介、參觀、合作等，提供學生相關職業訊息，協助學生瞭解自己的職業興趣與性向，並指導學生選修相關課程，同時提供學習機會，增加學生瞭解各種職業現況的機會。

☾ 四、專業諮商

在學生心理輔導上，有時無可避免的須與學生個別接觸並扮演諮商者的角色。諮商是促進人格教育的重要力量，藉由專業協助，增進學生自我瞭解與自我決定能力，使其能適應變動的環境，以充分發揮個人的潛能。

相對於面談與勸導，諮商是專業的行為改變技巧，也需要更多的時間，其目的在協助學生解釋、瞭解並計畫其生活經驗，除了消極性的解決當前問題而避免妨害，更能積極的改變學生的態度並做長遠的計畫，使學生成為進取的個體。而專業的諮商者須具有良好的諮商技巧與能力，更需要在諮商情境中展現其對學生的溫暖接納及真實瞭解。諮商的主要步驟包括：1.確定問題的狀況；2.蒐集與個案有關資料；3.分析個案資料；4.諮商、輔導與矯治。

而在諮商過程中，有些要素是需要確認的，包括：1.諮商是針對個別學生的需要，也就是確認學生有諮商的需求；2.充分瞭解諮商的當事

人一學生，以確認未來在諮商過程中的適當詮釋；3.學生對諮商關係的接納，以避免學生的防衛心態導致諮商的誤判；4.諮商者必須瞭解自己的限制，應協助學生自我決定而不能代替學生決定。

五、心理輔導與諮商的原則

在學生的心理輔導與諮商工作中，應遵循的原則如下：

1.專業與分級性

輔導與諮商是相當專業性的工作，但學生在學習、生活與生涯的相關問題繁多且輕重緩急不一，因此學校輔導系統宜分級處理，級任導師應在接受基礎培訓後做好第一線預防工作，訓輔單位則於第二線專業支援，必要時更須轉介心理諮商師進行專業輔導。

2.預防性

預防勝於治療是不變的法則，經由上述級任導師的第一線預防工作，加上學生資料蒐集與心理測驗等診斷功能，找出可能的心理輔導與諮商需求，定期會談預防並適度做好宣導工作，使學生在面臨問題時願意自動尋求協助。

3.計畫與持續性

不同的學生年齡會有不同的心理輔導與諮商重點，各級學校應擬訂其學習階段之輔導計畫，並針對可能個案持續輔導，包括資料的保管與傳承，及升學或轉學的轉介，使輔導工作具持續性。

4.隱私性

心理輔導與諮商對許多學生而言係屬私密性尋求協助的過程，因此須盡力保護其隱私。例如輔導中心地點不宜離行政中心過近，且入口處宜溫馨，人員宜和善，晤談室隔音效果須佳，避免干擾及晤談內容外

洩，輔導資料更須妥善保管，使學生感受安全。

第六節　學生危機管理

　　過去的學校型態多屬封閉系統，與社區的關係亦處於被動消極，再加上組織結構的僵化，反應能力的不足，導致學校眞正面臨危機事故時，往往反應不及而錯失良機，造成學校嚴重的衝擊與失衡。因此，學校需有一套完善的危機管理模式，以便提升危機處理能力，減輕危機所造成的傷害。一般而言，危機管理分爲危機預防、危機處置及危機善後（杜正恭，1993；郭昭佑與閻自安，2004；陳芳雄，1997；許龍君，2002；Shen, 1997；Hartley, 2001）：

一、學生危機的類別

　　在學校危機中，除了自然災害外，學生所可能發生或遇到的危機包括下列四類：

1.意外事故

　　如緊急疾病、運動傷害、意外傷亡、食物中毒、實驗室意外、車禍、溺水、山難……等。此類意外事故在學校中，甚至在學校外偶而發生（如校外教學），卻考驗學校師生的危機意識與急救常識。

2.非行行爲

　　學生可能的非行行爲包括師生間的體罰或口角等嚴重衝突；學生間的竊盜、賭博、吸食違禁藥物等不良習性；校園間破壞、恐嚇、搶奪或強盜、傷害、過失傷害或致死、性騷擾或性侵害等暴力行爲等。這些非行行爲隨時與觸法僅一線之隔，須謹愼處理。

3.外來干擾

如校外不良分子入侵校園、吸收學生成員、尋仇、干擾滋事、校園行騙，或是社區人士或家長抗議事件等，這些外來的干擾都非單純師生所能處理，經常須借重校外機關（如警察機關）的協助處理。

4.精神疾病

如精神分裂、精神官能、躁鬱、自閉、癲癇等精神疾病或人格異常，致影響他人或自我傷害者，此部分則須同時由輔導單位介入處理。

二、危機的預防

事實上，許多危機是可以預防的，只要在危機尚未發生前作好準備，不但對危機發生時的應變成竹在胸，甚至可預防機先，而這也是危機「管理」的重要意涵，主要的危機預防策略如下：

1.居安思危

平時應多留意校內外隱而未見的問題，不可忽視少部分人的不同意見，尤其是學生、家長、教師的任何反映事項，有時都可能成為未來危機的來源。例如重視校舍建築的安全性（欄杆高度、校園死角）、設備的安全與正確使用（如游泳池、專科教室）、防止校外不良分子進入校園並適時巡邏校園、加強學生輔導、建立警示及救助系統等。

2.安全計畫

學校應有一套完整的校園安全計畫，從學校建築、設備使用、校園管制、學生管理與輔導、交通安全……等，完整的規劃校園安全並時時維護。

3.危機演練

學校應成立危機處理小組，並利用機會模擬與演練，如此才能在危

機發生時適當處理，甚至預防機先。

4.他山之石

許多前人的經驗與智慧都值得學校參考，對於過去有效處理危機的案例應多瞭解，吸取他人預防與因應校園危機經驗，將有助於未來面對時的重要參考。

5.安全教育

實施安全常識教育，教導學生如何預防危險發生，熟悉應對的知能，學會使用學校的警示或救助系統、模擬危機發生時如何處理，並教導學生遇危機時如何反應及反映。

三、危機的處理

其次，是危機發生時的處置，在發現危機者通報後，首先必須判斷類別，必要時緊急啟動危機處理機制：

1.指揮群

在危機發生時的通報過程中，為避免慌亂，危機處理的機制必須由指揮群發動，並緊急聯繫各組別啟動危機處理模式，由危機處理小組各依權責處理。

2.緊急醫護組

如果危機的發生係有人員傷亡，即需要緊急醫療並儘速送醫，亦是跟著傷患走的組別；而在尚未有人員傷亡但有傷亡之虞時則須隨時待命。

3.場地維護組

主要為保護與隔離事發現場，並適時訪談周遭目擊者，以便可能配合未來調查，是留在原場地不動的組別。

　4.聯繫組

是隨時掌握訊息，緊急聯繫救護、醫院、警政、當事學生或其家長，並完整向主管機關回報處理狀況，或在必要時尋求上級支援的組別。

　5.媒體發言組

係統一發言以避免各說各話窘境，並管控媒體進入校園程度的組別。

除了各組各依其職責運作外，其餘由指揮群調度學校內外相關資源，隨時瞭解各組運作，並儘量安定校內師生情緒，維持學校正常作息。

四、危機的善後

危機善後則是危機管理的最後一道程序，包括：1.在危機發生當下，許多事情因思慮不周需要再考量後彌補作為或程序者；2.有人員傷亡而須輔導單位協助安撫家屬情緒，或協助其求償與理賠等；3.學校相關受衝擊人員之心理輔導；4.詳實記錄並檢討報告。

由上述預防、處理及善後之危機管理可知，平時即應建立校園緊急支援網，尋求學生家長或家長會熟識的相關人脈，建構有關警察、法官、律師、醫院等必要時可能義務協助的人力資源，並瞭解縣市政府可能介入的單位，包括教育局、縣市協調委員會、消保官等，並與媒體建立良好關係，以備不時之需。

第七節　學生事務與輔導的核心準則

從上述諸多學生事務與輔導工作可看出其多元與繁雜，在學校行政

中與學生最相關的這個部分理應注入最多的關心。而在處理相關的學生
事務時，有些核心準則是行政人員必須熟稔的。

一、應熟知與學生間的權利義務關係之相關法令

在學校與學生間特別權力關係逐漸改變後，學校人員應詳閱有關與
學生之間的權利義務關係之相關法令，儘量依法令規定行事，一方面符
應學生需求，一方面亦保護自身權益。否則即有可能觸法而不自知，吳
清山（1995）即曾指出學生事務可能遇到的刑事責任包括：1.普通傷害
罪：如體罰學生造成學生身體上的傷害，萬一體罰學生致死更須依重傷
罪論處；2.公然侮辱罪：辱罵學生可能構成公然侮辱罪；3.猥褻罪：猥
褻異性學生，將依利用權勢姦淫猥褻罪處理。由此可知，學校教育人員
在面對有關學生的法令問題時不可不慎。

另外，即使依法令規定，亦應保留學生的救濟權力。林佳範
（1993）認為學生申訴機制即是屬於教育體系下的救濟機制，亦屬重
要的學生事務內容，他更認為學生申訴的特點，包括：1.有權力就有救
濟；2.學生申訴的「準司法性質」；及3.校園關係的「準法律化」。申
訴是對學生事務處理結果的一個救濟管道，其出發點乃是提供學生一個
遇到不合理處置時的再思索機會，也提供一個彼此再澄清與溝通的管
道。

二、宜善用組織與人力資源

學生事務與輔導工作牽連甚廣，所須人力亦相當多，因此在運作過
程中宜善用組織人力，除了行政系統外，包括導護、教官、輔導教師、

自治團體、服務團隊、社團、義工組織……等，更包括校外的人力資源，如社區人士、家長系統，尤其是有關警政、醫療、媒體、法院等在危機處理時所須之人力，如此人力資源的整合運用才能使學生事務與輔導順利施行，而其中最重要的就是級任導師。

基本上，學校屬於班級教學的型態，每一個班級編配一位級任導師，負責學生從到校起至放學的各項與班級及學生相關的工作，級任導師是學校運作的靈魂人物，尤其在中小學階段，與學生的相處時間最久、關係最為密切，其影響也最為深遠。學生問題反應的對象、與家長接觸的第一線……等都是級任導師，除了班級經營與級務處理外，有關學生生活及學習輔導、學生個案輔導、親師溝通、偶發事件處理或申訴……等，可見導師在學生事務與輔導的重要角色。蘇清守（2001）即指出學校事務與輔導的基本成員是導師，因此要做好學生事務與輔導工作，首在建立導師制度，若能再結合相關學校行政人員多方觀察、瞭解、關懷並指導學生，則學生行為當能正常發展，事先預防並及時處理。

三、必須要有教育性

學生事務與輔導終究屬於教育行為的一環，因此不管是多元學習活動的規劃與指導、學生生活輔導、生理衛生與保健、心理輔導與諮商，或是學生危機管理等，都必須具有教育性質，使學生從學校的相關行政過程中，學習相關的知識與能力，養成良好的行為與態度，更能有利未來離開學校時之所需。因此，在學生事務與輔導中，一切作為仍應以是否具有教育性質為最重要考量。

回答問題

1. 在學校行政的運作中，學生事務與輔導的意涵與範疇為何？並請論述其目的與功能？

2. 校外教學之學習場域主要在校外，相對於校內教學而言，有哪些須特別注意的流程及重點，請依校外教學前的準備、過程中的注意事項及校外教學後的檢討分別論述之？

3. 學校生活輔導的主要範疇為何？並請論述其核心價值？

4. 在學校行政中，心理輔導與諮商的內容為何？又應注意什麼原則？

5. 有效的危機管理能使學校在面臨危機事故時沈著應對，使危機所可能造成的傷害減至最低。試以「某年級學生校外教學發生重大車禍」為例，論述您將如何建立學校危機管理機制，及在此例危機中如何運作。

參考書目

江文雄（2001）。人員。載於吳清基（主編），**學校行政新論**（頁271-318）。臺北：師大書苑。

杜正恭（1993）。**學生事務危機處理**。臺北：教育部。

何進財（2001）。**學生事務與社團輔導**。臺北：東吳課外活動組。

吳武典主編（1995）。**學校輔導工作**。臺北：張老師文化事業。

吳清山（1995）。**學校行政**。臺北：心理。

林佳範（2003）。從訓導（discipline）到發展（development）的學生事務觀淺論學生權利的概念。載於東吳大學社團叢書之十三—學生事務與社團輔導叢書，**3**，133-150。

郭昭佑（2000）。**學校本位評鑑**。臺北：五南。

郭昭佑與閻自安（2004）。學校行政。載於秦夢群（主編），**教育概論**（頁415-454）。臺北：高等教育。

許龍君（2002）。**校園安全與危機處理**。臺北：五南。

教育部（1995）。學生事務工作傳承研討會紀實。

教育部（2002）。國民中小學中途輟學學生通報及復學輔導辦法。

教育部（2004）。各級學校辦理校外教學活動租（使）用交通工具應行注意事項。

張雪梅（1996）。**學生發展：學生事務工作的理論與實踐**。臺北市：張老師。

陳芳雄（1997）。**校園危機處理**。臺北：幼獅。

陳美如與郭昭佑（2003）。**學校本位課程評鑑—理論與實踐**。臺北：五南。

謝文全（2000）。**學校行政**。臺北：五南。

蘇清守（2001）。內容。載於吳清基（主編），**學校行政新論**（頁319-354）。臺北：師大書苑。

Barr, M. J. (2000). *The handbook of student affairs administration*. San Francisco: Jossey-Bass.

Cunningham, W. G. (2002). *Educational administration: A problem-based approach*. Boston: Allyn & Bacon.

Gerber, S. B. (1996). Extracurricular activities and academic achievements. *Journal of Research and Development in Education*, 30 (1),42-50.

Hartley, M. (2001). Student Learning as a Framework for Student Affairs-Rhetoric or Reality? *NASPA Journal*, 38 (2), 224-237.

Moran, C. D. (2001). Purpose in Life, Student Development, and Well-being: Recommendations for Student Affairs Practitioners. *NASPA Journal*, 38(3), 269-279.

Nathan, C. D. (1988). *Student affairs in an urban university: History, themes and trends*. Ann Arbor, Mich.: UMI.

Shen, J. (1997). The evolution of violence in schools. *Educational Leadership*, 55(2), 18-22.

Zepeda, S., & Logenbock, M. (1999). *Special programs in regular schools*. Boston: Allyn & Bacon.

Zimmerman, M. A. (1996).Empowerment theory: Psychological, organizational, and community levels of analysis. In J. Rapppaport, & E. Seldman, (Eds.), *Handbook of commiunity psychology*. N.Y.: Plenum.

第五章 學校總務與財政

·何宣甫·

　　學校總務與財政的主要目的在透過對教育資源的有效運用，充分支援教學之所需，從而提高學校整體的效能。學校總務與學校財政兩者都涉及學校資源的管理，一般來說，學校財政較偏重在經費籌措、運用及控管的策略規劃上，而學校總務則較偏重在資源取得及運用的策略實踐上，兩者相輔相成。

　　學校總務工作包含了事務業務、文書處理業務以及出納管理業務等三個主要項目。學校事務工作必須合乎以較低的成本來換取所需事物的經濟原則，以及發揮各類購得事物最高效用的效率原則，以及避免各種觸法行為的安全原則。

　　學校財政的業務主要在於學校預算和決算的編製，以及平時經費的審核控管。學校財政業務的處理需遵守給相同的人相同待遇以及給不同的人不同待遇的水平及垂直公平原則、以最低的成本換取最高效能或效益的效率原則，以及將決策權力下放給與教學有最直接關係之人員的自由原則。學校預算編列是學校財政的主要活動，預算編列則需本著零基預算的精神，積極的將資源和學校各項校務發展計畫充分結合。由於預算的配置通常是一種零和賽局，因此政治的角力在所難免，但於進行預算刪減時，仍應以儘可能的避開與教學活動有直接關係的經費。

　　學校行政電子化是晚近學校總務管理的新趨勢，希冀藉由網路快速、經濟、多元以及共享的特性，有效提高學校的行政效率。學校本位

財政管理則是世界各先進國家近年教育財政改革的重點，其主要做法則是將學校所需經費一次撥足給學校，同時將經費運用的權力和責任下放給學校成員，並允許學校保留年度節餘款項，以期讓最瞭解學生需要的人來決定經費的運用，並透過更彈性自由的機制提高經費運用的效能。

第一節　學校總務與財政管理的理論基礎

一、學校總務與財政的意義及重要性

　　Hack, Candoli, & Ray（1992）強調學校教育一定要有適當（proper quality）、適量（proper quantity）以及適時（proper time）的教學後勤支援（logistical support），才能確保學生的學習成果。而學校總務與財政的主要目的，簡單的說，便是要以最經濟以及最有效率的方式來強化教學資源的供給。若將學校總務與財政分開來看，則學校總務的字面意義便是要「總理學校一切的事務」，因此，廣義的說，只要是沒有歸到其他業務部門的工作都包含在總務工作內。狹義的來說，則學校總務的工作便是透過對學校實體設備以及各種輔助事務的取得、運用以及管理來增進學校的整體效能。至於學校財政管理則是要透過對學校教育資源（尤其是經費）的籌措及運用策略的規劃，以及經費執行的控管，公平而有效的支援學校各方面目標的達成。

　　世界大部分的國家都面臨教學資源嚴重匱乏的困境，而要充實學校的資源則必須從開源以及節流兩方面來進行。但是以現今臺灣公立學校的制度和其所處的環境而言，開源的工作並不易進行，其效果也很有限，因此大部分的學校主要是以節流的方式來確保其資源的充足。節流需透過兩方面來達成：一方面必須依靠良善的資源運用規劃來節省不必要的開支，而這一部分的工作大抵是由學校財政系統來負責；另一方面，則需依靠各種採購以及維護的技巧來降低資源運用所需付出的成本，並減少各種設備更新的需求量，而此一部分的責任則多歸於學校總

務系統來統籌。

　　雖然在理論上總務與財政各有其不同的功能和執掌，但是在實務運
作上，學校總務與財政是密切結合在一起的。舉例來說，財政規劃在預
算編列時需要總務隨時提供相關的採購需求資訊以及經費預估的意見，
在財政預算執行上更需依靠總務的全力配合才能徹底落實；而在另一方
面，許多總務的業務也牽涉到與校外廠商交易的行為，其金錢的收支以
及運用都與學校財政息息相關。也因此，在針對學校總務或學校事務行
政（school business administration）的書籍或文章中多會包含對學校財
政工作的一些探討；而反過來看，與財政相關的書籍或論文也常會牽涉
到一些總務業務的論述。以美國而言，有許多學區或學校的財政與總務
工作甚至是歸到同一部門去做管理的，更可由此看出學校總務與財政難
分難捨的親密關係了。

　　至於學校總務與財政在整個學校體系中的定位如何呢？由於學校總
務與財政工作的成效是否良好並不能僅以其本身的工作成果來衡量，而
多是需要透過其所服務的學校教學系統的成效來做評價，例如學生成
績、學生與教師對資源充足的滿意程度等等，因此有些人從這個角度來
為總務與財政做定位，而認為總務與財政在整個學校行政體系中應該是
附屬於其所服務的教學活動的一項支援系統而已，因為總務與財政業務
的考量都是以提升教學成果為依歸的。Hack、Candoli & Ray（1992）
則進一步從組織整體發展的角度來看總務與財政在學校行政系統中所扮
演的角色，並認為應該要將財政、總務與學校其他活動視為一個組織的
整體，而不應是從屬關係。學校總務與財政的各項工作都需配合學校其
他活動來進行規劃，也必須靠學校其他成員的密切配合才能提升教學績
效。例如學校在教學活動上欲提高資訊教育的成果，需要採購一臺電腦
時，雖然總務以及財政人員依其專業知識可以用較少的錢買到較高品質
的電腦，但是單靠總務以及財政人員卻無法知道這臺電腦需求的迫切程

度有多高，也不瞭解這臺電腦必須要符合哪些功能才能對資訊教學最有幫助，這時若沒有教學或實際操作人員適時的提供各種電腦功能、規格以及其他相關訊息，就算總務與財政人員擁有多麼高深的招標議價技巧或多麼會精打細算，最後所購得的電腦可能還是無法切合教學的需要。而反過來看，其他學校活動也常須妥協或配合於總務與財政業務的限制或要求。例如教學部門可能認為學校需要增購十部電腦方能符應學生需要，但若是當時學校財政困窘，只有能力添購五部電腦，則教學單位也只能妥協於學校總務及財政的限制了。因此，若以學校組織整體發展而言，與其說總務與財政附屬於或支配著學校行政中的其他活動，不如將所有活動視為相輔相成的平等功能，才能循此進行學校整體的規劃，以同時提高學校各個面向的效能。

二、學校總務管理原則

　　學校總務與財政不能獨立於學校其他部門之外各自為政，而總務與財政之間的關係更是難分難捨，但是為了使讀者能更清楚瞭解總務與財政各自的原理原則，本文在以下的部分仍將先進一步的把總務與財政分開來做個別的探討。

　　所謂總務，如前所述，便是要來總理學校的各種事務，因此，從學校建築物的興建與修繕、教育場地及器材的購置與維護、經費的出納、公文的收發、校園的美化與安全，以及工友的管理等等都屬於總務工作的範疇。也正由於其工作的繁雜，因此很難給總務工作定出一個一般性的原則。此外，世界各國對總務工作的執掌人員有不一樣的歸屬，例如美國初等教育就都沒有如我國學校總務處（office of general affairs）這一部門的設置，而一些總務的工作卻落在校長、副校長等人的肩上，更

有許多的事務是直接由學區的學區長（superintendent）或學校事務官（school business administrator）來負責，這與我國的情形便有很大的差異，更何況外國文獻中對學校總務工作的探討多僅散見於其他行政職能的專書或文章中，也因此在探討我國總務業務相關的各種原理原則時，較難直接採用國外發展出的理論來做依據。

　　雖然在原則歸納上有上述的困難存在，但本文為了能讓讀者對總務的業務能有一般性的原則可以依循，乃以總務工作中最主要的採購和維護業務為主，概略的歸納出三個主要的業務處理原則：經濟原則（economy）、效率原則（efficiency），以及安全原則（safety）。

　　經濟原則便是要以最低的成本來換取所需的產品，以節省開支。學校要撙節物品採購及維護的開支，最主要的便是要從減少採購成本著手，也就是必須符合總務的經濟原則，這包含了購買物品單價的降低、購買過程人力成本付出的減少，以及購買後物品的保養以延長其使用壽命等等。但是，學校總務採購成本的節省並非一味的以購買物品的價格來衡量，更須注意到所購買事物品質的優劣。否則若以較低的價錢買到較差的產品，或是購買後沒多久該項產品就壽終正寢了，那麼學校立刻又要花一大筆錢去購買新的產品，反而形成了另一種浪費。此外，妥善保存購得的產品、使用者細心的愛惜，以及適時的進行產品的保養等等，都能延長產品的使用壽命，也都是總務採購維護上達成經濟原則的重要工作。

　　效率原則則是進一步的要使所購得的產品能夠發揮最高的功用。學校在採購維護上除了必須以最少的價錢購得最佳品質的產品外，更要注意購買的產品是否切合教學的實際需要，購買產品的時效性以及產品使用的情形，以進一步的達成效率原則來發揮產品的最高效用。例如教科書或教具的的購買必須儘可能的在學期一開始時便能夠完成，否則將無法發揮這些產品的最大功效，而所購進的各種器材也必須切合教學的需

要，否則爲了節省一些購買的經費卻換來不完全合用的產品，或是必須等上好一陣子才能拿到有急需的物品，花了錢卻達不到應有的效用，甚至將購得的產品閒置一旁，就算當初購買時努力以較低價錢買到較高品質的產品，如果不合用或不合時效，最後還是功虧一簣。

安全原則的要求主要指的是業務處理的安全性以及合法性。總務工作常常需要與學校外形形色色的廠商或相關人士接觸或交易，因此在利益的驅使下，總務人員必須隨時防範可能伴隨而來的各種採購陷阱。此外，對於印信處理或文件的收發處理等等業務，更常會涉及高度的保密性要求。而政府爲了杜絕採購弊病以及輔導學校順利進行各種業務，更頒布了許許多多的法令規範，總務人員稍有不愼便可能會觸法。也因此，安全原則便成爲總務人員處理各種業務時須隨時牢記在心的重要考量。

雖然以上所述的經濟原則、效率原則，以及安全原則看似簡單，但要同時滿足這三項要求卻不容易。例如我國學校採購系統長期以來慣用的以最低價標的得標方式，便是過度重視經濟層面而忽略效能層面的最好例證，也因此造成雖然花較少的錢購得了產品，有時卻無法發揮這些產品預期功能，或在使用期限內便問題百出甚至經常送修的問題。雖然政府有鑑於此也允許學校以最有利標等等的其他方式來獲得所需的產品，但是少數學校主事者有時會爲了怕麻煩以及不願承擔相關責任，較不願採用其他的得標方式，因而降低採購的經濟效益。

三、學校財政管理原則

一般在討論學校財政的文章中，其範圍多是廣及整體教育行政系統，較少以單一學校的財務來做討論。雖然本文中學校財政方面的內容

是聚焦在學校層級的經費規劃上，但是仍需遵守一般教育財政學中所強調的公平、效率以及自由等三大原則，因此，以下乃將此三大原則做簡要的介紹：

　　什麼是公平原則呢？許多人認為所有的學生享受完全一樣的教育資源便是公平，而這也就是均等公平（equality）的主要標準，但是此種論點卻會造成許多學習不利學生的困境。例如一般正常學生可能每年只要花七萬元就能好好學習，但是對一些學習不利學生如視力或聽力障礙的學生來說，由於他們需要許多額外的學習輔助，如果每年只供給他們與一般正常學生相同的七萬元，可能根本不夠讓他們好好的去學習。因此，當教育財政在討論公平時，並非僅指資源數量上的均等（equality），而更重要的是指含有社會正義（justice）性質的公平（equity）而言。而為了方便測量，在教育財政學中更將公平細分為垂直公平（vertical equity）與水平公平（horizontal equity）兩種不同的觀念。所謂垂直公平便是對不一樣的人要給不一樣的待遇（unequal treatment of unequals），例如分配給視障學生的資源便要比一般學生多一些，才能幫助視障學生也能正常的學習。而水平公平則是強調一樣的人要給一樣的待遇（equal treatment of equals），也就是學習條件相同的學生便應該享受一樣的資源，例如每個正常學生所享受的資源就應該要一樣，又例如視障程度相同的學生間也不應該有差別待遇。此外，財政機會公平（neutrality）則是強調每位學生所享受的教育資源不能因其背景因素而有所差異，例如來自於清寒家庭的學生所享受的教育資源就不能低於來自於富有家庭的學生。晚近，許多的教育財政學者更指出以往探討的垂直公平、水平公平或財政機會公平都偏向以教育資源投入來衡量教育財政公平的程度，但是就算所有學生享受到符合垂直與水平公平的教育資源分配，若原本教育資源投入就很低，那麼所有學生所享受到的教育資源卻是一樣的不足，而許多實證的經驗更顯示，就算教育資源

分配達到水平與垂直公平的要求，學生間的學習成果還是會有很大的差異存在，因為資源運用過程的效率高低也會影響學生的學習成就。也因此，現在許多學者主張教育財政分配應同時從資源的投入、運用、產出三個部分作整體性的衡量，而最終目的則是要所有的學生都能夠達到高標準的學習成果，這也就是晚近教育財政公平概念中最新的適量公平或充足性（adequacy）的主張了。

　　在教育財政的效率原則方面，Odden & Picus（2004）一再的提醒，雖然教育資源的多寡對學生的學習成就可能會有一定的影響，但是資源如何運用將會造成更大的差異。他們更指出許多政府都希望藉由提高教育經費的投入來提升其教育水準，但是成效卻極為有限。因為，若教育資源的運用沒有革新，則只是投入更多的資源到原本就沒有效能的工作上，最後還是很難有所成效。但是什麼是有財政效率的學校呢？如前所述，學校財政的目的是要有效的支援教學之所需，因此，學校的財政效率絕不能單從財政程序是否合法、分配是否公平，以及經費執行百分比的多寡等等財政的觀點來衡量，而更須配合學校整體效率來評估。Cheng（1991）指出要釐清學校整體效率先要釐清學校的主要功能為何，而愈能滿足學校各種主要功能的學校就是愈具效率的學校。他進一步的將學校功能分成二十五類，並以橫、縱軸各五個向度的學校效能矩陣來表示，橫軸包含了技術／經濟、人際／社會、政治、文化以及教育效能等五個面向，縱軸則包含了個人、機構、社區、社會以及國際等五個層次，而以此橫、縱軸對應出二十五個學校的主要功能，以作為衡量學校效能的標準。至於提升效能的實際做法，早期主要是透過找出表現最優異的一些學校，並歸納出其經費運用的特點，然後比較表現最好的學校與其他表現較差的學校之間的差異，並以之為其他學校改革的依據。但是，後來發現，每個學校有其特殊的環境，一些影響因素以及策略方法對某些學校而言或許是助力，但對其他學校卻可能變成阻力，因

此，近來許多國家乃將財政效率提升的方向轉爲以促進學校自由化來達成，更由於財政自由化一直是民主國家地方自治精神的具體表現，因此，將教育財政權下放到地區甚至學校，很快的便成爲教育財政改革的主流。

財政自由化一如其字面上的意義，就是要把加諸在財政上的許多限制給免除了，以增加財政運用的彈性以及合理性。若從資源的取得而言，主要是指各地教育投資的多寡應由地方的居民及家長自己來決定；但若以學校經費運用而言，最具代表性的便是現在爲人所熟知的學校本位管理了。雖然在臺灣，學校本位管理似乎僅侷限在課程權力的下放，但在國外先進國家所實施的學校本位管理，許多卻是以財政權力的下放爲主，並與課程權力和人事權力的下放相輔相成，期望能藉此改善以往過多財政設限所帶來的流弊，並藉由其自由化來增進整體教育的效率。

第二節　學校總務業務

學校總務的業務極爲複雜，而且許多的工作都涉及到一堆法令，如果對法令不熟，很容易就會觸法。此外，學校總務的業務因爲時常需與學校以外的廠商接觸，又多是涉及到交易的行爲，多少會有一些來自於外界的壓力、引誘，甚至是設陷或懷疑，因此安全性以及合法性便成爲學校總務人員在處理業務時需隨時留意的前提，而政府頒布的法規條文更成爲業務處理時的基本標準。

我國政府頒布了「事務管理規則」以統一政府各機關（包含學校）的事務管理並提升行政效率。此「事務管理規則」不但經常修訂以符應時代的變化，更廣泛的涵蓋了文書管理、檔案管理、出納管理、財產管理、物品管理、車輛管理、辦公處所管理、宿舍管理、安全管理、集會管理、工友管理、員工福利管理，以及工作檢核等十三篇，而這些業務

大部分都包含於總務的工作範圍中，使學校總務人員在處理業務時有了初步的依循標準。此外，關於學校較重視的採購方面的業務，政府不但頒定了政府採購法，更積極的針對學校承辦人員進行專業訓練，以增進採購的品質。因此，本文在以下對於總務實務的探討上，將主要以行政院秘書處（2001）編印的《事務管理手冊》以及行政院公共工程委員會（2005）出版的《政府採購法令彙編》爲基礎，再結合國內外其他相關的資料、法規及論述做一簡要的歸納探討，以提供讀者一般性的概念。但由於總務相關法規隨時在更改變動，因此在業務執行時，務必再行確認最新的規定。

國民小學的總務主任除了須負起對總務處所有業務的計畫、檢查、督導與管制外，並負有對上、平行以及對下協調的責任，以期促進內部與外部的合作，切實做好總務的工作。國民小學總務處又下分爲事務組、文書組以及出納組等三個組別，以下便將此三個組別的主要業務做一簡要的描述。

一、事務組

事務組的業務包含了物品的採購、保管與分發；校舍的營繕、整修與維護；環境的美化以及校產的管理等等。以下僅就事務組最主要的幾項工作做重點式的介紹：

（一）採購招標

採購招標是事務組經常要處理的業務，由於學校的預算幾乎都來自於政府，因此學校採購最主要的依據便是民國87年通過並公布的政府採購法。而其所謂的採購則包含了：1.工程的訂作；2.財物的買受、定製、承租；以及3.勞務的委任或僱傭等。由於營繕工程在本書其他章節

將有更深入的探討，因此本章將僅就財物以及勞務兩方面做簡要的介紹。所謂財物指的是一般的物品、材料及設備，例如電腦、課桌椅以及其他教學用具等等。而勞務則包含各種專業的技術服務，例如以體力為主的學校清潔服務，或以專業技術為主的電腦資訊設計以及建築設計等等的服務。而當採購同時兼具工程、財物或勞務二種以上的性質，不容易認定其歸屬時，則應按其性質所占預算金額的比率最高者來做歸屬。

　　雖然對於所有的採購程序規定得愈詳細、政府監督審核得愈嚴密就愈能杜絕不法或不適當的採購發生，但是過多的規定和監督卻也可能會造成時間以及人力、物力的浪費。為此，政府乃將所有的採購依金額多寡分成幾個等級，然後再依照不同的等級施以程度不同的監督設計，金額愈大或愈重要的採購將會有較嚴密的規定和監督。至於其等級的劃分，由多至少依序分為巨額採購（兩億元以上之工程採購、一億元以上之財物採購，以及兩千萬元以上之勞務採購）、查核金額（五千萬元以上之工程採購或財物採購、一千萬元以上之勞務採購）、公告金額（一百萬元以上之工程、財物或勞務採購）、未達公告金額而逾公告金額十分之一之採購，以及小額採購（十萬元以下之工程、財物，或勞務採購）等。

　　學校招標只要達公告金額以上就要辦理公開招標。辦理公開招標，學校首先要蒐集各種教學需求的資訊，並決定要添購哪些事物，然後開始進行對這些需求事物的招標。無論所需的採購是財物採購或勞務採購，學校都要先對各種需求事物的單價有初步的瞭解，方能估算出所需付出的價錢。此外，學校也要注意到其所需事物的採購必須在上級核定的金額內來辦理。然後學校便可依據所估計的價格以及上級核可的經費這兩部分的資訊為基礎來製作招標文件了。

　　接下來便是要將招標文件公告於學校網站以及政府採購公報或公開於資訊網路上（行政院公共工程委員會網站http://www.pcc.gov.tw/），

並在規定的等標期內接受投標。除非另有規定，一般來說，未達公告金額的採購至少需要七日的等標期，公告金額以上未達查核金額者則至少需十四日的等標期，查核金額以上未達巨額採購者至少須二十一日，而巨額採購則需至少二十八日的等標期。等標期過後且有三家以上合格廠商投標時始得開標，開標時必須先針對廠商提出的各種條件進行審標，例如審核廠商的資格與招標文件所規定者是否相符等等，然後對符合招標文件規定的廠商進行決標，通常是以最低標者得標的方式來決標，例如底價（不能洩漏給廠商）若為二十五萬元，甲廠商出價二十三萬元，乙廠商出價二十四萬元，丙廠商出價二十六萬元，則由甲廠商得標。廠商得標後，學校需與之訂定契約，並完成交貨、驗收以及付款的動作。

　　雖然公開招標是學校最主要的招標方式，但是鑑於公開招標有需時較長、手續較為繁複以及不適合一些涉及專利權的採購等等問題，為了增加採購的效率，政府也允許學校對於一些特殊的採購使用不同的招標方式，例如經常性採購或涉及專利權的採購等等，學校也可採用選擇性招標或限制性招標來代替公開招標。所謂選擇性招標是以公告方式預先依照一定的資格條件辦理廠商資格審查後，再行邀請符合資格的廠商來投標；而限制性招標則是指不經公告程序，邀請兩家廠商比價或僅邀請一家廠商議價。此外，除了最低價標外，有時學校也會採用最有利標來辦理，但採用的時機則限制在屬於不適合用最低標決標方式辦理的異質性工程、財務或勞務的採購。

　　為提高採購效率，行政院於民國87年頒訂「行政院所屬各機關財務集中採購暫行方案」，88年修訂為「中央機關財務集中採購方案」，指定中央信託局（中信局）為代理政府各機關、學校與國營事業辦理財物集中採購的統一窗口。至此，學校採購項目只要是列在中信局採購清單中，除非有正當理由，應儘可能採用集中採購來增加效率。此項政策實施後，採購機關可藉由直接向立約廠商訂購而不需經過如以往貨比三家

的競爭過程，因此可以提高採購效率；並可藉由減少政府各機關辦理相同需求作業來節省人力、物力；透過預估集中訂購數量的機制來發揮大規模採購的經濟效益；更可藉由集中採購過程的透明化來減少採購過程中的弊端。

　　但是，共同契約的集中採購方式也存在著一些問題。首先，中信局的產品價格有時並非是最低的。因此，政府規定如果學校採購與中信局所提供相同產品的價格較中信局的價格爲低時，學校可以不用向中信局廠商辦理集中採購，例如許多電腦或其周邊設備價格波動較大，在中信局契約公告初期立約廠商所提供的價格或許低於市價，但合約末期由於該產品大幅降價或促銷的結果，立約廠商提供的價格可能會變成高於市價，在這種情況下學校便不一定要向中信局的廠商來購買。但是有些學校卻抱持著多做多錯，多一事不如少一事的心態，甚至許多學校還擔心若中央採購的金額占其當年總採購金額的比例太低時會影響其採購績效考評，因此就算能在共同契約外的其他商家以更低的價錢買到更高品質的物品，大部分學校還是會堅持要以比較高的價錢來進行共同契約的採購。此外，雖然共同契約可以用低價來購得所需財物，但少數廠商爲爭取立約而提供較低的價錢，爲反映其成本，有時其所提供的物品或售後服務的品質可能會較一般廠商來得差些，這也是學校在使用中信局共同契約採購時必須考慮的重點。另外，有些物品會有許許多多爲不同需求所設計的型號或品牌，但中央採購在不同項目上卻只能提供很有限的選擇，有時並無法完全滿足學校的特殊需求，此也是採用中央採購時較常出現的問題。最後則是學校本身的問題，因爲中央採購的簽約商家甚多，而只要跟這些合格的商家購買便不需要公開招標，因此有些採購人員仍然會以個人利益的考量來下標，因而仍存在著私相授受的問題。總之，學校應自行評估當時的環境，以經濟原則、效率原則及安全原則爲基礎來考量各種採購法的利弊得失，找出對學校最好的採購方法。

　　至於總務採購計畫的管理方面，由於平常總務採購多爲臨時性，且常具有急迫性，貨比三家的策略有時緩不濟急，因此平時資訊管理系統的建立便非常重要。此外，事務組對各種採購計畫首需注意其計畫性，不能如無頭蒼蠅式的迎合所有的申購要求。應以學校整體的發展爲主要的考量，發展出年度，甚至是中長期的採購計畫，執行時則可在整個計畫架構下做適時適度的調整，並確實對計畫的執行作相對應的管制。此外，增強請購人、採購人以及供應商之間的聯繫與溝通，更可提高採購的效率，否則常會因採購物品的型號、價格、規格等等的溝通不良而降低採購的成效。

(二) 財產管理

　　所謂的學校財產包含了學校所管有的土地、土地改良物、建築物、機械及設備、交通運輸設備，以及資產負債表所列的各項固定資產。而所謂的財產管理指的便是對於這些財產的登記、增置、經管、養護，以及減損等事項的處理。

　　財產登記時應先將財產依照行政院頒布的「財物標準分類」規定的類、項、目、節以及編號等「四級分類、五級編號」進行分類編號。其後則需填造財產增加單、財產減損單、財產移動單，或財產增減值單等等的憑證，據以登錄到財產卡中。財產卡以一物一卡爲原則，而編好的財產卡則依財產編目的次序予以排列保管。

　　至於財產的增減，在財產增加時需先將採購進來的財產完成驗收手續，確定所購物品與收據或其他憑證所列相同後，再將所有相關文件移至財產管理單位編製財產增加單來登記增加的財產，並送會計單位核章編號及登帳請款。而在財產減損時，則需由管理單位或使用單位對報廢的財產填具財產報損單，並作財產減少之登記，並依規定對報廢後的財產做變賣、轉撥、交換、銷毀或廢棄的處置。對於閒置的財產，則應辦

理單位間的移轉，以提高各種財產的使用效率。

財產的保管首重責任制度，每一財產都要有相對應的保管人員，以確保財產的安全。財產分發保管或領用領借時，應確實做好財產領用或領借之登記，並隨時注意繳回情形。而保管單位更應隨時發揮其專業，注意財產耗損的情形，確實登錄，並儘可能的進行即時的養護及維修。此外，保管單位除應消極的對財產的遺失或毀損等情事要求負起相對應的賠償責任外，更應積極的於平時宣導愛惜公物的觀念，並教導學校成員瞭解各種財產的保養方法以及維護的注意事項，使財產的耗損減到最低。

（三）物品管理

學校的公用物品可依其性質、效能以及使用期限，區分為消耗性物品以及非消耗性物品，消耗性物品是指使用後會喪失其原有效能或使用價值者，例如辦公用品以及燃料等等；而所謂非消耗性物品則是指質料較為堅固，不易損耗且使用期限不及兩年或金額在新臺幣一萬元以下者，如學生書桌、窗簾等等。

公用物品的儲存地點以及方式的決定需同時考量品質的維持、物品的安全以及取用的方便性。尤其是危險物品，應與普通物品隔離儲存，並應清楚標示其危險性，儘可能的防止意外的發生。至於物品的數量，原則上應以保持一個月的用量為原則，但各學校可依其經費、需要以及倉儲設備情形加以調整。物品保管人對所保管的物品應隨時清點盤存，除每月依帳簿所記進行盤點外，於每年的6月及12月底更應在主管所派遣的監盤人員的監督下各進行盤存一次。物品管理單位則應將清點盤存的盈虧數量，於每個月月終確實編製於收發月報表中。學校物品保管不應只是著重在將購得的物品妥善的儲存，更需以提高服務品質為最終的目的，也就是在學校成員有需求時便能以最快的速度提供其所需要的物

品。

二、出納業務

　　學校出納業務主要包含了對現金、票據以及有價券的收付、移轉、存管以及帳表之登記、編號等事項。

（一）收入管理

　　學校遇有收入案時應製作收入傳票或開立收據，以利在收款時給予繳款人收據。所收金額應以當日解繳公庫為原則，存繳公庫時應填具繳款書，並即時交由會（主）計人員登帳。

（二）支出管理

　　學校遇有支付案時應先由會計單位製作支出傳票，出納單位收到付款單據後應檢視其適用之支付方式是屬於零用金給付、集中支付或支票支付，再以相應的方式支付。

　　經費的收支除須注意到金額的正確以及印鑑相符外，更重要的是隨時登記到各項簿籍，按日結計清楚，並依據簿籍所載金額製作現金日報表、旬報表以及月報表。此外，更需定期與不定期辦理櫃存盤點，以確保各項金額相符。收入現金、票據或有價證券時如有短缺錯誤，或是支付金額時如有誤付、溢付等情事，則出納管理人應負賠償之責。

三、文書業務

　　依照事務管理手冊所稱之文書乃指處理公務或與公務有關之全部文書，其包含了機關與機關之間或機關與人民間往來的公文、機關內通行

的文書，以及其他與公務有關之文書。至於學校文書組的業務則主要包含了文書處理、檔案管理以及印信管理。以下僅針對文書處理以及檔案管理做進一步的探討：

（一）文書處理

文書處理大抵可分為三個步驟：收文處理、文書核擬以及發文處理，其流程可簡述如下：1.文書組收到來文首先需確定來文的性質以及完整性，若為一般文件則可進行拆封及簽收，若為親啟或密件則應送收件人或其指定之人開啟，並確實將來文編號並登記於收文登記簿上。接下來則必須依照文件的時效性及重要性來決定文件等級，並送各處室相關人員簽辦。2.相關人員加註擬辦意見後呈校長或分層負責的主管核示，奉核後的文件則依批示內容進行銷號歸檔或文稿擬判。擬稿時須注意文字的簡明扼要，經核稿人員核對後，送分層負責的主管判行。3.判行的稿件經過繕印、校對、用印、編號登錄，以及封發、送達等步驟後完成發文處理的程序。

文書處理人員除了必須依照規定的文書處理流程及各種格式規定來進行處理外，更要隨時注意公文的時效性與保密性。文書處理人員除了本身必須恪守公文「隨到隨辦，隨辦隨送」的要求外，更應請各業務單位配合時效處理公文，必要時則需進行公文稽催，以防止業務單位或會辦單位積壓公文。此外，文書處理人員也需隨時注意公文傳遞或保管的過程是否安全，對於機密文件則需登錄於專用紀錄簿，並以黃色公文封親自送達，而對機構間機密的電子交換公文應以經專責機關鑑定相符機密的保密機制來進行傳送，切不可以一般電子郵件傳送，至於誤印的廢紙或複寫紙等則必須即時銷毀。

（二）檔案管理

　　學校檔案資料的保存可作為學校行政法令規章的依據，且可作為行政結果的評估稽核，若進一步透過對檔案資料的整理，則更可提供往後行政業務的經驗參考以及學校知識管理的有力基礎。而檔案管理的主要目的，便在於能完善的保存資料，迅速而正確的調閱，以及進行研究整理，以提高行政效率，並落實知識管理。

　　學校檔案管理的步驟大致如下：1.點收：檔案管理人員首先需將送來歸檔的文件清點，若文件齊全且符合處理程序，則進行簽收。2.登記整理：文件點收後需立刻登記於收發文登記簿並進行整理，以便於往後各項處理程序的進行。3.分類編案：接下來則需依照行政院所頒布的檔案分類規定進行分類，共有門、類、綱、目、節等五個等級，但一般學校機關可視實際需要減少一些等級來作分類，分類後則需將文件編入前案或另立新案，並編制目錄以利往後調閱之用，新案應依序登入目錄，但對有前案的案件，則依原案編列檔案號碼，並在登錄卡內登記收發文號。4.保管與清理：檔案的保存，除需預防各種可能損毀檔案的不利因素外，更應定期清點檔案，以確保檔案的安全與完整。5.檢調：各業務單位如有需要參考檔案文件，必須要求其填寫調案單，以確實掌握檔案的流向，更須注意歸還期限。6.移轉銷毀：如學校業務結束或交由其他單位辦理時，該業務之檔案需移轉到新單位，此外，對於無保存必要或已超過保存年限的檔案則需予以銷毀。現在學校行政電腦作業系統已經能有效簡化以往在進行歸檔時的工作，只要收文步驟全部完成，最後電腦系統便能自動進行歸檔，省去了以往歸檔的許多問題。

第三節　學校財政的主要工作

　　學校的財政工作主要是由出納與（會）主計來負責，在學校行政編制上，出納的業務從主計系統中獨立出來歸在總務處底下。出納管錢不管帳，而會（主）計管帳不管錢。學校層級的主要財政工作在於編制預算以積極擬定學校年度的資金運用計畫，將資金的籌措運用情形反映在各種會（主）計簿籍上以進行計畫執行的控管及紀錄，並對各種會計紀錄進行統計分析來呈現年度資金運用的情形，作為執行績效評估以及未來學校財政改進的基礎。以下僅就學校預算的編列與審核做進一步的探討。

一、預算

　　Hartmen（1988）認為學校預算最主要的目的是要把學校一段時間（通常是一年）內的各種活動轉換成財政表列的計劃形式呈現出來，以方便學校行政主管能清楚的瞭解、安排，並完成學校的各項任務。Hartmen將學校預算方法大略歸納為以下四種：

（一）條列項目預算制（Line-item budgeting）

　　這是最傳統預算籌編的方法，學校需於年度前將下一年度所有可能的開支項目一一列出，然後預估出各項目的金額，以條列的方式呈現出來。此種預算制度最大的優點是每一項目的支出都很清楚，因此不管是什麼樣的預算方法，最後都要用到條列項目預算法來做經費的列舉，也因此被廣泛的運用在「預算控制」上。而此法最大的缺點則是過於重視消極的經費數字的呈現而忽略了積極的教育計畫安排的預算功能。

（二）計畫預算制度（Program budgeting）

有鑑於條列項目預算僅是把收支的項目列出而不列計其使用目的以及歸類的合理性，在愈來愈複雜的學校體系中已失去讓主政者計畫並控管學校發展的預算功能，因此出現了以完成學校各種功能發展計畫爲主要分類基礎的計畫預算制度。此制度不僅以學校各種發展方案爲分類的依據，也重視各方案背後的理由及目的，更藉由對成本及績效的評估使主政者可以有效的掌控計畫的優先順序並據以合理的分配資源，此外，因爲其清楚的交代了各種支出的必要性，因此更能得到其他學校利害關係人員（stakeholders）的支持與建議。

（三）設計計畫預算制度（PPBS: Planning, programming, and budgeting system）

此制度是1950年代由美國國防部所發展出來的，而它的前身便是如前所述的計畫預算制度。設計計畫預算制度比計畫預算制度或績效預算制度更進一步的擴大了方案的選擇性，將許多原方案的可能替代方案也都納入整體預算的考量中，並經由對各種方案以及收支的組合分析中找出對行政整體最有效的方案選擇。但是Hartmen也承認學校採用PPBS可能會有幾個缺點，首先，PPBS處理過程過於複雜，這對學校預算來說有時緩不濟急，而其所能增進的決策效果對學校而言卻很有限；此外，PPBS所主張的方案組織模式與學校慣用的計畫預算有時並無法相容；甚且，此種預算制度又是完全的由上對下模式的編列方式，與現下學校本位財政管理所主張的財政權力下放有所牴觸，因此在美國教育史上，其被採用來編列學校預算的壽命極爲短暫。但是這並不表示PPBS就完全無可取之處，PPBS所主張的考慮各種選擇的替代方案、整體性的考量各種方案，以及進行長期的預算分析等等主張，都可以作爲學校編列預算時

的參考原則。

（四）零基預算（ZBB: Zero based budgeting）

鑑於以往政府各部門的預算常以漸增預算法（incremental budgeting）來編列，年復一年的抄襲往年的預算再做極小部分調整，不但阻礙創新計畫的發展，更無法淘汰許多長久以來效率低落的計畫，因此許多學者乃倡議零基預算來加以改進。零基預算最主要的訴求就是各單位每一年的預算都必須先將預算制定過程的所有部分歸零，然後重新計算每個項目的預估數額並進行成本效益分析，以符應新環境的需求。雖然零基預算的出發點很好，但是由於學校的環境比起其他產業或政府部門來講相對的穩定許多，有大部分的經費每年的變動需求都非常有限；此外，教育預算執行的效果很多是需要長時間的觀察才能顯現，並不適合於每年都進行成本效益分析；又加以零基預算對資金的供需必須全盤重新評估，這對學校有限的人力來講確實是一大負擔，因此在美國推行幾年後便不再要求學校一定要採用零基預算，但仍希望公家單位能秉持零基預算的精神來編列預算，並配合日落法規（sunset regulation）來淘汰一些沒有效率的計畫。而我國政府在預算編列上也希望能擷取零基預算的優點以提高經費使用的效率，因此行政院主計處中部辦公室所編制的各縣（市）地方總預算編制要點中，就要求各機關在編制概算時必須把握零基預算的精神來檢討所有計畫的成本效益並排列優先次序（行政院主計處中部辦公室，2004）。

學校的預算是由三個主要的部分所組成的：1.學校在一段時間內所有活動計畫的列述，2.完成這些計畫的預估經費，以及3.學校預估能夠得到並用以支付這些計畫所需經費的收入。而其編列的步驟則可簡化如下：首先要先預估學生數目，因為學生人數的多寡將直接影響到學校的收支，在這一部分須同時考慮整體的學生人數以及在各個年級、組別、

教育班級等分項的學生人數以進行編列。再來是要依據學生人數推算出學校所需要的工作人員有多少，雖然人事費占了國民小學經常經費的90%以上，但是人事費的部分在我國主要是依照薪級表來決定薪資，且政府對一般學校的人員編制也有明確的規定，每年變動不大，學校也不能改變，因此不像國外的學校在此方面需投入較多的心力來估算。

接下來是要預估出學校的支出，學校首先要列出下年度所要完成的各種活動，這些活動先要依照政府的規定進行分門別類，然後估計出完成各項活動所需要的經費，這些經費主要是包含了各種人事費、設備費以及資本門的費用。估算時，對學校新設立的功能或物品，除其本身所需的經費外，尚須注意編列與之相關的其他經費，例如下年度已確定要裝設一批冷氣機，則除了冷氣機本身的購價外，更要考慮到其所需要的相關電費或管理費用的增加，否則很可能會造成買了東西卻沒經費使用的窘境。接下來學校必須預估其可用資金的多寡，一般認為資金多寡決定權在政府，因此，在預估上較為困難。雖然如此，學校仍應儘可能的估算出下年度可用的資金，以進行下一步驟的工作。

有了收入以及支出的估計數後，接下來便要進行預算收支平衡的工作了。若經費不足，則通常可以從幾個方面來處理，最好的情況當然是開源了，若能募得一些款項將可解決學校經費不足的問題。此外，經由總務人員以及學校其他成員的的努力來節省各種經費的開銷以及降低物品的購買單價，則是解決經費不足的另一種方法。但是如果經費的缺口實在太大，則刪減預算的動作便勢在必行。經費的刪減除了政治因素的考量外，主要有以下幾項參考原則：首先，刪減的項目應儘可能的避開與課堂上教學授課有直接關係的經費；其次，與學生安全或民生必須的經費也應儘可能的編足。學校應儘可能不要以全盤通殺（cut across the board）的方式來進行經費刪減，但若真的考慮到時間的緊迫性以及處理的方便性而必須以全盤通殺的方式進行時，其作法則為先算出支出與收

入的差距，然後算出刪減多少百分比的經費可以達到收支平衡，並對所有的項目都刪減掉以上所算出的百分比的經費。在學校行政中，預算大幅增加的機會並不多，但如果眞的發生，那麼就必須重新檢討甚至重新編列預算，以達到合法性的要求。

　　經費的流用（transfer）是學校財政必須關注的另一個焦點，經費流用通常對整體預算金額的多寡並不會有影響，只是把一些錢從某個項目轉移到另一個項目罷了。預算編製期間的經費流用是爲了調整各種活動的經費分配以增進經費與校務發展計畫的契合程度，但是，預算的分配或流用通常不僅僅是會計或數字上的問題，更是政治問題。在公共預算中，經費運用決定者通常並不是經費的提供者，這個特性造成了有權分得經費的各個成員都想儘量多得一些金錢來花用，因爲錢花多少都與自己的荷包沒有直接的關係。但是，各部門間經費的分配及爭取通常又是一種零和賽局（zero-sum game），也就是競爭雙方中一方之所失恰爲另一方之所得的競爭遊戲。例如學校中某一部門多得一些錢，其他部門相對的就會減少這一些錢可以使用，因此很容易造成學校成員間的爭執，必須謹愼處理（Rubin, 1996）。經費流用的另一個主要原因卻是發生在期末時候的經費流用，因爲預算畢竟是預估的數字，不可能完全的準確，因此到了期末常會有某些項目經費不夠用，卻有另一些項目的經費尚有賸餘，這時就要進行經費的流用了，以剩餘去補不足的部分。經費流用需特別考慮到合法性，我國政府在經費的流用上設了許多的限制，例如在人事費項下的經費只能流出不能流入便是一例，此外，對於其他的項目也都有流用上限百分比的規定，學校在進行流用時需特別注意，以免觸法。

二、紀錄與審核

　　學校資源來自於教育局的教育發展基金，而其在預算編列上屬於教育局預算的附屬單位預算。因此，學校經費的紀錄必須完全根據政府的各種規定來進行。至於會計紀錄的原則，Herman & Herman（2002）認為必須符合即時（currency）、簡潔（simplicity）以及一致（uniformity）等三個標準，也就是資金收支發生後的最短時間內便需及時完成紀錄工作，且需以最簡潔（simplicity）的方式呈現會計資料，而所有帳本間的紀錄都必須一致無誤。此外，值得一提的是，在學校財政中又將歲入、歲出分為經常門與資本門兩大類，以方便學校以及上級機關對學校財務的分析及審核。其分類是先將資本門的各類目逐項列出，不屬於資本門的收支便歸屬於經常門了。簡要的來說，資本門最主要是指土地買賣、營建工程，以及一萬元以上且耐用年限二年以上的儀器設備等金額較大且耐用時間較久的支出，但以學校而言，為典藏用之圖書、報章、雜誌等以及各種專利權的支出也是屬於資本門的支出，而上述項目以外的其他項目則都歸於經常門中。進行分析時，從資本門支出項目中可以看出學校積極的發展計畫，例如從建置電算中心、添購電腦設備等等的經費便可看出學校未來往電子化發展的趨勢；而從經常門的支出中則可看出學校財政的穩定程度，例如學校收入是否足以應付教學所需的支出，甚至更有餘力資助資本門的支出等等。

　　學校經費的審核包含內部的審核和外部的審核。內部審核不僅僅是要消極的去找出會計程序上與法規不盡相符之處，以及各項計畫的完成度，更應積極的藉由對學校會計資料的分析，標定出各項學校行政過程中較不具效率的部分，例如是否有哪些工作是重複的、有沒有冗員，以

及是否有不當的採購等等，並找出其背後的原因並加以改進。外部審核是由學校以外的人員對於學校財務進行審計的工作，除可藉由外部審計人員專業以及客觀的評估來發現學校內部審核遺漏的問題外，更可瞭解學校經費運用計畫的適切程度，而其所提供的審核結果更具說服群眾的公信力（Jones, 2001）。

第四節　學校總務與財政管理的新趨勢

一、學校行政電子化

　　為因應資訊時代的來臨，政府也希望藉由行政電子化來強化各種行政的效能，而這股潮流也很快的擴及到學校行政體系中，現在學校的公文、採購，甚至是會計系統等等都已經電子化了。以下僅就總務的採購系統以及電子公文交換系統做簡要的介紹。

　　公文是政府機關間、政府與人民間，以及機關內部溝通的最主要工具，這套工具在以往不斷的更新下已發展出一套明確的作業規範，而電子公文交換系統便是以以往的各種文書業務處理流程為基礎，將傳統紙本公文轉換成數位資訊，並藉由近來積極建置完成的學校網路系統來進行數位傳輸，再將結果儲存於電子媒體上。其流程則為發文者依照文書製作作業流程各種規定產生公文，再將公文轉換為電子共同傳輸格式，然後將此公文予以安全認證處理，並利用向政府申請的電子憑證實施身分辨正程序後將公文傳出，傳送後必須檢視發文訊息以及傳送結果無誤，而另一方的收文者則利用電子憑證解開電子公文並列印，然後循收文程序辦理收文的動作。經由這套系統的建立，將可有效增進以往文書處理幾個重要步驟的效能：

公文保存：以往公文保存常會有發霉、受潮、退色等等的問題，至此則可藉由電子儲存系統輕易的解決。且電子媒體所占體積小，對大量資料的儲存可節省許多的空間。

公文傳送：以往機關間的公文傳遞或單位間的會簽都需花費很長的時間，這對時效較為緊迫的公文傳遞是很大的問題，在採用電子公文交換系統後，公文的傳遞在幾秒鐘內便可完成，以往浪費人力、物力跑公文的情況也將大幅減少。此外，將紙本公文改成數位系統，可減少紙張的用量，符合環保的要求。

公文搜尋：以往要調閱年代較為久遠的文件常需翻箱倒櫃，甚至根本找不到，採用電子e化系統則可經由關鍵字或其他電子搜尋方法很快的找出需要的公文。

公文調閱：以往紙本公文若有幾個單位同時借閱，通常需要一連串的手續才能完成，現在則可同時讓許多單位在最短的時間內共享公文資訊。

公文歸檔：以往歸檔需要繁複的手續，現在則只要前置作業做好，在公文處理完畢後，電腦可自動將公文歸檔。

學校電子採購系統是另一項行政電子化的重點，經由這套系統，可以節省以往許多招標文件製作以及對外公告等的時間，更可藉由這套系統的建立，減少綁標等等採購流弊的發生。例如要公開招標時，若要進行公告，則先進入到行政院公共工程委員會的網站，點選政府採購（政府採購資訊），然後再點選採購公告系統（也可直接進入公告系統的網址http://web.pcc.gov.tw），輸入機關使用代號及密碼，再點選政府採購公告系統，選擇符合的招標公告選項，填上案號，並點選招標公告新增，進入後將表格中各項目填寫完畢再按招標公告傳送，便可在幾分鐘內完成公告動作。行政院92年頒布的「中央機關共同供應契約集中採購實施要點」規定各機關應至行政院公共工程委員會「共同供應契約電子

採購系統」（http://sucon.pcc.gov.tw/）進行電子線上採購。而若要進行
中信局採購案，則在以上步驟之政府採購公告系統改爲共同供應契約系
統便可依步驟完成中信局採購，節省許多採購的手續以及時間。

　　資訊安全是行政電子化的重點工作，安全的網路交易環境應需能
1.確保經由網路傳送的訊息能正確的送達對方、2.確定交易雙方當事人
的身分、3.防止交易的任何一方事後不承認交易的事實，以及4.防止
機密性的資料在傳送過程中遭到竊取等四項要求（盧鄂生和吳啓文，
2004）。要能達到以上資訊安全的要求，一方面需要靠政府電子交換系
統不斷的革新來確保資訊傳遞的安全性，我國此方面的工作已由1998
年建置的政府憑證管理系統（Government Certification Authority）來負
責。另一方面，則更須依賴學校人員的保密訓練以及落實保密的各項步
驟才能有效確保電子資訊的安全。

二、學校本位財政管理

　　學校財政自由化是近年來世界各國學校財政改革的主要趨勢之一。
由於各國教育經費年年高漲，但卻發現學生的素質並未因此而有大幅的
提升，以至於許多財政及經濟學者主張，學校與其他產業一樣都可以靠
市場的競爭機制來提升其品質，並倡議將學校財政的權力下放給學校，
由學校自行運用以發展特色，並作爲競爭的基礎，以改進學校以往養護
型組織的弱點並激發其向上提升的活力（Rosen, 2004）。而這些自由化
的改革主要則包含了學校本位財政管理、特許學校、公辦民營等等許多
的新制度，以下僅就學校本位財政管理做進一步的探討。

　　學校本位財政管理的中心理念是每個學校都有其特殊的需要，一套
全國一統的模式並無法適用於所有的學校，因此政府應該要將學校財政

的決策權力下放給學校，由最瞭解各個學校特殊需要的校長及其他學校成員來制定學校經費運用的政策，方能眞正反映出學生的需要。至於其實際的做法，簡單來說便是以公式計算出學校一年所需經費，並將所需經費一次撥足給學校，由學校自行規劃運用並負起成敗的責任，若到年終經費仍有結餘則可以延用到下一年度，而學校經費運用的情形更必須透明化以方便社會大眾的監督。

至於實施學校本位財政管理的好處則可歸納爲：1.由最瞭解學生需求的學校成員基於該校學生以及環境的特殊需求來編列預算，將更能反映學生需求並發展學校特色；2.藉由經費運用科層的簡化以及法規的鬆綁，將能有效提高經費運用的彈性以及時效性；3.由學校負起成敗之責，將可激勵學校教師愼用資源來提升教育品質，以避免遭到市場淘汰；4.年終結餘留用的制度則可有效減輕以往年終消化預算的流弊，並增加長期計畫的可行性；5.以公式化的方式計算各校補助款的多寡，可以減輕政治力的介入，並增進教育財政分配的公平性；6.藉由學校本位財政管理所強調的經費運用透明化，鼓勵所有學校利害關係人以及其他社會大眾來監督學校經費的運用，不但能有效防止財政弊端，也可減輕上級政府審計的負擔，更可經由確保學校資金不會被誤用來增加學校經費運用的公信力，進而激勵社會人士將資金投入或捐助教育的意願。

但是要實施學校本位財政管理，其先決條件除了在政府層級需眞心誠意的將財政權力下放以及修改相關財政法規外，更重要的則是在學校層級的相關人員需要有實施此一制度的意願以及知能。根據Brown（1990）對加拿大境內的校長所做的研究顯示，大部分的校長都發現實施學校本位財政管理以後，不但工作量大幅的增加，其所承受的責任以及伴隨責任而來的壓力也變大了，但是當詢問起他們是否願意回到傳統的中央一統的制度時，大部分的校長都表示還是願意繼續實行學校本位管理，因爲這讓他們找到了努力的方向並提供他們施展抱負的機會。

　　至於實施學校本位財政管理對學校事務會有多大的衝擊呢？就美國而言，最主要的影響可能是財政以及總務各項業務負責人員角色轉變所帶來的衝擊。由於美國憲法規定教育是屬於州政府的職權，聯邦政府不能插手教育，因此美國五十個州的州政府就變成了教育的主管單位，但各州又有不同的教育法規，因此，學校本位管理的模式在美國各地有很大的差異，有些州幾乎將所有的財政權力以及相關責任都下放到學校了，但是有些州只是將部分權力下放，而將建築、採購以及維修等等的職權仍歸由學區來統一管理（Goertz & Duffy, 1999）。Odden & Busch（1998）就指出，雖然學校總務與財政的決策權應下放給學校，但是對於學校許多的大型採購方案或建築業務的政策執行面，仍應由學區層級來統籌會較有效率。若以權力大幅下放的州或學區而言，由於以往學校總務及財政事務的管理多由學區中的學校事務官來負責，尤其是重要的採購工作多是由學區來統籌。但是隨著財政權力的下放，資源運用的責任也同時的落到學校人員身上，而校長、學校本位決策委員會的委員，或其他相關的學校人員也就變成是理所當然的決策者或執行者了。由於這些人以往對總務以及財政的專業知能較為缺乏，因此，權力大幅下放的政府無不積極的對校長等相關人員進行財政以及總務知能的訓練，而學區的長官也從控管者的角色變成為輔導者以及諮詢者的角色，以幫助各學校能順利進行總務及財政方面的業務（Jones, 2001; Snowden & Gorton, 1998）。

　　我國若要落實學校本位財政管理，則一方面必須從政府權力結構來做調整，修正或解除一些法規條文的限制，更重要的則是增強學校成員實施的意願以及能力。參與學校本位財政管理決策的主要成員最好能具備以下的知識或能力，方能有效提高經費運用的效能：瞭解學生需要及需求的能力、對內協調及對外溝通的能力、基本預算編列的知識、有效採購的能力、財務管理的知識，以及政策制定的知能。但是，從我國師

資養成教育的內容中不難看出，臺灣教師在此一部分的訓練仍較缺乏，往後實應更加重視教師在這幾方面的訓練。

在全球化競爭的時代裡，我國不可能無視於國外的進步而閉門造車，而既然學校本位財政管理在國外有極佳的效果，則臺灣怎能不迎頭趕上。雖然從近年的教育財政改革中可看出我國也漸漸的有往教育財政自由化發展的趨勢，例如臺灣於2000年通過的教育經費編列與管理法中規定的公式化補助、地方教育發展基金，以及校務基金等等的措施，以及許多縣市積極推動的公辦民營學校，其實都與教育財政自由化有密切的關係。但是，儘管有了上述的一些努力，由中央統一編定預算的情形基本上並沒有改變。雖然在高等教育階段實施校務基金，已大幅對學校財政運用進行鬆綁，但仍不免受到一些中央法規的限制。而教育層級愈低的學校其所受到的限制就愈多了，到了國民教育階段，其自由程度已是非常缺乏，學校自主編列預算及經費運用的實權仍受到極大的限制，因此，我國在財政自由化上還有很大的進步空間。

事件名稱：墊錢辦活動的無奈

某一國中被指定成為○○專案教育中心學校，縣府來函核定專款補助，俟辦理完成後檢具憑撥。

輔導室主任奉校長指示承辦該專案系列研習及活動，各項研習活動相繼進行，所有相關事務及研習資料、所使用的物品均一應俱全，研習效果也受到學員及相關單位、長官的讚許，可謂成果豐碩。

在讚譽聲中，輔導室主任卻有不為人知的無奈，因為縣府核定補助經費必須俟辦理完成之後檢具憑撥，而所有的研習或活動所需的開銷卻必須及時支付，例如聘請講師的鐘點費通常都需立即支付，一方

面講師遠道而來日後支付不便，另一方面也有失禮貌，此外，所購物品或印刷費用依據會計法之規定收到收據之後必須五日內支付等等規定，使辦理各項活動到撥款之間常常需要學校「代墊」所需之經費才能順利進行。

經費代墊有不同的方式，各校較常使用的方式是「學校預撥零用金」、「商請家長會預借現金」、「學校人員自行代墊」等等方式，然而「學校預撥零用金」、「商請家長會預借現金」兩個方式因學校及家長會本身經費均有其用途，且數額有限，有時無力再做其他支援，加上學校如預撥零用金將造成會計帳務的困擾與複雜性，一般而言，學校較少使用，所以各校有時便須使用「學校人員代墊」方式進行，如此不但較為方便、簡單又可省去帳務處理的困擾。

該國中就是由學校人員代墊相關研習及活動經費，輔導室主任在尊重校長及完成任務的雙重考慮之下選擇「自行代墊」方式辦理所有的研習及活動，該專案經費多達新臺幣十萬元以上，就成為該輔導室主任工作之餘的額外負擔。該主任夫妻為分屬不同學校之教職人員，平日薪資均共同處理，且年輕夫妻的薪水有一大部分要繳交房屋貸款以及小孩的教育支出等等的固定費用，實無多餘的金錢去「墊付」。為了完成專案，該主任在籌不出錢的情況下，只好採取「民間標會」方式籌湊「經費」辦理相關工作，終將該專案辦理完成，但他卻又開始憂慮下一個活動經費是否能適時到位。整個過程中，主任的夫人雖支持夫婿將工作完成的責任心，但難免出現微詞，甚或要求該主任不要兼任輔導室主任或其他行政工作等等的說辭，可見「墊付」帶給承辦人員極大的壓力。

為了讓辛苦教學的學校人員能無後顧之憂，我國各級政府近幾年來已經努力的以各種方法來解決墊付的問題，並儘可能的落實將活動

所需資金（主要是經常門經費）在辦理活動之前便先行撥到學校，因此近年來學校墊付款項的情形已經獲得改善。但是，有時由於活動所需經費數額及項目過於龐大或是規劃時程匆促等種種原因，在學校行政中仍不免會有學校人員先行墊付款項的情形。請問，如果你是該校的校長、總務主任或主計人員，你要如何來減輕你部屬或同事墊付款項的壓力？又如果我國採用學校本位財政管理，對解決學校行政人員「墊付款項」的問題是否會有幫助？

回答問題

1. 試描述學校事務工作經濟原則、效率原則及安全原則的意義，並探討達成此三項要求的實際做法有哪些？

2. 試述學校財政中均等公平、水平公平、垂直公平、財政機會公平，以及財政充足性的意義各為何？並舉例說明在學校行政實務中要如何達成這些公平的要求？

3. 試探討集中採購以及自行採購兩者的優缺點各為何？並舉例說明此兩種採購法的使用時機各為何？

4. 何謂零基預算？其與漸增預算制度最大的不同在哪裡？並評述零基預算是否適用於學校預算編列活動？

5. 試分析學校行政電腦化可能帶來哪些的利益以及問題？

6. 學校本位財政管理的主要優缺點各為何？

參考書目

行政院主計處中部辦公室（2004）。中華民國94年度各縣市地方總預算編制要點。南投：作者。

行政院公共工程委員會（2005）。**政府採購法令彙編**。臺北市：工程會。

行政院秘書處（2001）。**事務管理手冊**。臺北市：行政院秘書處。

盧鄂生和吳啓文（2004）。電子認證與網路安全管理。林嘉誠（編），**電子化政府**。臺北：行政院研究發展考核委員會。

Brown, D. J. (1990). *Decentralization and school-based management.* New York: The Falmer Press.

Cheng, Y. C. (1996). *School effectiveness and school-based management: A mechanism for development.* Washington, D. C.: The Falmer Press.

Goertz, M. E., & Duffy, M. C. (1999). Resource allocation in reforming schools and school districts. In M. Goertz & A. Odden (eds). *School-based financing.* Thousand Oaks, CA: Corwin Press, Inc.

Hack, W. G., Candoli, I. C., & Ray, J. R. (1992). *School business administration: A planning approach.* Boston, MA: Allyn and Bacon.

Hartmen, W. T. (1988). *School district budgeting.* Needham Heights, MA: Allyn and Bacon.

Herman, J. J., & Herman, J. L. (2002). *School-based budgeting: Getting, spending, and accounting.* Lanham, ML: Scarecrow Press, Inc.

Jones, E. B. (2001). Cash management: A financial overview for school administrators.

Odden, A. R., & Busch, C. (1998). Financing schools for high performance: Strategies for improving the use of educational resources.

Odden, A. R., & Picus, L. O. (2004). *School finance: A policy perspective* (3th ed.). New York: McGraw Hill.

Rosen, H. S. (2004). *Public finance* (6th ed.). New York: McGraw Hill.

Rubin, I. S. (1996). Public budgeting: The concept of budgeting as political choice. In R. J. Stillman (ed.). *Pulbic administration: Concept and cases.*

Snowden, P. E., & Gorton, R. A. (1998). *School leadership & administration* (5th ed.). Boston, MA: McGraw Hill.

第六章 學校建築與校園規劃

· 湯志民 ·

　　學校行政重要的任務和功能之一，即在提供良好的學校建築和校園環境，以提升學校行政、教師教學和學生學習環境品質，並增進學校教育效能。教育基本法第8條，更明文規定「學校應在各級政府依法監督下，配合社區發展需要，提供良好學習環境」，由此顯見學校教育環境規劃的重要。

　　基本上，物質的學校環境對喜歡待在學校的學生、教學的品質和學習的結果，都有決定性的影響，一所優質學校會激勵學習和教學，可提供成長和發展的情境，並創造社區的意識和增進情誼（Tapaninen, 2005）。許多研究和相關文獻探討（吳珮君，2006；林韋秀，2006；陳琦媛，2001；湯志民，1991、2003a、2006a；黃玉英，2004；黃庭鈺，2002；Branham, 2003；Earthman, Cash, & Van Berkum, 1995；Higgins, Hall, Wall, Woolner, & McCaughey, 2005；Hines, 1996；Lanham, 1999；O'Neill, 2000；San Diego State University, College of Education, 2006；Tanner & Langford, 2003；Yarbrough, 2001）皆指出，良好的學校環境與設施對師生的教學、學習、成就、態度、健康和行為有正面積極的的影響，而狀況不良的學校環境與設施則反之。Hill和Cohen（2005）的研究分析，中小學教室和科學實驗室的學生座位入射角、教育電視間的距離和教師教學風格（是否走動或喜歡站左邊或右邊），會影響學生視聽效果和學習成績（中學和高中的科學實驗室尤為明顯），以及學校

分區的配置所形成的分裂校園（split campus）影響學生的社會心理行為，造成學習鴻溝（learning gap）。Lackney（1999）則以其多年的學校建築研究經驗，就學校物質情境對學習的影響，提出剴切的評述：(1)學校不只是磚和灰泥而已，它們是我們對教育承諾的象徵（symbols of our commitment to education），正如Kozal在《殘暴的不平等》（*Savage Inequalities*）一書中所言：「如果孩子還必須在戕害其心靈的學校建築中上課，那麼世界上所有的學校改革將是無意義的。」(2)物質情境能激勵或使我們沮喪，因此學校的設計要激起良好的教學、支持生產性的學習、增進人的喜悅和提高安全感；(3)學校建築不只是磚和灰泥，也不只是教學和學習的容器（container），學習發生於物質情境中，影響我們的如何教、如何學和如何感覺我們自己及他人。

有鑑於此，先進國家對學校建築與校園環境的投資改善，均不遺餘力。例如美國全美中小學新建、增建和更新學校設施的經費，從1983年的47億美元起，逐年增加，1990年起每年均達100億美元，2000年首次超過200億美元，2001年為203億美元，2002年為204億美元（Abramson, 2002）。英國，政府投資學校建築經費，1996-1997年為7億英鎊，2002-2003年提高至30億英鎊，2005-2006年更高達51億英鎊，其中29億英鎊用以重建和更新中小學學校建築，22億英鎊用在「興建未來的學校」（Building Schools for the Future）方案中，並預計每年投資「興建未來的學校」方案，執行10至15年，將帶動英國教育的革新和轉型，以及確保所有英國的中學生能在21世紀的學校設施之中學習（Department for Education and Skills, 2004）。

臺灣，1998-2000年度，教育部於「整建國中與國小教育設施計畫」編列170億元（教育部，2002a），2000-2004年度，教育部「整建國民中小學老舊危險校舍計畫」再投資經費計152.1億元，並預計於

2005-2009年度，每年編列50億元，計250億元（教育部，2004），教育部中部辦公室（2005）更針對高中職危險校舍改建及新建工程提出作業規範，以打造一個安全樸實、健康友善、永續環保的新校園。近十五年來，臺灣學校建築與校園環境的發展、新興和轉型，有許多令人激賞的成果，也有亟待省思和改進的問題（湯志民，2003a、2006b）。學校建築與校園環境品質的提升，成敗關鍵之一在於學校行政人員及教師是否具有學校建築與校園規劃的理念和能力。本章擬先要述學校建築與校園規劃的理念，再就學校建築與校園規劃的方法加以說明，並以學校建築與校園規劃的革新加以探析，以供學校行政人員和教師規劃學校建築和校園環境設施之參考。

第一節　學校建築與校園規劃的理念

　　學校建築與校園規劃理念所牽涉的範圍甚廣，本節僅就學校建築規劃的涵義、原則等二部分，分別作一基本的概念性的剖析，期以獲悉梗概。

一、學校建築與校園規劃的涵義

　　教育設施規劃的涵義，擬分別就學校建築與校園的概念、規劃和設計的概念、學校建築規劃的涵義予以探析。

（一）學校建築與校園的概念

　　「學校建築」一詞是由英文school buildings、school architecture、school house，或school plants直接翻譯而來，在一些教育行政和學校建築專書上常出現的同義字有「教育設施」（educational facilities）、「教育建築」（educational buildings, educational architecture）或教育空間（educational space），而環境心理學中與學校建築同義且最常用的則是「學校物質環境」（the physical environment of the school）、「物質的教育設施」（the physical education facility）或「物質的學習環境」（the physical learning environment, the physical environment in learning）。

　　日本是學校建築研究標準化制度建立最為完備的亞洲國家，「學校建築」（school building）已成為其學術研究最普遍的專有名詞，其涵義最廣，涵蓋其他同義詞如「學校設施」（school facility）、「學校建物」（school premises）和「學校設備」（school equipment）（喜多明

人，1988）。在學校建築設置標準上，日本稱之爲「學校設置基準」（姊崎洋一等人，2006），我國則稱爲「學校設備標準」或「學校設備基準」。

　　「學校建築」與「校園」二者在意義的界定上，所涵蓋的學校區域範圍，有彼此重疊之處。就「學校建築」來看，其廣義範圍包括校舍、校園、運動場及其附屬設施；其狹義範圍，僅指校舍（林萬義，1986；蔡保田，1977）。就「校園」來看，其廣義範圍涵蓋學校內廣闊的實質領域，包括校舍、庭園、運動場地及其附屬設施；其狹義範圍，僅指學校庭園（臺灣省政府教育廳，1991；Dober, 1992）。「學校建築」與「校園」的意涵比較，詳如圖6-1所示。

圖6-1　「學校建築」與「校園」的意涵比較

資料來源：學校建築與校園規畫（第8頁）。湯志民。1992，臺北市：五南。

　　國內，因「綠化美化」、「校園布置」、「校園開放」、「友善校園」、「無障礙校園」和「永續校園」、「新校園運動」等政策上的強

調與影響，「校園」的概念與運用日益擴充；但在學術研究領域，不論國內外，仍以「學校建築」爲正式而常用的名詞。因此，本章之命名將「學校建築」與「校園」並列，一方面表示對學術研究的尊重，一方面取通俗易解之意，主要則係配合師範校院、教育系所「校園規劃與建築」等相關課程之需；惟在實質論述上，「學校建築」仍採廣義的觀點，「校園」則採狹義的觀點，特此敘明。

（二）規劃與設計的概念

學校建築興建的歷程，一般分爲計畫、規劃、設計和施工等四個階段。其中，教育和學校行政人員最需關切的是規劃（planning）與設計（design），二者關係密切，且彼此有重疊，並相互延伸的概念。

Spreckelmeyer（1987）在「環境規劃」（Environmental Programming）一文中指出：「規劃是界定環境問題並建議解決這些問題策略給設計者的歷程」，「規劃是先於環境設計且爲提供設計的功能技術與行爲需求予設計者之活動。」（p.247），而設計是規劃的延伸，規劃階段的各種決策與決定，要有明確的後續指示課題與方向，以供設計階段的銜續與參用（黃世孟，1988），詳如圖6-2所示。通常一項教育設施方案由熟稔學校系統、相關法規和教育趨勢的教育人員提出「教育規劃報告書」（educational specification），再由建築師和設計團隊，在教育設施專家的協助下，將規劃報告書中的教育需求轉入「教育設施設計案」（educational facility projects），包括界定每類空間數、詳細的功能需求（黑板空間、採光標準等）和每一空間的面向、設備需求、機械、電機、配管和其他服務需求，以及空間關係的需求（Perkins, 2001）。

由此我們可以瞭解，在順序上，和學校建築規劃在設計之前，規劃較重學校各項設施與學校教育目標、課程及教學等整體性關係之安置，

設計涉及建築造形、結構、數量與金額，較偏向建築專業技術層面；在權責上，學校建築規劃以學校行政人員爲主導，建築師爲輔，學校建築設計則以建築師爲主導，學校行政人員爲輔。

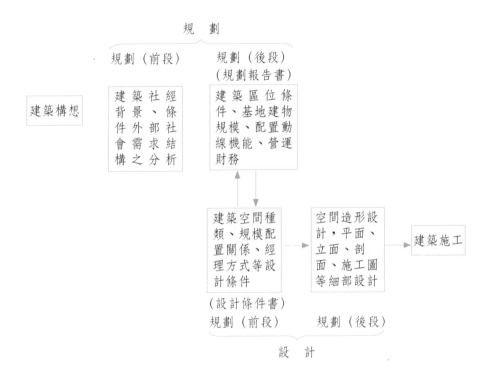

圖6-2　建築之「規劃」與「設計」之關係

資料來源：「從建築物用後評估探討學校建築規劃與設計之研究」（第49頁），黃世孟，1988。載於中華民國學校建築研究學會（主編），國民中小學學校建築與設備專題研究，臺北市：臺灣書店。

（三）學校建築規劃的涵義

學校建築（school buildings）是爲達成教育目標而設立的教學活動場所，此一教學活動場所包括校舍（buildings）、校園（campus）、運

動場（play grounds）及其附屬設施（facilities）。其中，校舍乃專指校
內的各類建築，運動場包括田徑賽場地、球場、體育館、遊戲場與游泳
池的場地，校園是指除校舍與運動場所占用的校地以外之庭園空間，附
屬設施則是配合校舍、校園和運動場使其功能更完備之各項建築與設備
（湯志民，2000）。

　　學校建築規劃（the school building planning）係以教育理念、學校
環境和建築條件為基礎，以人、空間、時間和經費為基本向度，使校
地、校舍、校園、運動場與附屬設施的配置設計能整體連貫之歷程（湯
志民，1992）。此一涵義可從三方面加以分析：

1.規劃內涵

　　學校建築規劃係以校地的運用、校舍的設計、校園的規劃、運動場
的配置及其附屬設施的設置等主要規劃方法為範圍。

2.規劃基礎

　　從教育理念來看，這些教學活動場所應符合教育目標、教學方法和
課程設計的需求；從學校環境來看，這些教學活動場所應融合學校的自
然環境、社會環境和物質環境的脈動；從建築條件來看，這些教學活動
場所應配合建築法規、建築技術和建築材料之規定。

3.規劃向度

　　人、空間、時間和經費為基本要素，學校建築的規劃應從使用者
（行政人員、教師、學生和社區人士）的需求出發，將校地上的活動空
間作最妥善完整的配置，並透過時間的延伸和建築經費的投資，使學校
建築日臻理想完美。

二、學校建築與校園規劃的原則

　　學校建築與校園規劃的原則，依學者專家（林萬義，1986；湯志民，1992、2000、2006a；蔡保田，1977；Castaldi, 1994）之見解，綜合整理分述如下：

　　1.整體原則（principle of wholeness）

　　學校建築與校園規劃首重整體性（wholeness），一所學校不是具備了教室、庭園、運動場、圖書館、活動中心、實驗場所等設施，即可稱為一所完整的學校，所謂「整體大於部分之和」（the whole is more than the sum of its parts），其最重要所要表達的教育力、結合力、發展力及情境的協和力，必須從整體的校地分配、區域配置、建築結構、設施功能、方位造形、校園景觀、綠化美化、人車動線、建材裝飾等各方面，尋求空間上與時間上的連貫性，才能使學校產生渾然一體的完美意境。

　　2.教育原則（principle of education）

　　西元1880年美國著名建築學家Louis Sullivan提出現代建築的基本原則——「形式跟隨功能」（form follows function）（Castaldi, 1994），學校的形式或設施應依循功能（Poston, Stone, & Muther, 1992），Mackenzie（1989）更強調學校建築規劃「始自功能而非形式」（beginning with function rather than form）。學校建築與一般建築的功能不同，最重要者在教育性之呈現，Sebba（1986）認為學校物質環境應提供學生一致的環境探索價值（a corresponding environment worthy of exploration），並豐富其刺激和機會；因此，學校的情境布置、空間結構和景觀設施，甚至一磚一瓦、一草一木，都應具有教育意義和價值，或輔助教學之功能，使學生在此環境中感染春風化雨的氣息，深受潛移

默化的力量勤奮向學，變化氣質，實現自我。

3.舒適原則（principle of comfort）

　　學校是一個生活空間，「舒適」是生活空間最重要的需求，每一位學生都應該有「學校如家」（a home within the school）的感覺（Perkins, 2001）。學校建築的優雅大方、校園環境的舒適美觀和整體性的和諧氣氛，對師生的情緒、性格、身心健康、教學與學習效率，都會有直接間接的影響。學校設施環境的舒適性設計，應以人體工學（小原二郎，1991）、建築環境工學（簡裕榮和薛寧心譯，2005）、環境心理學（Bell, Greene, Fisher, & Baum, 2001）和美學為基礎，講求實用、衛生和美感，使學校建築環境的設施容量、規格尺度、建物比例、休憩空間、綠化美化、採光通風、噪音防制、溫度濕度、給水排水和垃圾處理，能配合使用者的動靜態活動和生理心理的需求，力求視覺、聽覺、嗅覺、觸覺和感覺上的舒適愉悅，以提供理想的教育環境。

4.安全原則（principle of safety）

　　安全的環境是適宜發展與生活的首要之務，學校是眾多兒童或青年集聚的場所，其建築物是否安全，對於兒童或青年的生命有直接關係（蔡保田，1977），教育設施如缺乏安全保障，則教育的效果將歸於零。因此，提供學生安全無障礙的學習環境，是學校建築規劃的重要任務，也是學校教育效果的發展基礎。大體而言，校地的地質地勢、校舍的建材品質、建築結構的承載量、出口通道的流暢性、設施器材的安全防護、校園死角的消除、地板防滑的設計、保全和監視系統、夜間照明、消防設備、電器鍋爐的設置和電力負荷等等，均為學校建築與校園規劃安全性應考慮的重點。

5.經濟原則（principle of economy）

　　學校環境規劃應注意空間、人工、用費與工具的經濟性，所謂「經濟」是「以最少之經費發揮最大效能」之意。在觀念上，應注意：(1)減

少經費但不影響課程和教育效率，也不增加使用和維護費用；(2)增加支出能相對增加教育效果或減少保養維護費用（湯志民，1992；Castaldi, 1994）。在作法上，則可從建築設施採用多用途設計、以最低價購置適用的建材、有效控制設計施工程序、加強建築空間的課程使用效率、適時更新器材增進教學績效、善加運用空餘教室以及精簡人力、物力、財力的校園管理和設備維護上著手。

6.創新原則（principle of creation）

創造是一個求新求變的歷程與生命力開創的泉源，學校環境規劃的創新概念即在塑造學校的獨特風格。風格（style）是一個強力的場地標示者（a powerful placemarker）（Dober, 1992），能表現出與別的設計效果和型式有鮮明的區別（鄒德儂，1991）；因此，每個學校應依其主客觀條件，學校教育的精神與重點，並掌握求新、求變、求精、求進、求絕、求妙之原則（湯志民，1999），從建築設施的文化表徵、開放空間、造形變化、彩繪壁飾、園景布置和設施命名等等，做整體性或個別性的創新設計，不模仿或抄襲他校，以表現每個學校別具一格獨樹一幟的教育文化風格。

7.發展原則（principle of development）

學校建築和教育一樣，具有「百年大業」的特性，一經興建日後再因需求不符而整建，必然大費周章。因此，學校建築與校園環境的規劃，不僅要現代化和效率化，更要因應未來的使用發展與教育改革需求（Herman, 1995；張鈿富，1991），使其具有應變性（adaptability）、彈性（flexibility）和擴展性（expansibility），例如學校行政電腦化、建築空間多樣化、停車場地下化、新建築技術的運用、校舍非永久性隔間、e化教室的配置、校地的預留、現代化的廁所、開放空間、綠建築及無障礙校園環境的設計，應有前瞻性的考量，使學校建築環境更具發展潛力。

8.參與原則（principle of participation）

學校建築與校園規劃是一個複雜的歷程，舉凡校地的運用、校舍的設計、校園的規劃、運動場的配置、附屬設施的設置以及管理和維護，均須由教育和學校行政人員、建築師、教師、學生、社區人士和管理員（Ortiz, 1994）等分別貢獻心力，合作完成，尤其是使用者參與（user participation），對於學童更具有積極的教育意義與價值（Hart, 1987）。在作法上，新設校的整體性規劃，應廣徵學者專家之意見；舊學校的局部整（修）建計畫或情境布置，如球場、遊戲場和休憩設施的種類和樣式、校舍色彩的選擇、圍牆壁畫的彩繪、花草樹木的說明牌、班別牌等等，則可充分讓使用者參與設計。

第二節　學校建築與校園規劃的方法

學校建築與校園規劃的方法，可從校區空間的建構、校舍建築的設計、學校庭園的規劃、運動場地的配置和附屬設施的設置等五方面加以說明。

一、校區空間的建構

校區以校地為基礎，校地的選擇，應以位置適中、交通方便、環境優美、擴充餘地和低廉地價為原則（蔡保田，1980）。校區空間涵蓋校地與校舍、庭園、運動場和附屬設施之空間配置關係。校區空間的建構重點如下：

（一）校地應有的面積

國民小學在都市計畫區每校不得少於2公頃，每生12m²；國民中學在

都市計畫區，每校不得少於2.5公頃，每生14.3m²（教育部，2002b）。

（二）校地比例的分配

高中以校舍（建築）用地占2/10，運動場用地占3/10，校園用地占5/10，最為理想（教育部中等教育司，2005）；國中小以校舍建築用地占3/10，運動空間用地占3/10，綠地、庭園和步道用地占4/10為基準（教育部，2002b）。

（三）校區空間的規劃

依活動的動靜態性質，可分為「靜態區」、「動態區」和「中介區」；依活動的使用功能性，可分為「行政區」、「教學區」、「活動區」、「休憩區」、「服務區」、「通道區」、「特教區」和「幼稚園區」（湯志民，1992）。

（四）校區設施的配置

其順序以校舍和運動場之配置最優先，其次為校園，再次為附屬設施，然後再規劃適宜的動線，使學校建築與校園連結為一整體。

（五）校區動線的設計

如園路、步道、車道、走廊、川堂、樓梯、電梯等，以人車分道為基礎，以學校建築的整體連貫為結構，以便捷性、流暢性和安全性為原則，以身心障礙兒童或人士通行的無障礙性為理想。此外，需補充貨品或材料的單位（如餐廳、廚房、福利社、實習工廠等），應另有車行道路與外界相通。

（六）校區噪音的防制

校區內噪音應限在70分貝（dB）以下，校地應遠離鐵、公路、機場及市場，距離公路幹道至少30m（教育部，2002b），校舍與校舍、校門主道路、體育館或運動場之間，至少應距離30m以上，校地小校門面臨主要道路之學校，可將運動場配置於前方入校門處，以收開闊視野及防制噪音干擾之效。

（七）校區安全的管制

配合校園開放政策，校區的動靜態空間應有便利的管制區隔，以利教育設施之管理與開放。其次，校內供汽車、機車、腳踏車停駐的通行區域，務必使之與學生遊戲、運動區域及行人通道隔開，以利行車順暢並保障學生之安全。第三，位於山坡地之學校，基於地質安全性 ，校舍應設置於挖方的土地上，運動場則應設置於填方的土地上。此外，校園監視和保全系統，前者以白天保護師生為標的，後者以夜間校產為標的，應設置於學校重點位置和死角，並注意不可造成師生使用教育設施之困擾。

二、校舍建築的設計

校舍是學校建築的主體，約可分為：1.教學建築——包括普通教室、專科教室（自然、社會、音樂、美術、工藝和家事）、綜合教室、圖書館（室）等；2.行政建築——包括校長室、行政辦公室、輔導室、會議室、值夜室等；3.休閒活動建築——包括禮堂、活動中心、交誼活動室、宿舍、餐廳、合作社等；4.服務建築——包括保健室、教具室、體育器材室、育嬰室、廚房、儲藏室等（湯志民，1992）。校舍建築設

計的重點如下：

（一）校舍空間的配置

應先瞭解學校課程和教學的需求、現有規模及未來的發展的需求，據以估計普通教室及專科教室所需的種類和數量，再根據校地概況，作周詳的校舍配置計畫。配置時，可依各校之需求，以教學區、行政區或圖書館為中心，也可採雙中心或三中心的組群設計，使校舍彼此連貫成一整體。行政區應靠近校內主要道路，以利有關人員進出聯繫；教學區應遠離外界道路及避免噪音干擾；圖書館應設於靜謐的教學區中間，以方便師生進修研究。此外，校舍配置應針對學生不同的身心發展階段，分別設置年級性的統一生活空間，使學生能在相同的教育情境下生活與學習，設置方式可以分區、分棟、分層，或以花園的園路及其他建築物分隔。

（二）校舍建築的造形

在平面形式上，宜採I、L、U、E、F、H、Y等開放式（open type）的設計；在立面造形上，可將傳統或現代的圖案語彙、建材，表現在屋頂、門廊、欄杆、窗臺、樑柱和牆面上，使其外形、塊體、結構、空間、時間、色彩和質感，呈現「人文教育環境」甚至「本土教育環境」（湯志民，1994、1995a）的風格。

（三）校舍建築的方位

以坐北向南為宜，美術教室則以北向為宜（教育部國民教育司，1981；Perkins, 2001），「口」或「日」字形的封閉式（closed type）校舍，如無法避免東西向，則可採雙面走廊、加裝遮陽設備或將校舍改為逐層漸次挑出的方式設計，以緩和強光直射及降低溫度，或將其配置為

專科教室，以減少學生上課東西曬的時間。

（四）校舍建築的耐震

在校舍平面上，矩形校舍長寬比（L/B）最好小於6，校舍長度約每60m需設置一處伸縮縫；在校舍立面上，一般校舍高寬比（H/L或H/B）不得大於4，並儘量避免突然之幾何變化，如樓層退縮、出挑或成倒梯形；在校舍配置上，對須堆置大量靜載重之圖書室、器材室及實驗室等空間或產生活載重之會議室、演講廳及禮堂等空間之載重分布，應依建築技術規則之規定設計，並儘量將上述空間配置於底層，一方面促使載重直接傳遞至土壤，另一方面可避免引致過大的地震力；在校舍走廊上，宜採取有廊柱之結構系統，且有廊柱雙邊走廊又比單邊走廊更佳，並應避免採用懸臂走廊，如為懸臂走廊，可在校舍長向增設翼牆，以增加地震能量之吸收；此外，為避免短柱效應，可在窗臺與柱之間應規劃隔離縫，寬度約2cm，彈性填充物可採用瀝青纖維、海綿、橡膠、矽膠（silicon），防水填縫材可用瀝青黏質材料或矽膠。此外，在鋼筋搭接上，柱頭、柱腳應加密箍筋，必要時並加繫筋補強，箍筋及繫筋端部應注意彎鉤為135度，地震時才不易鬆脫（張嘉祥、陳嘉基、葉旭原、王貞富和賴宗吾，1999；許晉嘉，1994）。

（五）校舍建築的採光

日光為最有效能的採光源，美術教室以天窗或北向採光為宜（Perkins, 2001）；普通教室桌面照度不低於350Lux，黑板照度不低於500Lux（教育部，2002b），燈具之排列應與粉筆板垂直較理想，如採用附有遮光角設計的燈具時，則可與粉筆板面平行，燈具懸吊高度離地面2.4m（8英尺）（Perkins, 2001），窗戶面積不得少於教室地面面積的1/5（教育部，2002b），教室寬度超過7公尺時應兩側採光。

（六）校舍建築的色彩

國小色彩以活潑愉快為原則，大專院校色彩應莊重典雅，中等學校則介於兩者之間亦莊亦諧，力求舒適安定；氣候炎熱區多用冷色調，陰雨多之區域多用暖色調；色彩應配合採光，使其具有良好的視覺效果，並配合校舍使用功能，以表現建築物之特性。

（七）校舍噪音的防制

教室的噪音不超過60分貝（dB）（教育部國民教育司，1987），才不會影響學生的聽課效率，在校舍形式上，採開放形式為佳，避免口字形包圍運動場之校舍規劃；在校舍配置上，易產生噪音的教室（如音樂教室、家政教室、工藝工廠等）應與安靜的教學區隔離或單獨設立；在教室設計上，可採用器密窗、雙層隔音窗、隔音走廊並輔以通風箱扇或安裝吸音器材等等。

（八）校舍建築的通風

通風系統要能提供每生每分鐘10-15立方呎新鮮空氣，才能適切的沖淡和排除教室空氣中令人不悅的物質（Castaldi, 1994）；教室內溫度宜保持在20℃-26℃，濕度宜保持在60%-65%（教育部國民教育司，1981、1987）；校舍無須面對風向，應與風向成30度角；自然通風不足之校舍（如地下室），應輔之以機械通風設備。

（九）普通教室的設計

高中每間室內90m²（教育部中等教育司，1999），國中小每生約2 m²（教育部，2002b），每間室內國小以70m²，國中以80m²（湯志民，2006a），並配合現代教學革新——個別化教學、思考化教學和有效的

教學之需求，應有彈性化的規格形式、多樣化的空間規劃、舒適化的物理環境、教育化的情境布置、生活化的設施配置和現代化的教學設備（湯志民，1993）。幼兒和低年級教室，應以學生為中心，設計多樣化的學習角落（湯志民，2004）。

（十）專科教室的配置

有關聯性者（如理化實驗室、生物教室、地科教室等）可集中一區，組成科學館，以方便管理與設備整合；自然科實驗室之室內空間應兼顧教學說明和實驗之需，準備室宜設於二間教室的中間，便利管理運用；常用且無噪音之虞的公用空間，如圖書館、視聽教室和電腦教室等，應配置於校舍動線匯集中心點，以利師生運用。

（十一）視聽教室

有固定座位者，以容納100-150人為宜，每校以設置1-2間；大型的視聽教室（或稱演藝廳、多媒體中心，也有學校或改置為國際會議廳），每校應設置1間（可兼禮堂用），其空間容量實用性的設計，應配合學校整年度的活動需求，包括班群協同教學、大班選修課程、年級活動、常態性的大型活動和社區活動等，以使用人數最頻繁的次數或中間數（眾數或中數）來推估較為適宜，通常以不超過300人為宜（湯志民，2003a）；在座位和舞臺設計上，視聽座位仰角大，係為看到舞臺演出者膝蓋以上之動作（如舞蹈和戲劇等），因此要配置大舞臺，深度至少6m（8m以上為理想），視聽座位仰角小，係聽演講用，視覺角度看到演講者半身即可，舞臺可小，深度至少3m（4m以上為理想）（湯志民，2006a）。此外，視聽座位（含走道）前後間距寬度，國小至少100cm，國、高中以110cm為理想；如設計為國際會議廳型態，加設會議桌，其座位（含走道）前後間距寬度，則至少要120cm，並注意椅子

以活動式為宜（如臺北市南湖高中、政大附中），否則易影響進出（湯志民，2006a）。

室內面積每人至少5m²（教育部，2002b），室內面積各以1間普通教室大小為原則，每間辦公室以容納10人為原則，各辦公室應有辦公、會議和會客空間（湯志民，2006a）。此外，校史室、會議室、教師會室、家長會室、校友會室，依實際需要設置（教育部，2002b）。

三、學校庭園的規劃

校園是學校內校舍與運動場所占校地之外的廣大空間，為師生課餘遊憩之所，校園設計是一項藝術的工作（a work of art）（Dober, 1992）。學校庭園規劃的重點如下：

（一）庭園的區域規劃

通常依校舍分區及使用管理之便，分為前（庭）園、中（庭）園、側（庭）園與後（庭）園四大部分；此外，也可依花草樹木的栽植功能，如：隔離、遮蔽、防音、綠蔭、被覆和保育等加以規劃配置。

（二）庭園的景觀設計

應配合校舍建築的整體風格和庭園的區域特性，並參酌中西庭園的設計，以塑造學校庭園的特色。

（三）庭園的綠化美化

應由平面走向立面，並依庭園的區域性功能、庭園面積、土壤氣

候、社區景觀以及師生之喜好，種植適宜的花草樹木，規劃適切的花壇綠籬，使校園四時皆綠，呈現欣欣向榮之景象。

（四）庭園的園景設施

如亭臺樓閣、小橋流水、假山瀑布和綠廊雕塑等等，應設置於視覺的焦點處，並注意其自然性與精緻化，使校園景觀力呈自然風貌。

（五）校園的動線規劃

應注意庭園與庭園之間、庭園內園景設施之間，以及庭園與校舍之間聯繫的便捷性與循環性，使其彼此連貫融合爲一整體。

（六）庭園的教學步道

可配合學校本位課程的規劃與實施；此外，校園應適度的配置戶外教學區，如童軍營地、小型劇場、苗圃區和生態池等，益增輔助教學之功能。

（七）庭園的休憩空間

應完全開放，避免成爲封閉式的純觀賞性的庭園景觀，讓學生能自由穿梭、徜徉其間，無拘無束，以體會大自然生命的奧秘；此外，設計小團體的休憩庭園區，以滿足學生休憩生活的私密性需求，讓三五知心好友能互訴心聲，交融友誼。

（八）庭園的參天古樹

百年老樹，尤其是具有史蹟意義者，如宜蘭縣澳花國小樹齡600年列爲「宜蘭南澳第一號」的珍貴老樟樹，苗栗縣興隆國小樹齡800年24m高的老樟樹，臺南大學附小百年老樹教材園，臺北市立教育大學與校史並

存的老榕樹，皆應妥善維護保存。

四、運動場地的配置

運動場是教室的延伸，尤其是「體育」和「群育」的培養，非賴運動場之砥礪無以竟其功。學校運動場的種類可分為：1.田徑場、2.球場、3.遊戲場、4.體育館、5.游泳池（湯志民，1992），依國民中小學學生使用需求，球場最為重要，遊戲場則為國小中低年級的休憩中心，應優先考慮。運動場地配置的重點如下：

（一）運動場地的面積

國中每生8m²以上，國小每生6m²以上為原則（教育部，2002b）。

（二）運動場地的配置

運動場與校舍東西並列（臺灣省政府教育廳，1991），距離校舍遠近之配置原則，通常遊戲場離校舍最近，其次為游泳池、體育館，再次為球場，田徑場和棒球場則離校舍最遠。

（三）運動場地的規劃

體育館、游泳池、禮堂和活動中心可合併設計，以有效利用校地；運動場應有良好的排水澆水系統，四周種植常綠樹木以供遮蔭休息，並可淨化空氣，防止風沙飛揚，同時在附近適當地點設置簡易洗手、飲水設備和廁所，讓活動者就近使用；對於校地大或學生少之學校，運動場地亦可仿歐美中小學全面舖植草坪，或採運動場公園的設計；運動場地應配置次要出入口（如側門或後門），便於校園開放及安全管理。

（四）田徑場的設置

跑道以400m半圓式為理想標準，跑道數應有六至八道，如地形之限制，以設置一條直線跑道為優先。通常，校地面積需達4公頃以上，方能容納設置400m跑道之田徑場地（占地約1.5公頃）；因此，基於校地因素及教學需求，高中和國中可依實需設置跑道或田徑場地，國小則設置100m直跑道即可（餘供設置球場、遊戲場較符學生使用需求）（湯志民，2006a）。跑道直道以南北向為主，以避免日光直射活動（教育部，2002b；湯志民，1992；Perkins, 2001）；跳遠的沙坑，可設在助跑道的中央或二端，較不受風向的影響；擲部場地，如鉛球、鐵餅和壘球擲遠場，應視其體育教學的需要性設置。

（五）球場的規劃

國小球場設置應以「躲避球」、「籃球」和「羽球」為最優先（湯志民，1991）；國、高中球場，逐漸以籃球場為主體，如考慮國中一年級的需求，則應酌設躲避球場；球場縱長的兩端宜指南北方向，以減少東西向的日光直射活動；場地不足的學校，籃球、排球、羽球或躲避球場，可合併作多功能的設計，以增加使用效能。

（六）遊戲場的設計

在區域配置上，應掌握「分開又能便利」的規劃原則，亦即高、低年級的遊戲場應分開設置，並靠近教室，以利課間休息就近活動；在場地規劃上，應有「統整且具創意」的規劃設計，使活動的主體成為四周最複雜部分的中心；在性質種類上，應選置「刺激而又多樣」的現代化體能設施，以增加遊戲場的趣味性和吸引力；在管理維護上，應注意「安全兼顧耐用」的基本要求，並注意經常檢查維修（湯志民，1992、

2002a）。

（七）體育館的興建

在方位上，體育館的採光面主要為南北向，即體育館的長軸為東西向，並注意東西山牆不得開設採光窗，以防眩光（張宗堯和李志民〔主編〕，2000）。室內面積，至少要能容納一座標準籃球場；設置位置，應遠離教室單獨設立，避免噪音干擾教學；窗戶宜採高窗式，窗面要寬大；體育館內應附設器材室、更衣室、淋浴設備、飲水機、看臺、廁所等。

（八）游泳池的建造

在設置地點上，以室內為理想；在基本規劃上，應以教學使用為主，競賽為輔；在設置規格上，國中、小以25m、8水道為原則，若條件允許，亦得設置50m、8水道的游泳池（教育部，2002b）；在附屬設施上，應設置管理室、更衣室、浴室、置物櫃和廁所；在安全設備上，至少應有急救箱、救生圈、救生繩、救生鉤、救生竿、救生臺和電話。

五、附屬設施的設置

教育設施中有許多「附屬」於校舍、校園或運動場的建築與設備，目的在輔助或促進學校建築「主體」發揮最大功能，其種類繁多，約可分為二類：1.附屬建築——包括校門、圍牆、傳達室、走廊、樓梯、地下室、廁所、司令臺、停車場等等。2.附屬設備——包括課桌椅、粉筆板、圖書設備、電腦設備、飲水設備、消防設備、垃圾處理設備等等。附屬設施設置的重點如下：

（一）附屬建築的設置

　　校門應與傳達室和圍牆整體設計興建，圍牆可裝飾美術圖案或具教育意義的浮雕，社區人口不複雜的學校宜加強開放式之設計；走廊淨寬至少2.5m，以3m為理想，欄杆的高度二樓1m，三樓以上1.1m，走廊撐柱宜採圓柱，以免學生碰撞發生危險。國小樓梯及平臺淨寬至少1.3m（國中1.6m）以上，每級踏步高度16cm（國中18cm）以下，深度26cm以上（教育部國民教育司，1981、1987），踏步前端應設防滑條（non-slip），有夜（補）校之樓梯踏腳處則應加螢光漆；地下室每人面積0.75 m²；廁所的設置，每100位學生男用小便器4-5個，大便器2-3個，女用大便器7-8個為原則（教育部，2002b），並注意人性化、舒適性、現代化、教育性和無障礙的設計（湯志民，1995b）；儲藏室面積，如圖書館、美術、音樂、科學實驗室、體育館等，占樓地板空間10%（Vermont State Department of Education, 2005）；司令臺宜採「雙向」之設計，以增加其使用功能；停車場的設置，應人車分道，汽車、機車和自行車場分置，汽車停車場宜設於地下室，淨高至少2.1m，寬度2.5m，長度6m（室內1/2車位可長寬各減0.25m），汽車容量以全校教職員數為參考指標，以符應教師、訪客和校際教師進修交流停車之需。

（二）附屬設備的購置

　　課桌椅應購置實用、質堅、輕便、易移、可組合者為宜，椅高為2/7身長，桌高為3/7身長；黑板至少有4m 長，1.1-1.4m寬，懸掛時離地約0.8-1m（教育部國民教育司，1981），可與白板兼用，與最前面之桌子距離最少1.6m，顏色以深（墨）綠色（反射率為20-25%）最理想，為利師生使用，宜購置可上下調整高度的黑板；教室講臺不必設置，以利空間彈性運用；螢幕設置，應注意其大小和高度，以室內最後一位座位能

看清爲原則，單槍投影機亮度以3,000流明（含）以上爲理想；圖書設備的設置，閱覽座位以同時容納2班學生爲原則，每閱覽席占地1.2m²，另樓板載重量不低於600kg/m²，密集式書庫樓板載重量不低於950kg/m²（教育部，2002b）；電腦設備應配合校務行政電腦化、電腦輔助教學（CAI）及校園網路系統，購置最新的軟硬體設備，建構無線上網環境，並加強電腦系統的管理；飲水設備，以管線短、無過濾器、減少滯流爲原則，學校可依實需採自來水生飲系統及開水機之裝置；消防栓、滅火器、沙袋，應依校舍的種類（如實驗室、圖書室、工廠、廚房等）作適當的安置；垃圾清運以子母車方式最爲適當，並應有資源回收設施及污水處理系統。

第三節　學校建築與校園規劃的革新

　　根據湯志民（2001）文獻分析、專家座談以及實地參觀，並透過學校空間革新的「人—境」互動思維，同時參考相關研究（李素珍，2003；張美玲，2001；張淑瑜，2004；張惠玲，2001；張碩玲，2001；湯志民，2002b；湯志民和王馨敏，2000；湯志民和廖文靜，2000、2001、2002；馮佳怡，2006；廖文靜；2004；薛芳芸，2004；謝佩璇，2003；謝鳳香，2005；羅涵勻；2005；American Architectural Foundation, & Knowledgeworks Foundation, 2006；Bar, & Galluzzo, 1999），可整理出學校建築與校園規劃的革新方向，主要有七：1.型塑文化藝術環境；2.規劃生活休憩空間；3.建構教學中心學校；4.建立性別平等校園；5.設置科技資訊設備；6.加強無障礙校園環境；7.推展學校與社區融合，茲分別要述如下：

一、型塑文化藝術環境

學校文化藝術環境的型塑，其建構思考以「獨特的」、「文化的」、「藝術的」和「表徵的」爲核心概念，具體作法列舉如下：

（一）建築風格的型塑

可將傳統或現代的圖案語彙、建材，表現在建築的屋頂、門廊、欄杆、窗臺、樑柱、牆面、造形和色彩上，以型塑臺灣學校的建築風格和特色。例如運用閩南古厝屋脊的馬背（如基隆市長樂國小校舍、宜蘭縣冬山國小校舍、臺南縣新民國小音樂館）和燕尾造形（如宜蘭縣大溪國小校舍）、阻擋沖犯的照牆（如臺北市士林國中）、守衛家宅的石獅（如臺北市關渡國中）等，以及校內歷史性建築造形之延伸（如臺北市建成國中與當代藝術館共構），都有利於型塑學校的建築風格。

（二）鄉土教室的設置

鄉土材料甚爲珍貴，可設置鄉土教室以利保存和教學之用，如日本橫濱市立別所小學校鄉土資料館的「民家室」與「歷史室」、國內臺南一中的人文社會教學資源中心、臺北縣三峽國中的石頭坊教室、桃園縣西門國小和花蓮縣崇德國小的鄉土教材館、高雄縣茂林國中小的魯凱族教育文化中心，使地域文化有著根之處並得以延續。

（三）鄉土意象的景觀

社區或鄉土意象建築或景觀之建立，在運用當地建材方面，如花蓮的學校運用大理石（花蓮女中的校門）、鶯歌的學校運用陶瓷（鶯歌國中小大門圍牆的陶瓷壁畫等。在營造鄉土情境方面，如臺北縣菁桐國小

校門入口代表當地意象的舊式火車壁飾，五寮國小庭園代表當地特產的綠竹筍造形涼庭，苗栗縣仁愛國小的古亭笨涼亭（原為客家祖先為防老鼠偷吃穀物的穀倉）等，值得肯定。

（四）校史圖騰的創立

學校的發展、績效、辦學理念和對師生的期許，是一種精神的延續，可以校史室（如臺北市天母國中）加以統整，也可設計學校的圖騰（logo）與識別系統（如以樹木、顏色或建築局部），藉以強調學校特色或理念。例如政大附中由師生以吉祥物和學校願景共同設計的大冠鷲logo、金陵女中以紫色為校色並以大花紫薇為校花、慈濟技術學院行政大樓佛堂上方象徵佛教慈濟的人字曲線屋頂，有值得參考之處。

（五）史蹟文物的保存

學校是教育的場所，學校文化根源的追溯與繁衍至為重要，因此校內歷史性建築、文物及老樹要加以保存。如私立淡江高中的八角塔校舍（1923年）、建中的紅樓（1908年，市定古蹟）、臺北市建成國中（2001年）與第二美術館歷史古建築共構，臺北太平國小校史館保存的黃土水「少女胸像」（美術館展覽保險2,000萬元），宜蘭縣南澳鄉澳花國小樹齡600年的列管老樟樹，臺南大學附小27棵列管老樹（含鐵刀木、白玉蘭、銀樺、金龜樹、榕樹和刺桐等百年老樹），值得借鏡。

（六）公共藝術的布置

建築景觀是藝術與文化的一部分，校園設置公共藝術或文化藝廊自有其蘊意。例如臺北市成淵高中百年校慶興建的蛟龍池，意含「積水成淵，蛟龍生焉」；天母國中蘊涵三人行必有我師的「致誠化育」雕塑；雙園國中富濃厚地方色彩的「竹筆情」銅雕；東湖國中廊道、地面、樓

梯間和汛水牆，由師生共同或繪製或彩繪的藝術畫作。

二、規劃生活休憩空間

學校生活休憩空間的規劃，其建構思考以「自由的」、「自律的」、「開放的」和「交流的」為核心概念，具體作法列舉如下：

（一）休憩空間的規劃

學校應像一個家，提供生活空間，以增進師生與同儕的互動。在室內生活休憩空間規劃上，如辦公室或教學研究室設置沙發、電視、冰箱、音響、微波爐、飲水機等（如臺北市士林高商、麗山高中、政大附中），教室設陽臺或休憩空間，廁所設計生活化（提供衛生紙、肥皂，置整容鏡、烘手機等）或套房式廁所設計。在戶外生活休憩空間規劃上，如綠化美化、綠坡草丘、園桌椅凳、小型劇場、屋頂花園、交誼平臺、高層休憩空間，或設置大型的「空白」空間、連接走廊或川堂，可兼作風雨操場、集合場或其他休憩用途。

（二）交誼廳室的設置

學校的的活動中心（含演藝廳、室內球場或游泳池）（如臺北市內湖高中、松山高中）、交誼廳（如臺北縣菁桐和平溪國小）、社團辦公室、餐廳及合作社（如政大附中），提供師生和同儕交誼活動的空間。

（三）自我管理的空間

學校教育的天地，給孩子最自由的空間，也給孩子學習自律的機會，如設置開架式合作社、開放式失物招領架（如宜蘭縣人文小學），球場邊自由取用的球具（如臺北市螢橋和景興國中、政大附中的籃球場

和桌球場），無檢測器的開放式圖書館（如政大附中），電話筒上裝置電話卡（如臺北市薇閣中學）。

（四）親和的人性情境

學校建築的性格應開放而不封閉，讓學校成為具親和力的人性情境，如不必要的鐵窗予以去除，消除校園死角，以及學校不宜有太多的禁制，讓整個校園環境成為一個開放的園地——草可踏（要愛護它）、樹可爬（人不上多）、水可親（絕不狎戲）、路可達（使其便捷）。

三、建構教學中心學校

教學中心學校的建構，其思考以「學習的」、「研究的」、「資源的」和「彈性的」為核心概念，具體作法列舉如下：

（一）教學中心的意象

學校是教育的場所，以師生和教學為主體，行政提供教學服務，學校空間自應以教學區、教學大樓、學生學習活動場所為主體，如教學資源中心、圖書館、教學研究室、國際會議廳等，應設於學校的核心，或在建築樓層與造形上加以強調，以強化學校以教學中心為主體的空間意象。

（二）教學空間的規劃

學校應規劃不同大小的教室、學科（專科）教室或能彈性隔間的教室，以配合課程設計、教學活動、教師專長和學生的學習之需。例如中等學校教師有其學科專長，宜有專屬的學科（專科）教室，即學科教室型（Variation type）設計（如政大附中、臺北市麗山高中、濱江國

中），或配合九年一貫課程規劃領域教室（如臺北市中山國中），以利教師作最好的教學準備，提供最有效的教學；亦可以群集式（clusters）將同學科或年級學科教室設計在同一區域，以利教師彼此支援教學或督導。中小學教室依教學活動設計（大班級、分組教學或研討）之需、教師專長（擅長某學科、章節或主題）的差異、學生學習能力（如英語、數學、理化）的高低，可有彈性隔間的班群教室（二至四班為一單元），以利分組或協同教學之進行（湯志民和廖文靜，2000），如臺北市健康、新生和永安國小的班群教室，利於教師依課程、教學、專長和學生能力實施協同教學。

（三）研究空間的設置

學校應鼓勵教師自學和研究，推廣各科教學實驗與觀摩，辦理校內進修與校際研習，落實發揮教師會與各科教學研究會功能，使教師專業成長有環境的支持動力，日新又新；因此，需設置各科教學研究室、國際會議廳或研討室（如政大附中）、教師會辦公室（如臺北市各級學校）、教師個人研究室、教學資料參考室等，以利教師團體研討、個人研究、課程規劃、教材編擬、教具製作和資訊蒐集之運用。此外，教育實習室的設置，有利實習教師、初任教師與教育實習指導教師或資深教師的互動。

（四）學習資源的提供

隨著社會的進步，視聽媒體迅速發展及電腦網際網路普遍運用，為增進學生學習效果，必須提更多的學習資源；而課程自主的趨勢，教師自行選擇教材並發展課程，則需要更多教材研發、教具設備等的支援力量。因此，學校應提供充裕的教學和學習資源，包括提供圖書、期刊等資料的「圖書館」，提供錄音帶、錄影帶、CD、VCD、DVD等視聽媒

體的「影音（非書）資料室」，提供個人研習、遠距學習、蒐集網路資料的「個人視聽席」或「電腦資訊區」（如國立新店、三重高中、政大附中），提供設備供教師發展與製作教材的「教材研發室」。

（五）教學情境的布置

教學情境不以教室爲限，校園內各項建築、設施、壁飾、雕塑、植物、景觀，皆可作爲啓發教學研究的素材，如臺北市天母國中和福林國小的數學步道、桃園縣忠福國小的愛心果園（有20種果樹），或將獎盃陳列於走廊或樓梯間（如臺北市桃源國小），以激勵學生的表現，皆值參探。

四、建立性別平等校園

學校性別平等校園的建立，其建構思考以「尊重的」、「平權的」和「體貼的」爲核心概念，具體作法列舉如下：

（一）專屬的女性空間

中小學女性教職員居多，應有專屬的女性空間，如於健康中心附設「哺（集）乳室」，供產後女性教職員哺育或母乳保存的準備室，或於學校對外活動時（如園遊會、運動會、教師甄選等），供校內外女性（或男性）哺育嬰幼兒之用；規劃休憩與盥洗（浴室套間）的複合空間，提供女性教職員和學校女生生理期之衛生處理空間，讓女性在學校有家庭的舒適之感（如政大附中）。此外，學校應附設幼稚園或托兒所，便利女性（或男性）教職員工照顧幼兒，以安教心。

（二）運動設施的規劃

　　運動設施的規劃應兼顧兩性的需求，目前學校運動設施的規劃，大多數以大肌肉的訓練優先，如跑道、籃球場、排球場、棒球場和躲避球場較多，小肌肉的練習場，如羽球場、桌球場較少，或過於擁擠或付之闕如，或僅為訓練校隊而設。因此，學校運動設施的規劃，如體育設施（如設慢跑道、游泳池、韻律教室、健身房等）、球場（如規劃綜合球場、桌球場、撞球室等）、體適能場地和遊戲場地等，應多樣化並兼顧男女性別的需求，讓男女性方便選用或共用，或於部分場地設置「女生優先」牌，讓女生有優先使用權（如政大附中桌球場和籃球場）。至於，可以穿釘鞋跑步的PU運動場，卻常見學校豎牌規定女老師穿高跟鞋（何況女老師很少穿尖的高跟鞋）不可踩的禁制，應及早解除。

（三）學校廁所的設計

　　根據研究，由於生理上的差異，女性上廁所的時間平均為男性的二倍以上，加以女廁所每間所需的面積大於男廁所，男女廁所在一樣的面積之下，女性上廁所的問題會更為惡化，因此學校女廁所面積應大於男廁所，女廁所的便所間數應儘量不少於男廁所便所加小便斗數（如政大附中）；其次，女性用品多，便所應設計置物櫃（板）、平臺或掛鉤；此外，女校男廁或男校女廁之設置，亦應考慮教職員工以及外賓使用之需求。

（四）更衣室的設置

　　學校女老師或學生常擠到廁所換裝，尤其上完體育課衣衫盡濕，男生灑脫脫衣，女生沾黏一身，上課極為不適，因此更衣室之設置（如國立三重高中）有其必要性，男女生皆有需求，且應設置淋浴設施讓師生

在活動後能順道沖涼更衣（如桃園縣忠福國小教師辦公室）。

五、設置科技資訊設備

學校科技資訊設備的設置，其建構思考以「前瞻的」、「環保的」、「科技的」和「效率的」為核心概念，具體作法列舉如下：

（一）教室的視聽媒體

普通教室應設計教學媒體和資訊設施，使其具有簡易的「視聽教室」、「電化教室」的功能（黃世孟，1992；湯志民，1993）；事實上，世界各國中小學教室設計的發展趨勢，在電腦、投影機、電（手）動螢幕、電視機、教材提示機、幻燈機、錄放影機、錄音機、遮光布、麥克風等視聽媒體的設置上，已具有令人激賞成效。

（二）學校的資訊設備

知識管理時代，學校行政和教學電腦化以及資訊系統的發展蔚為趨勢，如校務行政電腦化（如臺北市各級學校）、電腦教室、班班有電腦（如臺北市國民中小學），以及遠距教學系統（如臺北市建國中學、麗山高中、私立復興實驗高中）、教學平臺、校園網路、無線上網、線上學習等資訊設備和系統的建置。還有，運用高頻寬的網路將分散式教室結合成「合作式校舍」（cooperative buildings），讓師生可在小空間內面對面的連線會談（Long & Ehrmann, 2005）。以美國為例，發展到現今大多數教室每班有3至5臺電腦，校園無線上網，學校網網相連，以及全部學生攜膝上型輕便電腦（laptop computers）作為電子筆記本，高中生在網路上取得修習學院學分認證課程（college-credit courses），運用遠距教學學習外語，教師藉由尖端教學套裝軟體

（cutting-edge instructional software packages）記錄每位學生閱讀技巧的發展（Stevenson, 2006）。

（三）自動化系統設備

如辦公室自動化系統（如系統辦公家具、電腦、傳真機、影印機之設置與連線等）、圖書館自動化管理系統（臺北市西松高中）、擴音系統、教室對講機（宜蘭縣自強國小）、活動式電化講桌、電動板擦、教室麥克風（如政大附中、臺中一中、文華高中）、庭園自動化灑水系統、自動感應照明設備、自動化消防系統、廁所便斗紅外線感應器等等。

（四）視訊傳播的系統

視訊傳播或製作系統，如數位電視教學系統（如臺北縣三峽國中）、電腦看板（如南山中學、臺北市立師院附小）、錄影與剪輯設備、廣播電臺及攝影棚（如臺中市國立文華高中、臺北市興雅國小）或視訊中心等。

（五）環保節能的設備

如學校綠建築（green school buildings）（林憲德，2002、2005；湯志民，2003b、2006a；Blagojevich, 2006；DiNola & Guerra, 2002；New York State Education Department, 2006）、屋頂的太陽能設備、雨水回收系統（臺北縣深坑國小、屏東縣彭厝國小）、污（廢）水處理場（如臺北市興華國小）、實驗室廢氣處理系統（如臺中縣明道中學）、馬桶和水龍頭的節水裝置、資源回收、垃圾壓縮機（如臺北市育達商職）等。

（六）空氣調節的系統

專科教室（如圖書館、視聽教室、電腦教室、實驗室等）、集會場所（如禮堂）、行政辦公室、教學研究室、會議室、頂樓校舍、防噪音之校舍和自然通風不良的校舍，可依實需裝置冷氣空調。普通教室，基於節能、環保省錢以裝電（吊）扇為原則。

（七）安全的管制系統

如校園監視系統、保全系統（如臺北市中小學）、圖書館的人員出入檢測系統（如臺北市西松高中）、校舍大樓磁卡管制系統（如政治大學）、校舍建築耐震與防震系統（如嘉義縣黎明國小、南投縣震災重建學校、政大附中）、廁所或韻律教室的警鈴（如臺北市中正高中）、緊急通報電話、電動門的障礙感知器（如臺北市南湖國小、政大附中）等等，皆為現代化的科技設備。此外，「無線辨識系統」（Radio Frequency Identification, RFID）快速發展，它是一種非接觸式自動識別系統，利用無線電波來傳送識別資料，可記錄人員出席、辨識電腦使用權限等等，此一新科技有助於開創未來的學習空間（Long & Ehrmann, 2005）。

六、加強無障礙校園環境

學校無障礙校園環境的加強，其建構思考以「安全的」、「人本的」、「便捷的」和「順暢的」為核心概念，具體作法列舉如下：

（一）行動不便者設施

無障礙校園環境的規劃，以整體性、通用性、可及性、安全性和尊

嚴性為原則，並避免讓無障礙設施成為孤島，無法使用。無障礙設施包括室外引導通路應設置簡捷便利的引導設施或導盲磚，避難層及室內出入口淨寬不得小於80cm；坡道有效寬度為90cm以上，坡度不得超過1/12，如學校腹地夠，小學和特殊學校坡道坡度以1/20為佳；行動不便者廁所空間以200cm×200cm較適當，出入口有效寬度為80cm以上，迴轉直徑150cm以上，應裝設拉門或折疊門，內部應設置扶手；水龍頭宜使用長柄把手（lever handle）；樓梯應裝設75cm高之扶手（如為二道扶手，高度為65/85cm），扶手直徑3.2-4.5cm，應固定連續不中斷；昇降機（電梯）最低標準容量11人，以15人以上為理想，應有點字牌、語音系統（單語音即可）及供其使用之操作盤，出入口淨寬不得小於80cm；供行動不便者使用之輪椅觀眾席位，寬度應在1m以上，深度1.4m以上，地板面應保持順平，並加設扶手；汽車停車位，每校1-2位，長度6m，寬度以3.5m以上為理想，並在明顯處樹立行動不便者停車位標誌；其他常用的設施，如觀眾席、電話、淋浴室和游泳池便利入池設施等，均應依實需設置（湯志民，2002b）。美國南卡羅來納州教育廳（South Carolina Department of Education, 2006）還特別要求科學實驗室至少要有1個無障礙工作檯，可設置手提式並鄰近工作水槽，家政教室烹飪課，也要有1個無障礙廚房工作檯並附水槽。

（二）校園安全的維護

　　校園配置說明板，人車動線應明確順暢避免交錯，以利人員進出。學生活動頻繁之公共空間建築樑柱，應避免設計尖角或加裝防撞軟墊，大型川堂、廚房、廁所等之地板採防滑設計（如鋪設粗面磁磚等）；遊戲場地設置設軟墊或沙坑及緩衝區隔，以避免碰撞之危險；樓梯腳踏處應設置防滑條（non-slip），有夜（補）校之樓梯腳踏處應塗螢光漆，以維進出安全。

七、推展學校與社區融合

學校與社區融合的推展，其建構思考以「整體的」、「支援的」、「共享的」和「互惠的」爲核心概念，具體作法列舉如下：

（一）校園無圍牆設計

歐美無圍牆學校（school without walls）值得參探，宜蘭縣的許多新設學校，如梗枋、竹安、龍潭、過嶺、多山、東興國小等，以及臺北市健康國小、政大附中，皆爲無圍牆的設計，臺灣的都市地區學校也可以由降低圍牆的高度，以植栽或彩繪柔化圍牆硬度，或增加圍牆的透明度爲之。

（二）建築與社區融合

學校建築造形、色彩、建材也可與社區建築融合，如政大附中；有趣的是，宜蘭縣過嶺國小、利澤國中和羅東高中等獲得社區的認同，其社區建築在造形、色彩和建材上自然與學校搭配，如不仔細瞭解，可能會將社區建築也視爲學校的一部分。

（三）學校資源的共享

學校是社區重要的公共設施，學校的資源應在不影響教學的使用原則上，提供社區使用。例如校園開放，學校提供活動中心、圖書館、運動場、夜間球場、游泳池、停車場等供社區活動使用；其次，設置家長會辦公室（如臺北市各級學校）、家長接待室（如臺北市南湖國小、國立中和高中）、義工辦公室、退休教師聯誼室（如臺北市龍山國中），提供家長、義工、退休教師互動和參與校務發展的空間；第三，

學校應成為社區教育和學習中心，設置社區藝廊（如臺北市太平和吉林國小），辦理媽媽教室或社區大學（如臺北市木柵和建成國中）等。此外，學生上學步道、家長接送區或校門口的駐車彎設計（如臺北市南湖國小、宜蘭縣南屏和中山國小），讓師生和家長在校地內上學或接送，不占用街道影響社區的交通。另外，也有學校（如國立新店高中）提供校地做為社區道路系統，讓學校與社區結合。

（四）社區資源的運用

臺灣的土地，寸土寸金，學校的校地有限，收購校地動輒上億元，校地擴充誠非易事，應善用社區資源，包括社區公園、活動中心、圖書館、游泳池及導護商店等，讓學校的場域自然的延伸。例如臺北市永安國小、濱江國小、南湖高中和政大附中，校地與毗鄰公園共構，由學校整體興建，成為完整校區；此外，臺北市郊區九所學校（湖田、湖山、指南、洲美、溪山、泉源、平等、大屯和博嘉國小）的田園教學，運用陽明山國家公園、關渡平原開發區、外雙溪風景區、指南觀光茶園、景美溪畔等社區資源，配合季節，以參訪和實作，瞭解自然生態、人文社會、傳統藝術和鄉土活動，使學生的生活經驗能與社區相結合。

回答問題

1. 何謂學校建築規劃？學校建築與校園規劃有許多原則，您認為最重要的三項原則為何？試舉例說明之。
2. 「校區空間的建構」是學校建築與校園規劃的第一要務，請嘗試用本書所提供的方法，畫一張簡易的平面配置圖，並說明之。
3. 近年來，中小學校舍更新甚為頻繁，試就所知列舉校舍建築的設計要點。

4. 學校文化藝術環境如何型塑？請就所知列舉具體作法。
5. 建立性別平等校園是近幾年甚受關注的新興議題，您知道有哪些具體作法，試說明之。

參考書目

一、中文部分

吳珮君（2006）。學科型教室與教學效能之研究—以政大附中為例。未出版碩士論文，國立政治大學，臺北市。

李素珍（2003）。臺北市國民中學無障礙校園環境之研究。未出版碩士論文，國立政治大學，臺北市。

林韋秀（2006）。學科型教室與學習自我效能之研究—以政大附中國中部學生為例。未出版碩士論文，國立政治大學，臺北市。

林萬義（1986）。國民小學學校建築評鑑之理論與實際。臺北市：五南。

林憲德（主編）（2002）。國民中小學綠建築設計手冊。臺北市：內政部建築研究所。

林憲德（主編）（2005）。綠建築解說與評估手冊（2005年更新版）。臺北市：內政部建築研究所。

張宗堯和李志民（主編）（2000）。中小學校建築設計。北京市：中國建築工業出版社。

張美玲（2001）。國民小學教師教學型態與普通教室空間規畫之研究。未出版碩士論文，國立政治大學，臺北市。

張淑瑜（2004）。臺北市國民中學性別與空間規畫之研究。未出版碩士

論文，國立政治大學，臺北市。

張惠玲（2001）。**臺北市國民小校園空間之研究—以性別使用觀點**。未
　　出版碩士論文，國立政治大學，臺北市。

張碩玲（2001）。**臺北市國民小學與社區資源共享之研究**。未出版碩士
　　論文，國立政治大學，臺北市。

張鈿富（1991）。如何達成教育設施之現代化與效率化。載於中華民
　　國學校建築研究學會（主編），**學校建築理論與實務專題研究**（頁
　　65-82）。臺北市：臺灣書店。

張嘉祥、陳嘉基、葉旭原、王貞富和賴宗吾（1999）。**學校建築防震手
　　冊**。臺北市：內政部建築研究所。

教育部（2002a）。**教育部90年度降低國民中小學班級學生人數計畫執行
　　成果專輯**。臺北市：作者。

教育部（2002b）。**國民中小學設備基準**。臺北市：作者。

教育部（2004）。近四年來我國中央教育經費之分配與消長報告。立
　　法院第五屆第五會期。2004年6月22日，取自http://www.edu.tw/
　　EDU_WEB/EDU_MGT/E0001/EDUION001/menu01/sub05/930304.
　　htm

教育部中部辦公室（2005）。**國立高中職校危險校舍改建及教育資源不
　　足新建工程作業規範—打造一個安全樸實、健康友善、永續環保的
　　新校園**。臺北市：作者。

教育部中等教育司（2005）。**普通高級中學設備標準**。臺北市：正中。

教育部國民教育司（1981）。**國民小學設備標準**。臺北市：正中。

教育部國民教育司（1987）。**國民中學設備標準**。臺北市：正中。

許晉嘉（1994）。**鋼筋混凝土學校建築之耐震診斷與補強**。未出版碩士
　　論文，國立成功大學，臺南市。

陳琦媛（2001）。**學校開放空間設計對教學影響之研究—以臺北市健**

康、新生和永安國民小學為例。未出版碩士論文，國立政治大學，臺北市。

湯志民（1991）。**臺北市國民小學學校建築規畫、環境知覺與學生行為之關係研究**。未出版博士論文，國立政治大學，臺北市。

湯志民（1992）。**學校建築與校園規畫**（第一版）。臺北市：五南。

湯志民（1993）。現代教學革新與教室設計的發展趨勢。**初等教育學刊**，**2**，33-91。

湯志民（1994）。學校建築的人文教育環境規畫。**初等教育學刊**，**3**，237-264。

湯志民（1995a）。學校建築的本土教育環境規畫。**初等教育學刊**，**4**，27-62。

湯志民（1995b）。學校的新天地——談現代化廁所的設計。載於王佩蓮（主編），**落實國民中小學校現代化廁所研討會手冊**（第1-14頁）。臺北市：臺北市立師院環境教育中心。

湯志民（1999）。境教與校園創意設計。載於國立花蓮師範學院主辦，**吳兆棠博士紀念學術講座手冊**（頁6-17）。花蓮市：作者。

湯志民（2000）。**學校建築與校園規畫**（第二版）。臺北市：五南。

湯志民（2001）。學校空間革新趨向之探析。載於中華民國學校建築研究學會主編，**e世紀的校園新貌**（頁7-34）。臺北市：作者。

湯志民（2002a）。**學校遊戲場**。臺北市：五南。

湯志民（2002b）。無障礙校園環境設計之探析。載於中華民國學校建築研究學會主編，**優質學校環境**（頁58-93）。臺北市：作者。

湯志民（2003a）。優質學校環境規畫與問題探析。**初等教育學刊**，**14**，49-82。

湯志民（2003b）。學校綠建築規畫之探析。載於中華民國學校建築研究學會（主編），**永續發展的校園與建築**（頁11-80）。臺北市：作

者。

湯志民（2004）。**幼兒學習環境設計**（第二版）。臺北市：五南。

湯志民（2006a）。**學校建築與校園規畫**（第三版）。臺北市：五南。

湯志民（2006b）。**臺灣的學校建築**（第二版）。臺北市：五南。

湯志民和王馨敏（2000）。學校建築與社區空間資源共享之探討。載於中華民國學校建築研究學會（主編），**21世紀的學校建築與設施**（頁163-184）。臺北市：作者。

湯志民和廖文靜（2000）。教學空間的革新。載於中國教育學會（主編），**新世紀的教育願景**（頁157-180）。臺北市：臺灣書局。

湯志民和廖文靜（2001）。校園文化藝術環境的規畫。載於中華民國學校建築研究學會主編，**e世紀的校園新貌**（頁35-68）。臺北市：作者。

湯志民和廖文靜（2002）。校園生活休憩空間之規畫。載於中華民國學校建築研究學會（主編），**優質的學校環境**（頁133-155）。臺北市：作者。

馮佳怡（2006）。**臺北市國民小學校園生活休憩空間之研究**。未出版碩士論文，國立政治大學，臺北市。

黃世孟（1988）。從建築物用後評估探討學校建築規畫與設計之研究。載於中華民國學校建築研究學會（主編），**國民中小學學校建築與設備專題研究**（頁399-408）。臺北市：臺灣書店。

黃世孟（1992）。國民學校建築轉型之理論與實際。載於高雄縣政府教育局，**高雄縣國民中小學校務發展暨校園規畫研討會專刊**。高雄縣：作者。

黃玉英（2004）。**臺北市公立國民中學學校建築規畫現況與學生學業成就之相關研究**。未出版碩士論文，國立政治大學，臺北市。

黃庭鈺（2002）。**臺北市國小室外空間規畫與兒童社會遊戲行為之研**

究。未出版碩論文，國立政治大學，臺北市。

鄒德儂（1991）。**建築造形美學設計**。臺北市：臺佩斯坦出版公司。

廖文靜（2004）。永續發展的教室設計—教學革新與科技導向的思維。**中等教育**，55(1)，32-45。

臺灣省政府教育廳（1991）。**國民中小學校園規畫**。臺中縣：作者。

蔡保田（1977）。**學校建築學**。臺北市：臺灣商務印書館。

蔡保田（1980）。**學校調查**。臺北市：臺灣商務印書館。

薛芳芸（2004）。**教師教學研究空間規畫之研究—以桃園縣國民小學為例**。未出版碩士論文，國立政治大學，臺北市。

謝佩璇（2003）。**臺北市國民中學知識管理空間規畫之研究**。未出版碩士論文，國立政治大學，臺北市。

謝鳳香（2005）。**新竹縣國民中學校園公共藝術設置之研究**。未出版碩士論文，立政治大學，臺北市。

簡裕榮和薛寧心譯（田中俊六、武田仁、足立哲夫、土屋喬雄著）（2005）。**最新建築環境工學**。臺北市：六合出版社。

羅涵匀（2005）。**國民小學永續校園環境規畫與使用之研究**。未出版碩士論文，國立政治大學，臺北市。

二、日文部分

小原二郎（1991）。テディナーのたやの人体・動作寸法圖集。東京都：彰國社。

喜多明人（1988）。**學校環境とふどむの發現：學校施設の教理念と法制**。東京都：エィデル研究所。

姉崎洋一等人（2006）。**解說教育六法**。東京都：株式會社三省堂。

三、英文部分

Abramson, P. (2002). *School planning & management: 2002 construction report.* Retrieved August 31, 2002, from http://www.peterli.com/spm/

special/constrpt/2002/2002rpt.cfm

American Architectural Foundation, & Knowledgeworks Foundation (2006). *Report from the National Summit on School Design: A Resource for Educators and Designers.* Retrieved September 2, 2006, from http://www. edfacilities. org/pubs/nationalsummit.pdf

Bar, L., & Galluzzo, J. (1999). *The accessible school: Universal design for educational settings.* Berkeley, CA: MIG Communications.

Bell, P. A., Greene, T. C., Fisher, J. D., & Baum, A.(2001). *Environmental psychology* (5th ed.). CA: Thomson Learning Acadcamic Resource Center.

Blagojevich, R. R. (2006). *Illinois Resource Guide for Healthy, High Performing School Buildings.* Illinois Capital Development Board. Chicago, IL: Illinois Capital Development Board. Retrieved September 2, 2006, from http://www.cdb.state.il.us/schools/ HealthySchoolsGuide.pdf

Branham, D. (2003). *The wise man builds his house upon the rock: The effects of inadequate school infrastructure on student performance.* Retrieved January 8, 2005, from http://www.uh.edu/cpp/school.pdf

Castaldi, B. (1994). Educational facilities: Planning, modernization, and management (4th ed.). Boston: Allyn and Bacon, Inc.

Department for Education and Skills (2004). *Building schools for the future: A new approach to capital investment.* Retrieved February 28, 2005, from http://www.teachernet.gov.uk/_doc/6094/

DiNola, R., & Guerra, J. (2002). Green building and school construction. *School Planning & Management*, 41(5), 40-43.

Dober, R. P. (1992). *Campus design.* New York: John Wiley & Sons, Inc.

Earthman, G. I., Cash, C. S., & Van Berkum, D. (1995). *A statewide study of student achievement and behavior and school building condition.* Paper presented at the Annual Meeting of the Council of Educational Facility Planners, International, Dallas, TX, September, 1995. (ERIC Document Reproduction Service No. ED387 878)

Hart, R. A. (1987). Children's participation in planning and design. In C. S. Weinstein, & T. G. David (Eds.), *Spaces for children* (pp.217-239). New York: Plenum Press.

Herman, J. J. (1995). Effective school facilities: A development guidebook. Lancaster, PA: Technomic Publishing Company, Inc.

Higgins, S., Hall, E., Wall, K., Woolner, P., & McCaughey, C. (2005). *The impact of school environments: A literature review.* London: The Design Council.

Hill, F., & Cohen, S. (2005). *School design impacts upon cognitive learning defining "equal educational opportunity" for the new millennium.* Retrieved February 10, 2006, from http://www.schoolfacilities.com/_coreModules/content/contentDisplay.aspx?contentID=1792

Hines, E. W. (1996). *Building condition and student achievement and behavior.* Unpublished doctoral dissertation, Virginia Polytechnic Institute and State University, Virginia.

Lackney, J. A. (1999). *Reading a school building like a book: The influence of the physical school setting on learning and literacy.* ERIC Document Reproduction Service No. ED433692.

Lanham, III, J. W.(1999). *Relating building and classroom conditions with student achievement in Virginia's elementary schools.* Unpublished doctoral dissertation, Virginia Polytechnic Institute and State University, Virginia.

Long, P., & Ehrmann, S. (2005). Future of the learning space: Breaking out of the *box. Educause*, 40 (4), 42-58.

MacKenzie, D. G. (1989). Planning educational facilities. Lanham: University Press of America Inc.

New York State Education Department (2006). *NY-CHPS Version 1.0 High Performance Schools Guidelines*. Retrieved September 2, 2006, from http://emsc33.nysed.gov/facplan/NYSERDA/NY-CHPSVersion1.0-031406.doc

O'Neill, D. J. (2000）. *The impact of school facilities on student achievement, behavior, attendance, and teacher turnover rate at selected Texas middle schools in region* ⅩⅢ *ESC*. Unpublished doctoral dissertation, Texas A & M University, Texas.

Ortiz, F. I. (1994). *Schoolhousing: Planning and design educational facilities*. Albany, NY: State University of New York Press.

Perkins, L. B. (2001). Building type basics for elementary and secondary schools. New York: John Wiley & Sons, Inc.

Poston, W. K., Jr., Stone, M. P., & Muther, C. (1992). *Making school work: Practical management of support operations*. Newbury Park, CA: Corwin Press, Inc.

San Diego State University, College of Education (2006). *The Walls Speak: The Interplay of Quality Facilities, School Climate, and Student Achievement*. Retrieved September 1, 2006, from http://edweb.sdsu.edu/schoolhouse/documents/wallsspeak.pdf

Sebba, R. (1986). Architecture as determining the child's place in its school. Jerusalem, Israel: The Edusystems 2000 International Congress on Educational Facilities, Values & Contents. (ERIC Document Reproduction Service No. ED 284 367).

South Carolina Department of Education (2006). *2006 South Carolina School Facilities Planning and Construction Guide*. Retrieved September 2, 2006, from http://ed.sc.gov/agency/offices/sf/documents/2006GuideBook.pdf

Spreckelmeyer, K. (1987). Environmental programming. In R.B. Bechtel, R. W. Marans, & W. Michelson (Eds.), Methods in environmental and behavioral research (pp.247-269). New York: Van Nostrand Reinhold Company Inc.

Stevenson, K. R. (2006). *Educational Facilities within the Context of a Changing 21st Century America*. Washington, DC: National Clearinghouse for Educational Facilities.

Tanner, C. K. , & Langford, A. (2003). *The importance of interior design elements as they relate to student outcomes*. Dalton, GA: Carpet and Rug Institute. (ERIC Document Reproduction Service NO. ED478177）

Tapaninen, R. (2005). *The Nordic cooperation network: The school of tomorrow*. Retrieved September 25, 2005, from http://www.aia.org/cae_confrep_spring05_nordic

Vermont State Department of Education (2005). *Vermont School Construction Planning Guide*. Retrieved September 2, 2006, from http://www.state.vt.us/educ/new/html/pgm_construction/guide_05.html

Yarbrough, K. A. (2001). *The Relationship of School Design to Academic*

Achievement of Elementary School Children. Unpublished doctoral dissertation, University of Georgia, Georgia.

第七章 人際溝通與公共關係

· 林偉人 ·

「做事容易，做人難」這恐怕是多數校長及兼任學校行政工作教師的心聲。做事真的容易？這個問題相信只要熟讀本書其他章節，答案會比較肯定些；至於做人是否就一定難？倒也未必，但從「一樣米養百樣人」這句俗諺，或多或少可以感受到人的複雜，也因為每個人來自不同的家庭、受不同的教育、有不同的人格、做事的態度與方法也不盡相同，所以要與「百樣人」溝通、相處，甚至領導「百樣人」的確不易，不過也因為每個人都是獨一無二、無法取代的，人與人之間的相處，才顯得多變而有趣。

人是群性的動物，無法離群索居，人與人相處自然產生交往互動的社會關係。學校是一個開放系統（open system），其社會關係更顯複雜，因此，學校裡會有上司與部屬關係、同儕關係、師生關係、親師關係等等人際問題，而這些問題都涉及人際溝通，由此更顯人際溝通在學校行政上的重要性。

正因學校是一個開放系統，故學校無法自外於社區、社會，無法關起門來辦教育，學生家長、校友、社區人士、主管機關、新聞媒體、民意代表，甚至人民團體、宗教團體、企業組織，都會影響學校的辦學成效。這些人士或機構的支持與否，將是學校能否獲致資源協助以及能否順利推動校務的關鍵，因此，學校需與外界加強互動，以保持良好的關係。然而，若學校無法取得共識，內部成員將對學校缺乏認同感、沒有

向心力，則學校可能紛爭不斷、氣氛不佳。那麼就算少數幾位行政人員賣力地與外界建立關係，恐也無法順利塑造學校良好形象，以獲致外界支持。而公共關係可說是貫穿學校內部整合與外部適應，以及二者間平衡的重要機制。

由於人際溝通與公共關係影響學校行政人員「做人」與「做事」的方向與策略。因此，本章針對二者加以探討，並分就人際溝通的基本概念、人際溝通的要素、人際溝通的技巧、學校公共關係的基本概念、校內公共關係的建立、校外公共關係的推展，分節加以闡述。

第一節　人際溝通的基本概念

本節首先介紹人際溝通的意涵，其次介紹人際溝通的特性，再次介紹人際溝通的功能，最後介紹人際溝通的目標。期透過這些人際溝通基本概念的探討，對人際溝通作泛論性的介紹。

一、人際溝通的意涵

（一）溝通的意義

「溝通」（communication）的意義，就其字源來說，是導源於拉丁字「communis」，意指「共同」（common），含有「分享」（to share）或「建立共識」（to make common）的意思。根據《辭海》之解釋，溝通則為「疏通意見使之融洽」之意。至於學者的定義先舉數例供參考。

Barnard（1968）：溝通乃是個人與個人間傳遞有意義符號的歷程。

Lewis（1975）：溝通是藉分享訊息、觀念或態度等，使送訊者與收訊者間產生某種程度的相互瞭解。

Simon（1976）：溝通是組織中的某一分子，將其決定前提傳達給另一分子的歷程。

Guthrie與Reed（1991）：溝通係經由語言或行為，將一個人的觀念、理想、意見、資訊和感受傳送給他人的歷程。

Robbins（2001）：溝通是意義（meaning）的傳達與瞭解的過程。意即一方將資訊與觀念傳達給另一方，而另一方能加以瞭解（understanding）。

　　黃昆輝（2002）：溝通是經由語言或其他符號，將一方的訊息、意見、態度、知識、觀念乃至情感等，傳至對方的歷程。

　　謝文全（2003）：溝通乃是個人或團體相互間交換訊息的歷程，藉以建立共識協調行動、集思廣義或滿足需求，進而達成預定的目標。

　　綜合上述的字義與學者的定義，可爲「溝通」定義如下：溝通乃個人或團體間交換訊息的有意義歷程。

（二）人際溝通的意義

　　國內外學者對「人際溝通」（interpersonal communication）的定義可參考以下數列：

　　Bochner（1989）：人際溝通是人與人之間相互溝通、訊息交流。而在此溝通中至少有兩個以上的傳達者，彼此之間就溝通的主題、目標要讓對方瞭解，這些行爲有助於自己與他人之間的配合更具體化。

　　Wood（2000）：人際溝通是人與人之間反映與形成相互的瞭解的過程，創造共有意義的一種選擇性、系統化、獨特、持續的互動過程。

　　林欽榮（2001）：所謂人際溝通，就是個人將其意念傳給他人，並欲尋求共同瞭解，期其能採取相同行動的過程。在本質上，人際溝通就是一種意見交流，它是一種人與人之間互動的過程。易言之，人際溝通是人與人之間彼此傳遞訊息和尋求共同瞭解的過程。

　　陳西森、連廷嘉、陳仙子、劉雅瑩（2002）：人際溝通乃是人與人之間訊息傳遞、接收與交換的一種歷程；它是由資訊的傳送者將訊息傳達予資訊的接收者，接收者透過譯碼、轉碼的過程，將訊息加以處理再傳送予資訊的傳送者，彼此之間產生交流作用的一種歷程。人際溝通可能是一種傳遞訊息、接受訊息或遂行個人企圖的單向溝通，它也可能是人際之間一種交換訊息、交流情感和形成共識的雙向溝通。人際溝通的雙方（傳送者、接收者）可能是一人對一人、一人對多人、多人對一人

或多人對多人等型態。

綜合以上學者的定義，可為「人際溝通」定義如下：人際溝通乃是人與人之間相互溝通、訊息交流的有意義歷程。此意義包含以下幾個概念：

1.人際溝通至少二個人

人際溝通強調人與人之間的溝通與訊息交流，且為二人或二人以上彼此的訊息傳遞。

2.人際溝通具有互動性（interactive）

人際溝通是藉由兩人以上不斷進行訊息傳達和接收而產生的，此即一種互動關係。此種關係可能是支配性的（dominant），也可能是互制性的（domineering），但都是一種互動關係。

3.人際溝通是一種歷程（process）

人際溝通是由某個人發出訊息，而由接收者做出反應的歷程，不管其間通過哪些途徑或何種媒介或運用何種工具或方法，但都代表著一定的歷程。此種歷程常顯現出溝通者和接收者之間的心理狀態與當時的情境。

4.人際溝通是有意義的（meaning）

所謂有意義，是指人與人溝通時具有目的性，且會採取若干策略。目的性指溝通行為的「內容」與「意圖」，內容（content）是所傳遞出來的特殊訊息，即要溝通「什麼」；意圖（intention）是指說話者顯現該行為的理由，亦即「為什麼」要溝通。個人在與他人溝通時，為求達成目標，必然會採用若干策略，而這些策略是與所有目標相關的溝通行為。因此，人際溝通是有選擇性、有結構性、有方向性、可控制，且為自願的。

二、人際溝通的特性

除了由人際溝通的定義可以瞭解人際溝通至少需二個人、具有互動性、是一種歷程，且為有意義的，人際溝通尚具有下列特性（林欽榮，2001）：

（一）人際溝通具有複雜性

人際溝通並不只限於所要溝通的內容，它尚涉及溝通的情境、溝通的管道、溝通的媒介、溝通的干擾、溝通雙方的心理狀態等等因素。這些因素本身即已充滿著複雜性，而由其所組合而成的溝通歷程自更加複雜。因此，有效的溝通之所以難以達成，就事實而言，乃因其複雜的特性。

（二）人際溝通具有持續性

溝通之雙方常具有不同的背景，理念亦因此而不同，故即便對相同事物亦可能有不同的理解，若能在進行人際溝通時，作較持續的接觸和解說，則其成功的可能性就會大大地提高。因此，人際溝通並不是一蹴可及的，它常需要長時間持續不斷地進行。

（三）人際溝通具有動態性

在人際溝通的互動過程中，人們所表現的行為是動態的、變化不斷的。溝通過程中，不論是語言、句子或是姿勢、表情、手勢等等，都不斷地在變化，而這些語言與非語言都包含了豐富的意義。

（四）人際溝通具有協調性

溝通絕不是個人單方面的努力就能成功的，必須要有兩個人或兩人以上的合作與意願，始能進行，缺乏這種相互的協調，溝通是無法存在的。透過人際溝通，人們之間始能採取合作的行動，彼此才能避免互相傷害。是故，人際溝通是一種調和人際行為的有力方式。

（五）人際溝通具有學習性

人際溝通的能力與年齡的增長不一定成正比，人際溝通的能力是可以經由後天的學習增進的。人們可以透過學習與反省，瞭解自己偏差的溝通行為，改進自己的溝通方式與技巧，從而增進人際溝通的能力，進而建立起良好的人際關係。

（六）人際溝通具有關係性

在進行溝通的過程中，人們不只分享訊息內容，也顯示彼此的關係。此種關係涉及兩層面，其一為彼此的情感關係，另一則為關係的本質。所謂關係的本質指溝通者之間的關係，可能是認同的，也可能是互補的。在認同的關係中，雙方的權力較可能均等；在互補的關係中，雙方較少發生公然的衝突。而不論是認同或互補的關係，若缺乏人際溝通，這些關係都是不存在的。

三、人際溝通的功能

人際溝通是人與人之間建立關係的必要途徑，缺乏人際溝通則人際關係將無以建立或維持。因此，人際溝通實具有許多功能，包括滿足個人的心理需求、適應社會性生活、協助個人取得應有的資訊、協同完成

集體目標等。易言之，人際溝通所能完成的功能，可分屬於心理的、社會的及決策的。以下將就此三方面細分數項討論。

（一）心理功能

1.滿足人際需求

人是社會性的動物，需要和他人相處，人類普遍有害怕孤單寂寞的心理，需要時常與人接觸、交談、分享、分憂等，而人際互動正好可以滿足我們的社會需求，而此種需求的滿足則有賴於人際間的互動與溝通。

2.顯現自我概念

個人常可透過與他人交談或溝通的過程中看到自我，亦即自我概念常來自「別人眼中的我」。當我們有所表現時，往往渴望別人的讚許；當我們有某些不確定的感受時，也期待別人的重視、附和或瞭解。個人常可透過和他人的比較，進而得知自己的優缺點，瞭解自我在社會團體中的地位，凡此都需透過和他人的交談與交往中獲知。因此，藉由和他人溝通，可以顯現個人自我尊嚴和自我概念，並進而肯定自我。

（二）社會功能

1.增進人際關係

人們經由和他人溝通來瞭解他人，從而決定和他人發展或維持何種形式的關係；而當人際相處有了誤解或衝突時，也可透過人際溝通加以化解，進而維持其間的關係。當然，人際關係少有一成不變，藉由人際溝通的歷程，人際關係得以發展、改變和維繫。

2.適應社會期望

人際溝通可使人們學習適應社會的期望。透過人際溝通的歷程，個人可從他人處瞭解與學習到社會規範，以及他人或社會對個人角色的期

待。因此，個人多與人進行溝通，實有助於個人適應社會的期望。

3.形成人際認同

人們透過彼此的溝通，常會產生相互的認同。而他人的認同對個人自我尊嚴與自我概念的提升有莫大的幫助。此外，人際之間的交往，有了人際認同始能產生共同的行動。因此，人際溝通有助於人際認同，而人際認同則有助於人際關係的提升。

4.化解人際衝突

當人際間因理念或其他利益發生衝突時，常可透過人際溝通化解。當然，這仍得依各種情況而定，例如個人是否願意與人溝通、個人是否願意揚棄成見或私利、組織環境是否需要合作或競爭的情況等，都會影響人際衝突的化解（林欽榮，2001）。然而，一般而言，人際溝通能力強的人能兼顧個人及團體目標，較不會委屈自己、壓迫別人，能預防衝突的發生與擴大。就算發生衝突，也較不會逃避，而會找尋方法化解衝突（王淑俐，2000）。

（三）決策功能

1.促進資訊交換

正確和適時的資訊是有效決策的關鍵因素。而人際溝通仍是人與人之間相互溝通、訊息交流的有意義歷程，個人透過溝通可以促進資訊的交換，獲得某些重要的資訊，以做為決策時的參考。因此，因人際溝通而取得某些資訊的交換，是相當重要的。

2.建構人際合作

在人際相處的過程中，個體不僅受他人影響，也同時在影響他人，而此種相互的影響，乃在建構實際的合作行動。亦即人們所做的許多決定常需要別人的同意或合作，而此有賴溝通來完成。例如個人希望他人照自己的意思行事時，常需不斷地勸說。因此，改變或影響他人行為，

往往是人際溝通的結果，缺乏此種人際的互動與溝通，將很難取得他人的合作行動（林欽榮，2001）。

四、人際溝通的目標

學者專家發現人們藉由人際溝通達成三種型式的目標：第一種型式「自我表達目標」，包括「我們是怎樣的人」和「我們希望他人如何看待自己」等自我形象的訊息傳達，最主要乃在展現自我能力，用以維護自我的良好形象；第二種型式「關係目標」，指人們如何發展、維繫或疏離人際關係，最主要為建立、維持和增進與他人的關係；第三種型式「工具目標」，指我們如何藉由他人提供資源或幫助，主要在於達成與他人相處中能贏得他人的順從，並取得可用的資源和利益。茲分述此三種目標如下（盧蓓恩譯，1996；林欽榮，2001）：

（一）自我表達目標（self-presentation goal）

我們藉由人際溝通來表達「我是誰」的自我形象，亦即根據想要的公眾形象，而使用不同的溝通方式來表達自己，此種自我表達通常是有策略性的。人們對公眾形象的偏好各有不同，有的人希望表現很能幹的樣子；有的人則喜歡看起來較親切友善；有些人希望表現出軟弱和猶豫不決的樣子，藉著表示出無助，得到他人的幫助以解決事情；也有些人希望表現出果斷、堅強或樂於助人的樣子。

其次，當個人遭受質疑時，個人可利用人際溝通求得解釋的機會，以進行自我防衛。

此外，自我常在人際溝通中自我表露，展現開放自我認知的機會，以便能與他人建立關係。

（二）關係目標（relational goal）

所謂關係目標，係指人際關係親疏的程度之目標。就關係程度而言，人際行為可分為增進關係、維持關係和疏離關係三種。所謂增進關係，包括增進彼此的瞭解、能夠相互依賴以及增強彼此的親密度等。所謂維持關係，專指藉著互動和溝通行為來維繫彼此的關係。至於疏離關係則為彼此分離，以及完全減少或停止彼此間的溝通行為。

事實上，人際關係與人際溝通是息息相關的、互為因果的。人際關係雖為人際溝通的目標之一，但人際溝通的良窳又常取決於人際關係的品質。

（三）工具目標（instrumental goal）

所謂工具目標，就是人們藉著人際交互行為而達成某種目的之謂。例如人們常為了尋求他人協助而與人交往或溝通。顯然，尋求他人協助是目的，而與人交往或溝通是工具或手段。

研究顯示，在我們與他人溝通時，工具目標往往是最凸顯的目標，接著才是自我表達和關係目標（Cody et al., 1986; Dillard et al., 1989）。我們每一個人都有工具目標，且依賴人際溝通去達成目標。

有時候，人們會為了追求某種型式的目標而犧牲其他目標，但在大部分情況下，當我們尋求工具目標的同時，也會希望兼具自我表達目標及關係目標。

第二節　人際溝通的要素

人際溝通是一種歷程，在一個溝通情境下傳訊息者將所欲傳達的想法或思想，利用編碼（encoding）方式將之轉化為可以傳達的型式，透

過適當的管道利用媒介傳達給收訊者，而收訊者利用譯碼（decoding）
方式將之內化為自己可瞭解之意義，最後可透過回饋管道再次進行資訊
交流，而在雙方傳送與回饋訊息的過程中，可能出現干擾。茲就人際溝
通過程中幾項重要的要素分別說明如下：

一、情境（context）

溝通情境通常指溝通進行時的時空。可能是外在的環境，也可能是
內在的因素。人際溝通的情境影響參與者的期待、參與者對意義的接收
與其後續的行為。情境大略可分為以下幾種：

（一）物理情境

指溝通所在位置的條件，如溫度、光線、噪音、溝通者之間的身體
距離、座位的安排及溝通時的時間等。在校長室與KTV所進行的溝通，
感覺一定不一樣。又如對夜貓子來說，晚上可能是最佳的溝通時間，但
對習慣早睡早起的人來講，晚上根本不適合溝通。

（二）社會情境

指溝通發生在家人間、朋友間、熟識者間、同事間或陌生人之間
等。一對夫妻檔教師，在家可能會親暱的互相稱呼，但在校務會議上，
必定互稱某老師，為何？因為社會情境不同。

（三）歷史情境

指過去的事件，或與特定參與者先前溝通所達成的共識。例如上學
期校務會議，教師之間爆發激烈口角，這學期校務會務，氣氛必然凝
重。又如王主任指派林老師參與國語文競賽，比賽隔日，王主任遇見林

老師，問道：「還好吧？」林老師答曰：「還好啦！」旁人不知二人在談什麼，但王主任與林老師彼此瞭解對話的內容，因為他們對話的主題在上次交談時就已經定了。

（四）心理情境

指溝通參與者帶到溝通情境中的心情和感受。陳老師昨夜與太太為了小孩吵了一架，心情正低落，今日李主任見到陳老師如往常與其開玩笑，陳老師卻失去平日慣有的幽默而動怒。為何？因為陳老師的情緒低潮影響了他對李主任的反應。

（五）文化情境

指影響溝通參與者行為的共同信仰、價值觀或生活規範等。美國黑人文化、英國文化、回教文化、同性戀文化、中產階級文化或學校文化，不同的文化，對參與者的人際溝通都會有一定的影響。例如來自一個全校教師平均年齡較低、教師人數較少、屬於較為「開放型」的學校，校長、主任、教師之間的溝通，可能較為輕鬆，習於互開玩笑；但若此校教師至一個校齡較久、教師人數較多、校長較具權威、屬於「封閉型」的學校開會，發言時以其慣有的方式發言，可能會被視為「沒大沒小」。

二、參與者（participants）

參與者，是人際溝通中的主體，在溝通的互動過程中，參與者不僅扮演訊息傳送的角色，也同時扮演接受者的角色。人們的想法、既存知識、價值觀與慾望等等，皆會影響所說的話、所接收到的訊息以及如何去接收它的方式，而這些既有經驗將深遠的影響到人際間的訊息溝通

（陳皎眉，2004）。個人的差異影響到溝通的結果，這些差異包含以下幾個部分：

（一）生理的差異

人的生理差異，包括種族、性別、年齡和生理狀況等。人們總是比較容易認同和瞭解那些和自己具有類似身體特徵的人。溝通的參與者愈類似，愈能預測彼此的行為。當我們第一次和陌生的異性，或不同的種族、年齡與生理狀況的人見面時，這些差異都可能增加溝通上的難度。

（二）心理的差異

人的心理差異，包括個性、自信、特質和價值觀等。個性害羞內向的人，可能和外向性格的人在相處上會有困難。高自尊而堅持己見的人，對那些猶疑而缺乏自信的人來說，似乎專制傲慢了些。同理，具有不同道德觀、金錢觀、家庭觀等等價值觀的溝通雙方，在溝通上可能存有障礙。

（三）社會經驗差異

人的社會經驗差異可能影響人際溝通。不同的家庭背景、友誼、社交圈、工作經驗等，對人們溝通具有「指引」的作用。這些社會經驗，可能影響人們對人的信賴感或對人際關係的界定，並且變成個人一生中在種種情況下與人溝通的指引。

（四）知識與技能差異

藉由教育，人們得以充實個人內涵，並學習表達思想、情感的語言與技巧。因此，受較多教育，並得以習得較多表達與溝通技巧的人，可能比書讀得較少且所受教育不多的人，來得會表達自己。當然，所受教

育訓練不同,表達與溝通技巧可能也會不同,如理工科系畢業生與文史、傳播、管理科系畢業生,其人際溝通能力或方式可能有所差異。

(五)文化差異

不同文化背景,會影響人們的溝通。當溝通者來自相同的文化時,彼此對於互動模式的預期比較接近,因此較不會引發溝通的阻礙或衝突。但是來自不同國家的人,則可能因為文化的差異,而使溝通變得較為困難。例如當拉丁美洲人碰到日本人時,日本人可能因拉丁美洲人熱情的擁抱、貼近的距離,而大感吃不消,反之,拉丁美洲人可能因為日本人的拘謹,而覺得自己可能「不受歡迎」,甚至認為對方是「冷血動物」(陳皎眉,2004)。

三、訊息 (message)

人與人之間的溝通,經由傳遞和接受訊息而產生意義。訊息相當複雜,包括意義和符號、編碼和譯碼、形式或組織等。以下分別說明之:

(一)意義 (meaning) 和符號 (symbols)

存在於每個人腦海中的思想和情感均有其意義。對我們有特殊意義的各種想法、情感,並不會自動轉換到他人身上。為了分享事實、觀念、意見、態度或情感,我們必須透過語言及非語言符號所組成的訊息。

符號是代表特別意義的文字、聲音和動作。當我們說話時,我們選擇能傳達自己意義的文字。同時,所有非語言的線索,如面部表情、眼光的接觸、姿勢和音調等,均伴隨著我們的語言,影響著聽者瞭解我們所使用符號的意涵。當我們傾聽時,亦根據語言符號及非語言線索來瞭

解他人的意義。

（二）編碼（encoding）和譯碼（decoding）

個人將想法與情感轉換成符號以及將它們組織成訊息的認知思考過程，稱之為「編碼」；將他人的訊息轉換成自己的思想和感情，則為「譯碼」。

平時人們可能未意識到編碼或譯碼的過程，可能只有在為了腦海中的物體形象，去尋找可予以表達的語詞等必須摸索用字遣詞時，才意識到編碼的過程；同樣地，我們也常只有在必須想出一個不熟悉的文字的意義或想藉由一個人的音調、姿勢和其他非語言的線索來推測一個人真正的意向時，才意識到譯碼的過程。

因為意義是由參與者雙方共同建立的，即使溝通者謹慎地選擇用字，一方也有可能得到與另一方本意不同的意義。因此，為加強溝通的有效性及正確性，使自己的語言與非語言線索能正確地被瞭解，以及增進接收訊息的正確性，便相形重要。

（三）形式（form）或組織（organization）

當意義比較複雜時，需要分段或以一定的順序來溝通。在這種情況下，必須決定如何組織訊息或依何種形式來表達訊息。例如報告學校本學年行事曆時，可以依時間先後，報告學校重要行事，亦可依處室別報告各處室重要工作，至於何種形式較能使聽者正確瞭解本學年學校有哪些重要行事、何時舉辦、何處室主辦、教師配合工作，則必須考量溝通參與者雙方組織訊息的能力。

四、管道（channel）

發訊者與收訊者間連通之路徑，稱之為管道，亦即溝通訊息傳送的線路。管道可依不同標準做不同的分類，常見的分類方式如下（謝文全，2003）：

（一）依溝通管道是否法定劃分

1.正式溝通管道

正式溝通管道是依法有據的溝通管道，通常是循組織的權威體系（即科層節制體系）配置而成的，如校務會議、訓導會議，或是公文的會簽等。

2.非正式溝通管道

非正式溝通乃是正式管道之外的其他管道，係屬於依法無據的管道，通常係透過非正式組織或私人身分進行，如聚餐、宴會、郊遊、閒談、聯誼會等。

3.半正式溝通管道

指依法無據而由組織以組織名義設置的管道，如意見箱、問卷調查、網路論壇等。

（二）依溝通管道流通方向劃分

1.下行溝通管道

下行管道是供上層發送訊息給下層的線路，進行下行溝通，使上情下達。其主要作用包括闡述組織目標、指示工作或任務、促進成員對工作的瞭解、解釋組織的規章及政策、轉知成員評量的結果。

2.上行溝通管道

上行管道是供下層發送訊息給上層的線路，使下情上達。其主要作用在讓上級瞭解成員業務執行情形、成員對組織的意見及成員對工作的感受和態度。

3.平行溝通管道

平行管道是供平行單位或人員彼此發送訊息的線路，讓彼此意見交流。其主要作用在溝通彼此之間的共同策劃、執行配合、衝突協調與其他會辦或協辦事項。

（三）依溝通管道是否回饋劃分

1.單向溝通管道

溝通的管道，若僅提供發訊者單方面地傳達訊息給收訊者，而收訊者並無法就透過該管道對所收到的訊息提出回應，亦即管道若只能做單向溝通之用，稱為單向溝通管道。例如一般的電視教學、學生朝會、學校廣播均屬之。

2.雙向溝通管道

管道若能做雙向溝通之用，使發訊者與收訊者之間具有對話與互動的機會，彼此間能有較多訊息交流的機會，則此種溝通管道稱為雙向溝通管道。學校一般會議均屬之。

五、媒介（medium）

溝通媒介有二義，一指代表訊息的符號（symbol），一指傳達訊息的工具（transmitter）。

代表訊息的符號，又可分為語文（verbal）及非語文（nonverbal）兩種。語文為語言及文字之合稱；非語文指語文之外的符號，包括手

勢、眼神、表情、肢體動作、圖表、模型等等。傳訊者必須將訊息轉化為語文或非語文，收訊者方能看得見、聽得到或摸得到，才能瞭解訊息的內容。因此，語文及非語文媒介，是代表訊息的內容。

傳達訊息的工具，又可分為人及物兩類。人的媒介，如面對面或透過第三者轉達；物的媒介，如透過電話、電子郵件、書信、錄影帶、投影片、書面報告、收音機、電視機、報紙、學生手冊、校刊、通訊或簡訊、電腦網路等等。透過這些工具，傳訊者可將訊息傳送出去。

六、干擾（noise）

各種干擾溝通進行的因素容易將訊息扭曲，或使意義分享的有效性降低。溝通的干擾來自以下三方面：

（一）外在的干擾（external noise）

外在的干擾指存在於環境中干擾了人們傾聽或做事的景物、聲音或其他刺激物等。例如談話時剛好有火車經過，對方可能聽不清楚談話的內容。或者和別人談話時，突然走過一名辣妹，你可能因而分心，而沒有聽到對方說的話。又或者天氣很熱，讓人心煩氣躁，根本無法靜下心來，仔細聆聽對方的話語。這些都是外在的環境因素，阻礙了雙方的溝通。

（二）內在的干擾（internal noise）

內在的干擾包括阻撓溝通過程思想和情感。例如個人的情緒、突然閃進腦海的一些與溝通無關的想法或意念等。和別人說話時，突然想到家中瓦斯未關、大門忘了鎖，心裡很焦急，因而「聽不到」或「漏聽」了對方的許多話；父母訓誡小孩時，小孩眼睛卻盯著電視，或想著其他

事情，把父母的話當成耳邊風。這些都是內在因素干擾了彼此的溝通。此外，情緒也是內在的干擾之一。心情愉快時，別人說的話可能句句順耳，即使對方開自己的玩笑，也不以爲意；但心情惡劣時，可能覺得對方話中有話、字字刺耳，別人無心的玩笑，也會惹得自己勃然大怒（陳皎眉，2004）。

（三）語意的干擾（semantic noise）

所謂語意的干擾是指訊息接受者，誤解了傳送者所說的話，或是相同的話，對於聽者、說者卻有不同的意義。「言者無心，聽者有意」便是一種語意的干擾。另外，在雙方交談中，如果一方使用過多對方不熟悉的專有名詞，或說話的內容過於冗長繁複，都可能造成對方的遺漏或誤解，也因此阻礙彼此的互動。

七、回饋（feedback）

回饋是指收訊者將訊息反應給發訊者，然後再由發訊者對於收訊者的訊息加以解釋與回應的過程（羅清水，2000），亦即溝通參與者對訊息的反應。此反應映照出對原訊息意義的瞭解。回饋讓發訊者知道其訊息是否被聽到、看到或瞭解，或者正以何種方式被理解。假如語言或非語言訊息顯示傳遞者的本意未被理解，原傳遞者可以重新把個人的意思再編碼。這種重新編碼的過程也是一種回饋，是對原來的訊息接收者的回應。回饋可協助發訊者與收訊者之間對訊息誤解的減少，增進溝通的有效性。

第三節 人際溝通的技巧

一般而言，人際溝通技巧包括語文溝通技巧、非語文溝通技巧及溝通原則三大部分，三者兼具必能創造有效的人際溝通。

一、語文溝通技巧

（一）語言溝通的技巧

語言溝通是指溝通的一方或雙方透過講述、說明或報告的方式，以表達本身想法或陳述機關立場，使收訊的一方能有所瞭解（楊振昇，2002）。語言溝通的方式，可以透過面對面、電話或是通訊媒體等方式進行。語言的溝通技巧有下列幾點：

1.發揮同理心

人際溝通時，除了陳述己見外，也應設身處地站在對方的立場為他著想，表達「人同此心，心同此理」的感覺，以引發他人的共鳴，拉近溝通雙方的人際距離，建立良好的互動關係。同理和同情不同，同情是悲憐他人，但內在卻可能隱含優越的感覺。因此，當我們以同情的心態和別人進行溝通時，很容易引起對方的反感。

2.適時的幽默

幽默感是人際溝通的潤滑劑。幽默感不僅反映個人的語言表達能力，同時也是一種人格特質，更是為人處世智慧的象徵。幽默感不僅可以自我解嘲、化解尷尬的社交場面，也可為人解難、營造和諧的溝通情境。但幽默感的運用亦應視場合、時機，否則便會予人不莊重、輕浮的感覺。

3.語詞宜具體

為避免對方曲解己意，同時節省時間，在語言表達時宜具體明確，避免籠統模糊。因此，可適度地舉例說明、強調重點、分點敘述、簡潔扼要、咬字清晰、速度適中。

4.描述不評價

進行溝通時，應儘量避免評價他人，而以描述事實的方式來代替評價。因為隨意評價人的好壞、對錯、善惡或是為別人冠上負向的標籤或名稱，很容易引起對方的反感或抗拒，而阻礙溝通的進行（陳皎眉，2004）。

5.傾聽及引導

與人交談，應專注、有耐心地傾聽，方能讓人感受到尊重，也才更願意表達自己的想法。當然，傾聽時要適時的摘要、回應、引導、發問、澄清，有助於釐清對方的意思，以避免雙方產生誤解，同時亦可協助對方澄清己見及感受。

6.適度的讚美

人與人之間的互動關係，唯有在彼此肯定、讚美的過程中，才會提升自我的價值感，促進人際情感的交流。讚美愈多，激勵愈強；微笑愈多，關係也愈親近。當然，讚美也應適度、適切、適中，而且具體、真實，否則易給對方虛假的感覺，減少內心真誠的交流（徐西森、連廷嘉、陳仙子、劉雅瑩，2002）。

7.不顯優越性

在學校行政中，每個人有不同的職位，但是每個人都是一個獨立、平等的個體，每個人都有做為人的基本尊嚴，因此需相互尊重、肯定，不能因為自己職高一等，就將對方任意斥責、吆喝，應注意語詞不要極端化、太具攻擊性，宜採取較為溫和中性的字眼來敘述，否則很容易引起對方不滿、憤怒或抗拒，而難以達到有效的溝通（鄭彩鳳，1998；徐

西森、連廷嘉、陳仙子、劉雅瑩，2002）。

（二）文字溝通的技巧

文字溝通或可稱為書面溝通（written communication）。文字溝通具有較佳的邏輯性、明確性和嚴謹性，且散播廣，一次可傳送多人；不過文字溝通卻有耗時較多、單向溝通、無法獲得立即回饋、收訊者惰於文字閱讀等缺點。學校常使用的文字或文書溝通型式有公文、簽呈、信函、傳真、通知、報刊、公報、會議紀錄等，可謂應用廣泛。文字溝通的運用，應注意下列要點（林欽榮，2001；林新發等，1995）：

1.力求通順

注意文句流暢及是否合乎邏輯順序，以清楚地表達原意，並使人產生清新愉悅的心情。

2.簡短明瞭

主旨簡單明瞭、焦點集中，並有系統地陳述，使人一閱讀即能瞭解原意而無需浪費太多的時間和精力。

3.文句通俗

文字使用儘量口語化，少用專有名詞，避免艱澀辭句，較能快速地得到回應。

4.切合實際

避免使用令人不悅、虛與委蛇、虛幻空洞的措辭，或回答問題避重就輕，以免引起不良的情緒反應或產生不必要的誤解。

5.建立公信

想清楚再動筆，建立書面訊息的公信力，提高收訊者閱讀的興趣。

二、非語文溝通技巧

非語文的溝通技巧包括四大部分：

（一）身體語言（body language）

溝通時，雙方的臉部表情、眼神、講話姿勢、肢體動作，乃至觸摸行為、穿著打扮等，皆會傳遞不同的訊息。

1.眼神注視

透過眼神注視的方向與時間的長短，可以傳達各種不同的訊息。例如當他人說話時，我們注視著他，可以表達我們對此人感興趣，或贊同他的意見；反之，若我們沒有看著對方，則表示我們對此人或其意見不感興趣。又如當溝通時，對方一直逃避目光接觸或眼神飄乎不定，代表著對方可能在說謊。當然，溝通時一直張大眼瞪著對方，也是一種不禮貌的行為。此外，眼神注視也可提供喜歡、注意程度，或互動者的地位差異等訊息。

2.臉部表情

臉部表情的主要功能，在於傳達個人的情緒狀態，特別是快樂、驚喜、恐懼、生氣和嫌惡等五種與生俱來、不需學習，便能表達的原始情感表現（primary affect display）。然而，後天的學習，也會影響人們情緒表達的方式和能力。例如文化的差異或不同的情境，均會促進或抑制人們情緒的表達。拉丁美洲人熱情活潑，他們的臉部表情也較含蓄保守的東方人要來得豐富和誇張；在參加喪禮或探病時，我們會神情肅穆，而不會表現出愉悅的表情。因此，透過觀察臉部表情的變化，我們可以瞭解對方的情緒，以作為互動時的參考。

3.肢體動作和姿勢

身體定位（傾向）、姿勢與手勢變化也會影響溝通的效果。人們如果彼此喜歡或正專注傾聽，則會將身體前傾，朝向對方，姿勢也可能較為放鬆；若身體後仰、兩手抱胸，或將身體朝向他方，則可能代表不專注或不認同。個人的坐姿、站姿、立姿等均足以傳達諸多訊息，例如挺胸、收小腹，以穩健的步伐走路，可能傳達精神抖擻或趾高氣昂的訊息；腳擺放在桌上之坐姿，可能傳達鬆懈、自滿或玩世不恭的態度。此外，手勢也常是一個人在溝通時的情緒指標與身分象徵，如緊張時會不停地搓弄雙手或扳折手指；不同的手勢可能代表一種權威、引導、意見、致意、分離或炫耀等不同意涵（陳西森、連廷嘉、陳仙子、劉雅瑩，2002）。

4.觸摸行為

不同人際溝通之間的觸摸行為，具有不同的功能或意涵。觸摸行為所表達的可以是個人的關心、安慰、好感或愛意，也可能只是禮貌性的社交行為，或只是為了完成某項工作而有的行為（如醫生為檢驗病情的觸摸行為）。此外，不同方式、不同程度的觸摸可能代表不同的意義，例如男校長對新進女教師，輕拍一下肩膀後隨即離手，或在拍肩膀後停留其手並移動撫觸，二者可能有不同的涵義，前者代表支持、慰勉、寒暄；後者可能意味者喜歡、騷擾或別有居心等。當然，文化也是影響人們對觸摸行為反應不同的因素之一，有些文化鼓勵人們進行身體的接觸，但是在某些文化中，人與人之間的距離較大，也較少有觸摸行為。

5.穿著打扮

個人的衣著，也可能影響人際溝通，因為他人經常會依據我們的穿著，來判斷我們的態度和行為。例如較為正式的場合，如受獎、面試等，如果穿著T恤、短褲前去，則會予人太隨便、不重視、不莊重的感覺。因此，穿著打扮必須配合情境。此外，服飾的不同，也反映出溝通

者不同的身分、角色與溝通心情。

（二）聲音語言（paralanguage）

包括說話的頻率、音調、音量和音質等。頻率是指聲音的快慢，音調是聲音的高低，音量是聲音的大小，音質是聲音的品質，這四種聲音的特性會補充、加強或牴觸語言本身所傳達的意思。

每個人平時聲音的特性，大不相同。有的人說話輕聲細語，有的人則中氣十足、鏗鏘有力；有的人說話慢條斯理，有的人說話速度較快；有的人的聲音刺耳，有的人的聲音悅耳；有的人說話音調沒有起伏，有的人則充滿變化。但每個人的聲音確會隨著情緒的波動而有變化，例如在生氣時發出刺耳嚴厲的音質，在抱怨或哀怨時發出鼻音，在誘人的時刻發出柔和的氣音；又如有些人在生氣時會大聲說話，在情意綿綿時會輕聲細語；在緊張時會提高音調，在平靜時會降低音調；在害怕或緊張時講話比較快，在失意或鬆散時講話比較慢（林欽榮，2001）。所以，我們可以經由他人的聲音，進行一些判斷，包括判斷他人的情緒、能力，甚至社會地位。

（三）環境配置（proxemics）

溝通一定是在某一環境中進行，這些環境的因素，如建築的規劃、空間的設計、傢俱的陳設、燈光的明暗等，均會影響溝通能否有效地進行。

例如某餐廳向以客人在其某餐桌用餐並進行求婚的成功率奇高自豪，究其原因，該餐桌位於餐廳隱密的角落、浪漫的燭光晚餐加上現場演奏的音樂，讓熱戀中的男女，不禁要互許終生。然而，若該餐桌位於馬路邊靠窗的位置，且又在明亮的日光燈管下，該餐廳又僅提供歐式自助餐，用餐取菜、人來人往，相信一定不會讓人有求婚的動機與勇氣。

又例如甲校校長的辦公室位於學校最隱蔽處，平日門禁森嚴，欲見校長還需通過其秘書；乙校校長辦公室則位於校門口附近，學校穿堂旁，平時門戶大開。兩校校長室的配置，所傳遞給教師的訊息必定明顯的不一樣，根本無需言語描述。

（四）時間行為（chronemics）

Bruneau指出所謂時間行為，意指我們如何使用和組織時間、個人對時間的反應以及時間所傳遞的訊息（轉引自陳皎眉，2004）。

個人如何安排時間，受到文化因素的影響。在某些國家，非常強調時間觀念，守時是相當重要的互動規範；但在某些地方，守時的觀念則不是那麼重要，約會姍姍來遲，是司空見慣的事。

時間行為亦傳遞出我們與他人地位關係的訊息。通常，個人和高地位者約會時，必須要守時；但是和低地位者相約時，則被容許有較大的時間「誤差」。

此外，時間行為也能夠傳達喜歡的訊息。當我們喜歡一個人，或對他人感興趣時，我們較願意花時間來與其相處。反之，如果我們對某人不感興趣或沒有好感時，則較不願花時間在他們身上。

因此，若校長欲與學校教師會代表溝通校務，見面日期或時間卻一改再改，見面時又遲到，所給的面談時間又短。那麼，此位校長傳遞出來的訊息是對教師會的不尊重，可想而知，該校行政與教師之間恐有衝突之虞。

三、溝通原則

有效的溝通是學校行政運作順暢的前提，學校如果缺乏良好的人際溝通，則不易擁有良好的組織氣氛，甚至有可能形成行政與教師對立、

學校與家長不和，或教師之間產生閒隙。為期使學校成員能善用溝通，以建立良好人際關係、推動學校行政業務、增進學校效能，茲參考相關文獻（江家珩，2003；周崇儒，2003；楊振昇，2002；林欽榮，2001；羅清水，2000；鄭彩鳳，1998；鍾靜，1988；秦夢群，1997；吳清山，1996；林新發等，1995；謝文全，1990、2003），臚列學校人際溝通之重要原則。

（一）瞭解收訊者特質

收訊者的生理、心理、社會經驗、知識與技能、文化等差異，均會影響溝通的結果。因此，瞭解收訊者的人格特質、文化背景、社經地位及長處、缺點等等為何，才能在溝通時掌握其心向或知覺，以減少收訊者誤解或歪曲訊息的可能性。此外，教師、學生、家長、社區居民、主管機關、民意代表等等不同身分的收訊者，其特質各不相同，對溝通內容的解釋與感受自不相同。是故，在進行溝通前應先瞭解收訊者的特質，就其特性安排不同的訊息內容、陳述方式、溝通管道、媒介等，以利有效溝通。

（二）兼顧發訊者與收訊者利益

溝通者在進行溝通之前，應設法瞭解對方的人格、動機、知覺、態度及需求等，然後歸納出對方的真正需求和利益所在，作為訴求的依據，如此才能產生較佳的溝通效果。因為兼顧了發訊者與收訊者的利益與需要，可以讓收訊者感覺受到尊重，願意繼續溝通下去，也讓其清楚認識接受訊息後對自己的益處，因而願意接受訊息，發訊者也因設身處地為收訊者著想，而不會強人所難。如此，在兼顧發訊者與收訊者的需求與利益之下，方能形成共識，達成溝通的目的。

（三）培養聲望、建立信賴度

發訊者若聲望良好且值得信賴，則其說服力較高。因此，發訊者必須注意自己聲望的培養，以及建立本身在收訊者心目中的信賴感，溝通時才能有效說服對方，才能一言九鼎，令人心服口服地接受訊息。而個人聲望及信賴度不是一蹴可幾的，必須有賴平時的累積與建立，聲望的培養及信賴度的建立，要從四方面著手：第一、充實專業知能；第二、修養良好品德；第三、待人誠懇；第四、建立良好人際關係。

（四）保持溝通情緒的穩定

只有個人在穩定的情緒狀態下，才有進行溝通的可能。當個人有穩定的自我情緒，才能與他人進行平和的交流，以成熟的態度說出理性的語詞、客觀地分析事理，也才不會造成衝突。當一個人情緒惡劣或情緒不穩定時，往往由於緊張或焦慮，會喪失或遺漏溝通的訊息，此時宜先延緩溝通，待情緒穩定，再進行溝通。

（五）兼採語文與非語文溝通技巧

溝通時應兼採語文及非語文的溝通技巧，以發揮最佳的溝通效果。例如發揮同理心，拉近雙方距離；注意傾聽，尊重對方，探尋聲音語言所隱含的意義；善用表情、眼神、手勢、肢體動作等身體語言以傳遞訊息，補充、替換有聲語言；語氣溫和委婉、態度誠懇自然，以平和理智的方式表達訊息；注意非語言線索，領悟身體動作或空間距離所隱含的溝通意義；溝通環境配置要安排、場地大小要適中、場所要寧靜、無分心物存在、座位安排得宜、光線舒適、通風良好、溫度宜人，並有必要的設備。

（六）傳達訊息要具說服力

訊息的內容要具有說服力，才易被對方接受，溝通才會達到預定的效果。訊息要具有說服力，至少必須具備下列條件：1.要符合雙方的需要與利益；2.要合乎情理法；3.要具體明確，訊息愈具體、可靠可信、具有可行性，說服力愈大；4.訊息應包含理由，理由愈明確合理，愈有說服力；5.訊息要有組織、具一致性、合乎邏輯。

（七）重複傳遞重要訊息

現代社會生活忙錄，外在訊息龐雜，因此許多訊息會在傳遞過程中遺漏。例如教師除了家庭生活需要煩惱外，在學校裡既要傳授知識、管教學生行為、輔導學生心理外，還要配合學校活動、滿足家長需求，可謂十分忙錄，因此，對於行政人員所傳遞的訊息可能會遺忘或遺漏。是故，對於重要的訊息，必須重複加以傳送，使收訊者具有深刻印象，方能確保訊息能被接收及瞭解。

（八）控制傳遞的訊息量

人在單一時間內能夠處理的訊息量有限，若同時給予太多訊息，不論是文字或是口語，均容易造成資訊超載，或引起收訊者的心理反彈，如此均會影響溝通的成效。例如校長或學校行政主管，在會議上喋喋不休的報告，或是提供太多的書面資訊，均將使溝通的效果打折。因此，發訊者在溝通之前應先控制好資訊的數量，並加以有系統的組織。

（九）掌握溝通的時效與時機

為了提升溝通的效果，溝通者應掌握訊息內容的時效與溝通的時機。在進行溝通時，掌握溝通訊息內容的時效性，即所謂「打鐵趁

熱」，此時收訊者對溝通的訊息內容記憶猶新，可以避免受到干擾或遺忘，因此有助於溝通效果的達成。此外，若要使溝通能順利進行，則在選定溝通時間時，應選在雙方心情都良好，而且對溝通問題尚未形成偏見之時進行，亦即把握「先入為主法則」（Law of Primary），使收訊者能對訊息先有正確的認知，以避免日後費心的溝通、澄清及說明。當然，溝通時間的控制也是必要的，溝通時間太長，容易造成參與人員的疲憊，注意力降低；溝通時間太短，則可能無法充分表達意見。因此，有效掌控時間，也是一項非常重要的技巧。

（十）適時提供正確的訊息

任何組織，包括學校組織在內，都難免有謠言的發生與流傳。謠言訊息通常缺乏正確性，且常有捕風捉影、言過其實的情形，因此，容易形成溝通的障礙。防杜謠言，誠非易事，最實際的作法，便是減少謠言對學校行政工作的消極影響。防止謠言的發生與流傳，最好的作法就是適時提供正確的訊息，讓成員有正確判斷的基礎。此外，就心理角度來看，謠言即表示對某種事情的結果想要得到有關的訊息，如能得到訊息，其心理的需求也可以獲得滿足，如此將有助於防止謠言的流傳。

（十一）運用多種溝通媒介

在條件相當的情況下，兼用多種媒介的溝通效果，遠大於使用單一媒介。因此，溝通者應把握多種刺激並用的原則，對於重要的訊息，儘量利用可以使用到的媒介，不論是會議、座談、面談、研商，或是透過電話、報章雜誌、宣導手冊、電子郵件、書信、電子媒體、電腦網路等傳達訊息的工具，均可加以利用重複傳播，以增進收訊者對訊息接收與瞭解，提升溝通的效果。

（十二）溝通管道要普及、短捷而暢通

　　若要使溝通能順暢而快捷，則溝通管道要普及、短捷而暢通。管道普及就是要四通八達之意，若要能上情下達，下情上達，各平行單位及人員又能互通聲氣，以建立共識、協調步調，則需有普及的溝通管道。兼重正式與非正式管道，兼有上行、下行及平行管道，重視單向及雙向管道，兼設組織內及與組織外部溝通的管道，方能達到普及原則。短捷就是管道要短，不要經過太多層級的輾轉相傳，以避免訊息被歪曲。此外，管道要常用才會暢通，學校行政人員要有開放的胸襟察納雅言，才易使之暢通。

第四節　學校公共關係的基本概念

　　本節首先介紹學校公共關係的意涵，其次介紹學校公共關係的目的，再次介紹學校公共關係的層面，最後介紹學校公共關係的原則。期透過這些學校公共關係基本概念的探討，對學校公共關係作泛論性的介紹。

一、學校公共關係的意涵

（一）公共關係的意義

　　「公共關係」（public relations）就字義上來看，是與公眾建立關係的意思。至於學者專家對公共關係的定義不盡一致，茲列舉數例供參考。

　　Canfield（1952）認為公共關係是一種管理的哲學，這種哲學是表

現於為大眾利益而服務的政策和措施上，向大眾解釋這一機構的政策和行動，以獲得大眾的瞭解與友善（梁在平、進寶瑛同譯，1954）。

Harlow（1976）在檢閱公共關係的相關書籍、報紙、雜誌，並訪問了83位公共關係領袖後，共發現了472個定義，他歸納這些定義的元素，認為公共關係是一種特殊的管理功能，其目的在協助建立並維持組織及其群眾的相互溝通、接納及合作；同時參與問題的議題管理；協助管理階層瞭解並反應民意；對管理階層說明及提醒其應對群眾利益所負的責任；協助管理階層隨時因應外界變化，並有效運用這變化，視這種作法為一種預警系統並且預測趨勢；並且利用研究和具道德性的傳播技術作為主要工具。

1978年國際公共關係協會（International Public Relations Association）於墨西哥召開第一次會議，當時大會對公共關係所下定義為：公共關係是一種藝術及社會科學，用以分析社會趨勢，並預測其結果，為組織領袖提供諮詢，以及實施符合組織及公眾利益的行動計畫與方案（Norris, 1984）。

Cutlip、Center與Broom（1985）認為公共關係是一種管理功能，它用以確認、建立和維持某組織與各類公眾之間的互動關係，而各類公眾則是決定其成敗的一大關鍵。

臧國仁、孔誠志（1988）認為公共關係是針對不同組織溝通互動，以增進互相瞭解，減少衝突之發生，以能爭取彼此最大的互利之所謂。

王洪鈞（1989）認為公共關係是以知識與資訊為基礎的一種雙向傳播之歷程，它的目的在尋求共同利益或解決衝突，而所建立的相互瞭解的關係。

吳定（1989）認為公共關係是：第一、一套以誠懇的態度與實際的工作，解決社會關係失調之問題的系統性知識；第二、機關組織為獲得民眾瞭解與支持所做的專業努力；第三、基於道德與理性所做的說服性

傳播、溝通及協調，絕非是一般人所說的宣傳、廣告，甚至交際、應酬、賄賂；第四、須長期的、持續的進行，以產生良好的效果；第五、有賴於機關組織中各部門綜合所有的管理活動，同心協力，齊心事功。

王德馨和俞成業（1990）認為公共關係有下列三個操作性定義：1.公共關係是一種管理制度和企業哲學，是一種人性的藝術，因為它可促進個人與個人、團體與團體、團體與個人及區域與個人之間的協調與溝通；2.公共關係是研究人群關係的工程學，它是建立在善意依賴的基礎上，達成社會與人群合為一體的互動目標；3.公共關係不只是宣傳，也是一種管理的職能，它要負責測驗大眾的意見，使企業政策能符合公眾的利益。

周淑玲（1992）則以為公共關係是一個組織透過持續性、計畫性的雙向傳播策略，建立並保持與公眾間的建設性關係，強調的是注重大眾利益和意見的交換。

袁自玉（1992）認為公共關係是一種管理、傳播及行銷工具。公共關係就是採取雙向溝通的方式，使某人或某公司的需求及興趣，能與特定大眾的需求與興趣互相配合、溝通。為達此溝通的目標，通常透過大眾傳播媒體或個人親身接觸的方式為之。

明安香（1995）認為公共關係是運用各種信息傳播手段，在組織機構內部、外部形成雙向的信息交流網路，從而不斷地改善管理和經營，贏得社會各界的信任與支持，取得自身效益與社會整體效益的完美統一。

綜合上述學者的看法，可將公共關係定義為：公共關係是一種管理、溝通、傳播與人際關係的機能，是組織透過持續性、計畫性的雙向傳播，增進與公眾之間的互惠與和諧關係，以贏得組織成員與公眾的信任與支持，進而圓滿達成組織的目的與任務。

（二）學校公共關係的意義

有關「學校公共關係」（school public relations）的定義，國內外學者專家各有主張與看法，茲列舉其中較具代表性者以供參考。

Kindred（1963）認為學校公共關係是學校與社區間的一種溝通歷程，旨在增進民眾對教育需求與實際的瞭解，並鼓勵民眾對學校教育的興趣與合作。

West（1985）認為學校公共關係是一種有系統、長期的、持續的工作，其本質為雙向溝通歷程，運用各種行政作為、溝通媒介及行銷策略等各種信息傳播方式，塑造學校良好的形象，並透過校內外公關，讓學校、家庭與社會民眾相互瞭解，建立彼此的良好關係。

美國學校公共關係學會（National School Public Relation Association, NSPRA）的執行督導Wherry認為學校公共關係的意義是：學校與其內外公眾間，經有計畫及有系統的雙向溝通，以使公眾能瞭解學校的目的、成就及計畫，並依公眾的反應而作一些必要的調整，以獲得良好的士氣、善意、合作及支持（轉引自顏麗琴，2002）。

鄭淵全（1996）認為學校公共關係乃是基於學校的社會責任，學校持續性、長期性透過各種媒體和活動與公眾作雙向溝通，以瞭解其公眾之需求，並向其公眾作適當的報導和接觸，以獲致瞭解、支持、鼓勵和指導，藉以滿足其公眾之需求，亦促使學校教育能符合社會的需求，而得以完成學校教育目標。

鄭彩鳳（1999）則認為學校公共關係是學校行政的一個重要環節，學校長期性、持續性地透過各種媒體對學校內外相關人員或機構，進行說服性傳播、溝通與協調，藉以讓其對學校有所瞭解，並進而獲致支持與資源之歷程。

林明地（2002）則是認為學校與社區關係可定義為學校與其內、外

部公眾之間有計畫的、系統的、持續的、雙向的以及真誠的溝通歷程管理，強調利用媒體、參與及資源互惠等方式，提升相互瞭解的程度，以使學校運作良好，提高教育品質，獲致家長與社區居民的支持與協助，並使學校教育能適當地符應社會的需求。

　　謝文全（2002）認為學校公共關係是學校運用媒體溝通、服務及其他活動等方式，與社會民眾建立相互瞭解與良好關係的歷程，以獲得社會民眾的支持與協助，並使學校教育能適當地符應社會的需要。

　　陳寶山（2005）則認為學校公共關係乃是秉持誠信原則，有系統、有步驟的運用行政作為、溝通媒介及行銷策略等各種信息傳播管道，持續推展的團隊工作，對學校內外相關的公眾，進行雙向溝通與多向交流，增進與公眾之間的互惠與和諧關係，並且不斷改善學校的教育方式與行政措施，塑造良好的公共形象，贏得社會公眾的信任與支持，藉以圓滿達成學校的教育目的和任務。

　　綜合上述學者專家的界定，可將學校公共關係作如下的定義：學校公共關係是學校透過各種媒介及活動，對其內外部公眾進行有計畫的、持續的雙向溝通之歷程，以提升學校與公眾的相互瞭解及和諧關係，獲致公眾的支持與協助，並使學校教育能符應公眾的需求。此意義包含以下幾個要點：

　　1.學校公共關係是一種有計畫的、持續的工作

　　學校公共關係的實施包括調查與研究、計畫與決策、傳播與活動、評量與調整等步驟，為有計畫、有系統、有目標、長期的工作，是學校與公眾間有計畫且不斷努力的過程，其成果不是立竿見影，一蹴可幾的。

　　2.學校公共關係是學校與其內外部公眾間的雙向溝通歷程

　　學校公共關係是以校內教職員工生及校外相關人員與機構等公眾為對象，進行雙向的意見交流、對等溝通與協調的歷程。

3.學校公共關係的促進方法是多樣化的

學校公共關係若要充分發揮其功能，所用的方法必須是多樣的，除透過各種信息及媒體進行傳播與溝通外，尚須透過各種實質的活動或服務去達成，如舉辦家長座談會、親職教育等。

4.學校公共關係期能提升學校與公衆的相互瞭解與和諧關係

透過學校公共關係的推展，可提升學校內部公衆之間以及學校與外部公衆間的相互瞭解與和諧關係。

5.學校公共關係以學校與公衆互惠爲目的

學校公共關係是以學校及其有關的校內外的公衆利益爲前提，並以雙方彼此互惠爲目的，亦即學校一方面企求校內外公衆的支持與協助，另一方面也應適當回應及滿足校內、外公衆的需求。

二、學校公共關係的目的

有關學校公共關係的目的，茲先列舉學者專家的看法，再加以歸納。

Kindred（1963）認爲學校公共關係的目的有下列八項：

(一)讓社會大衆明智地瞭解學校各方面的動作情形。

(二)確定社會大衆對學校的看法及期望。

(三)爭取社會大衆對學校教育給予適當的經費支援。

(四)激發民衆對提升學校教育品質的一份責任感。

(五)贏得民衆對教育人員及學校教育的善意、尊重與信心。

(六)實現民衆改革的需求及其他企圖，以促進社會的進步。

(七)讓民衆參與學校工作並解決學校教育問題。

(八)促進學校及社區的眞誠合作，共同爲改善社區生活而努力。

Jones（1966）認爲學校公共關係的目的有下列八項：

(一)向公眾報導學校事件。

(二)使公眾對學校建立信心。

(三)使公眾對教育計畫給予適當的支持。

(四)培養公眾體認教育在民主社會中的重要。

(五)改進教師、家長的觀念。

(六)結合家庭、學校、社區力量，改善兒童教育。

(七)評估學校的工作與社區兒童的需要。

(八)導正公眾對學校目標的誤解。

陳慧玲（1994）認爲學校公共關係的目的，乃在爲學校組織爭取公眾的瞭解、接納與支持，減少學校教育的障礙或阻力，並由大眾對教育的關心與參與，以及學校本身的健全，促進教育目標的達成。其具體目標應包括以下幾項：

(一)提供學校的各項消息給公眾。

(二)提供各種有關的消息給學校。

(三)建立並維持公眾對學校的信心。

(四)確保公眾對學校及其各項計畫的支持。

(五)幫助公眾認識教育在社會與經濟生活中的重要性。

(六)增進公眾瞭解新的教育發展趨勢。

(七)經由不斷的交換資料，發展學校與社區機構之間的合作關係。

(八)發展公眾服務學校的高度意願。

鄭彩鳳（1998）歸納學校公共關係的目的如下：

(一)增進公眾對學校瞭解。

(二)廣蒐公眾對學校意見。

(三)獲致公眾對學校支持。

(四)促使學校的積極發展。

　　謝文全（2002）主張學校公共關係的總目的在結合學校與社會力量，以充分發展學校的功能。其具體目標為：

　　(一)讓學校及社會相互瞭解

　　1.讓社會瞭解學校的性質與需要，以激發其與學校合作的意願與應有的認知。

　　2.讓學校瞭解社會的性質與需要，使學校教育能適當反應社會的期望。

　　(二)贏取社會對學校的信心與支持

　　1.贏得社會對學校的善意與信心。

　　2.取得社會對學校政策與措施的支持。

　　(三)使學校得以適當地運用社區資源。

　　(四)社會因與學校合作，而使其公益獲得更大的保障與進展。

　　彭國樑（2002）指出學校公共關係的目的涵蓋幾個基本的概念：

　　(一)促進溝通與瞭解。

　　(二)爭取信任與支持。

　　(三)建構互動與關係。

　　(四)增進發展與提升。

　　陳寶山（2005）則就積極與消極兩方面說明學校公共關係的目的：

　　(一)在積極方面

　　1.協助建立並維持學校及其內外部公眾間的相互溝通、接納及合作的良善關係。

　　2.協助學校行政領導階層，瞭解並反映校內教職員工生，以及校外家長、社區民眾等的民意與輿情。

　　3.協助建立預警系統，預測外界變遷趨勢，使學校行政能確實掌握變化脈絡，並做有效因應措施。

　　4.協助學校行政管理參與問題的公共議題（public issues），提醒學

校領導者對公眾利益所負的責任。

5.協助宣揚學校辦學理念與績效，爭取公眾的認同、支持與支援。

(二)在消極方面

1.化解公眾的誤解，建立共識。

2.有效減低或化解危機與衝突。

3.在面臨危機事件的處理時，能獲得學校內外部公眾的支持協助，快速的因應與解決問題。

綜合上述學者專家的看法，學校公共關係的目的有以下幾項：

(一) 增進溝通與瞭解

透過學校公共關係的推展，學校得以傳遞各種訊息予其內外部公眾，並透過各種溝通管道，獲悉其內外部公眾的需求與期望，學校與公眾之間得以相互瞭解，避免誤解。

(二) 贏得善意與信任

校內外公眾對學校的信任與否，以及內外部公眾對學校是否抱持善意，往往影響學校各項政策與措施是否得以順利推動。藉由學校公共關係的推展，透過宣揚學校辦學理念與績效，可建立並維持公眾對學校的善意、尊重與信心。

(三) 爭取資源與支持

學校公共關係的目的之一，在於爭取各項人力、物力、財力等資源，以及校內外公眾對學校的支持，以結合家庭、學校、社區力量，使學校內部與外部資源得以更有效的運用。

（四）促使發展與提升

學校公共關係的主要目的在於促進學校與公眾的互惠，藉由學校公共關係的推展，使校內外公眾的利益得以保障與提升，而學校由於獲致校內外公眾的信任與支持，其教育品質得以提升，教育功能亦得以充分發展。

三、學校公共關係的對象

學校公共關係要能有效推展，不僅要顧及外部公關，以獲致學校外部人員的瞭解與支持，亦應建立內部公關，以達成內部共識並獲致支持。以下茲將學校公共關係之對象，分就學校組織內部及學校組織外部兩部分進行探討。

（一）學校組織內部

1.教職員工

學校的主要任務為教學，而教師為教學成敗的關鍵性角色；平日，教師又與學生、家長及其他有關人員接觸最多，其不僅可為學校提供公共關係訊息的回饋與建議，更為學校推展公共關係的第一線人員。因此，與教師保持和諧的關係便更顯得重要。

此外，學校中的非教學人員，從事行政、後勤各方面的工作。他們的工作態度、效率，對教師工作、學生學習產生重要的影響，甚至成為學校與師生關係好壞的決定性因素，還可能影響學校與其他外部公眾的關係。因此，將學校職工視為重要的學校公共關係對象，瞭解並回應其需求，並使他們瞭解、支持學校，恪盡職守，努力工作，是不容忽視的學校公共關係任務（熊源偉，2002）。

2.學生

學生爲學校公共關係中，最具影響力的公眾。許多學校中的訊息，大都是經學生傳遞至學校組織外部，成爲社區的小道消息，甚至許多父母是經由其子女得知學校訊息（鄭彩鳳，1998）。學生在校期間，是重要的內部公眾之一，當他們畢業成爲校友，又爲重要的外部公眾，而其對學校的看法，又決定於求學時的感受。因此，學校應顧及學生需求，暢通溝通管道，建立與學生的良好關係。

（二）學校組織外部

1.家長

學生家長是支持學校工作的重要力量，是學校資源的最重要來源，也是學校工作及其形象的重要評價者和宣傳者。但家長常僅依賴子女得知學校訊息，而學生又可能曲解地報告，使家長僅能片面或無法眞實地瞭解學校。因此，針對家長的公共關係工作，不能只靠學生充當媒介，必須透過各種訊息與媒體以及活動與服務，經常、親切地相互溝通，交換意見。

2.校友

校友的表現，是學校辦學績效的最佳宣傳；校友對母校的支持，則爲學校發展的泉源。因此，學校可透過公共關係，與校友繼續保持聯繫，提供校友各項服務，使校友願意關心母校的發展，並運用有組織的力量來支持學校。

3.社區

任何學校的工作，都離不開社區公眾的支持。成功的公共關係，可以促使社區公眾支持學校，並爲學校提供諸多協助。因此，對於社區中的居民、機關團體，以及對教育有濃厚興趣的人士，均應列爲學校推展公共關係之重要對象。

4.校際

同類學校之間不可避免存在競爭關係；同時，在許多方面又有合作關係，可以相互支持、彼此提供協助。不同類或不同階段學校之間又可建立互補關係，如中學為大學提供學生資源，大學則為中學培育師資，並提供各項研習師資。是故，各級學校間亦應多聯繫，以尋求資源之互通及招生之宣導。

5.人民團體

各種人民團體常可提供學校人力、物力及財力等資源，如教改團體、獅子會、扶輪社、青年商會、農會、工會、商會、宗教團體等。除了提供各項資源外，人民團體的支持，常能形成輿論力量，對學校推動各項工作提供無形的助益。

6.工商界

與工商界建立良好關係，有利於學校爭取經濟及物質上的援助。工商企業組織樂於藉由對學校各項活動的贊助來提升組織聲望，而學校亦可藉由公共關係的推展讓工商企業瞭解、認同與支持學校，以促進建教合作或產學合作，達成學校與企業雙贏的局面。

7.主管機關

學校主管機關對於學校之預算及相關法令之訂定，扮演重要的角色。學校應透過公共關係，讓主管機關瞭解學校之辦學績效以及經營之困境，以尋求主管機關對經費或法案的支持，以利學校永續經營。

8.新聞媒體

學校可適時主動提供訊息予新聞媒體，透過媒體報導提高學校的曝光率，以宣傳學校的辦學績效。此外，為避免媒體因立場問題或在未經深入求證下即發布不利學校的負面消息，學校平時便應與媒體保持密切的聯繫，並誠實、誠懇的對待記者，以建立良性互動之關係。

9.民意代表

學校應與所在選區的各級民意代表保持良好關係，以利各項經費之爭取。此外，民意代表為民喉舌，代表地方民意，自是應該關心學校教育，因此，學校應主動提供各類訊息，讓民意代表充分瞭解學校的績效與困境，使其願意繼續支持學校，並為學校解決各類困難。

四、學校公共關係的原則

掌握學校公共關係原則，才能使學校公共關係的推展有正確的依循方向，以避免不必要的阻礙，並增進公共關係的效果。學校公共關係的推動，宜把握的基本原則有十項，茲分別說明如下：

（一）符合公益

把握公共利益原則，避免個人利益的意圖。推動學校公共關係時，應以組織目標及大眾利益為目的，不應利用學校的名器與資源，作為個人晉升之階梯。

（二）真心誠意

學校公共關係的推展，應依據事實，誠懇的和相關公眾溝通，才能增進彼此的互信，獲致公眾對學校的瞭解、認同、支持與協助。

（三）全員參與

學校公共關係的推展，雖可設立專責單位，但校長、主任、全體教職員工和學生，每一個人均有負有責任，是群策群力、團隊合作的工作。

（四）主動積極

學校應主動出擊，而非被動守成。應主動提供公眾有關訊息，並深入瞭解及回應校內外公眾的意見與需求，以取得先機、防患未然，避免不必要的誤解、抵制，甚至攻擊。

（五）績效為本

學校應以實際的績效來贏得公眾的好感、信任與尊重，使公眾相信全體教職員都盡全力在辦教育，追求教育品質的提升，如此，學校自然可獲致有效良好的公共關係。

（六）永續經營

學校公共關係是一種長期、持續的工作，平時就要不斷與校內外公眾建立互信、互惠、共存、共榮的良好關係，一旦學校發生危機或問題，才能獲致公眾的信任與充沛的資源。

（七）內外兼重

學校若僅致力於外部公共關係，而學校內部衝突嚴重、績效很差，則外部公共關係的效果必大打折扣。因此，學校公共關係的推動應兼顧內部及外部公共關係。

（八）雙向溝通

學校推展公共關係不可僅侷限於將學校的實際現況、各項政策、種種措施，甚至各種需求、困難或問題，向公眾傳達或宣導；更應透過各種方式與管道，蒐集、瞭解校內外公眾的意見與態度，以作為學校決策的參考或依據。

（九）善用媒介

學校公共關係要能有效推展，必須仰賴相關媒介的妥善運用。學校宜依情境需要，善用媒介工具，提供完整、真實、客觀、立即的資訊，以發揮媒介傳播的功能，提高學校公共關係的效果。

（十）多元創新

學校要推展公共關係，在觀念、作法和活動設計上，要能推陳出新，多元而有創意，才能增進其效果。多元不只多樣，更要予人更佳的感受；創新不只求變，更要求好。

第五節　校內公共關係的建立

以往學校公共關係的推動，比較著重外部關係的建立，其結果造成推動學校公共關係的責任僅落在少數行政人員身上；學校所採取的行動步調不一致，成效相互牴觸；由於缺乏內部溝通，學校成員對正在進行的活動，或是計畫中的措施一知半解，影響內部凝聚力；使家長與社區居民無所適從；而且當教職員工有良好的意見時，亦懶得提出等現象（陳慧玲，1994；林明地，2002）。

所謂「攘外必先安內」，若能辦好學校教育，讓學校組織氣氛融洽，凝聚內部團結和共識，做好學校內部公眾的公共關係，則外部公共關係的建立也將較為容易。茲針對學校內部公眾的教職員工與學生，分別提出學校可採行的公共關係措施。

一、教職員工

（一）建立識別系統

學校可建立識別系統，即「學校識別系統」（school identity system，簡稱SIS）。運用整體傳播體系，將學校的經營理念與學校文化予以視覺化、系統化，如校徽、校歌、校訓等，有效傳達給學校相關的利害關係人或團體（包括學校內部與外部公眾）。對內能夠促進認同、增進榮譽與建立共識，並發揮整體性與制度上的管理功能；對外則可以讓人容易「認識」、「區別」，增進公眾情誼，塑造公共形象（陳寶山，2005）。

（二）加強訊息傳播

學校應充分利用書面文件（如信函、簡訊、公文、公告等）、電子信件、網站等等媒介，並運用各種會議、說明會、座談、餐敘、郊遊、閒談、聯誼會等等正式與非正式溝通管道，將學校經營理念、校務發展計畫、學校行政措施、學校重要活動、改進教學的途徑與策略、相關法規與福利、教師榮譽事蹟、同仁婚喪喜慶等等訊息，傳播給校內教職員工，以確保資訊的流通。讓教職員工充分掌握正確訊息，避免不必要的誤解，使全體教職員工不致有置身事外的感覺。

（三）暢通反映管道

學校應暢通反映管道，以瞭解同仁心聲、廣納同仁意見。諸如設置意見箱或校長信箱、實施意見調查、設置聯誼中心、與同仁約談等等方法，讓同仁能夠充分表達意見，紓解怨言，反應建議。當然，對於同仁

的意見應妥善處理，若爲建設性的可行建議，則應予以採用；若有建議無法採用，亦應利用機會公開說明；對於抱怨，則應深入瞭解原委，若爲行政疏失，則應立即加以改善，並將改善結果予以說明。唯有重視同仁的回饋，才會有更好的意見提出，若讓學校陷入「說了也沒用」的情境，則同仁將不願提出建議，如此不但喪失了學校的改善機會，也會失去內部凝聚力與向心力。

（四）擴大參與管理

學校可利用各種會議，如：校務會議、行政會議、學年會議、領域教學會議、課程發展會議等，說明各項計畫與方案、討論學校行政或教學事宜，並於必要時召開臨時會議，以增加成員參與校務和作決定的機會，促進意見的交流。在會議中，應避免冗長的報告，或只作單向的報告與宣示，應讓成員有充分表達意見的機會，在雙向的討論溝通中，縮短認知差距，凝聚共識。同時，亦應防止會議淪爲批鬥大會，彼此人身攻擊，破壞校內和諧氣氛。

（五）公平對待成員

行政人員若想與全部或大多數成員建立良好關係，則必須做到公平無偏，對全體成員一視同仁，雨露均霑。否則若偏愛某一些人，雖得到了那些人的愛戴，但卻喪失了另一些成員的支持，尤其可能造成成員彼此之間爭風吃醋，則校園永無寧日（謝文全，2002）。因此，學校校長或行政人員在職務分配時，例如兼任行政工作安排、編班、排課等，要能秉持公平的原則，尊重成員的意見，並且進行充分的溝通與協調。

（六）主管以身作則

行政人員若只知要求成員，但自己卻不能以身作則，則不但無法

贏得成員的心，反而會被成員在背後嘲諷及輕視。久而久之，行政人員的命令就逐漸失去權威性，其領導就跟著無法發揮效用（謝文全，2002）。因此，當行政人員對學校相關規定和工作的執行上對成員有所要求時，也要自我同樣要求，在做人和做事上均要以身作則，甚至更嚴格律己。例如要成員按時上下班，自己也應按時上下班；要成員能尊重自己，則自己應能先尊重成員。

（七）強化人際關係

推展公共關係有助於人際關係的拓展，而良好的人際關係則有助於公共關係的建立。因此，人際關係與公共關係是相輔相成的。學校校長和部屬，或是成員之間，若能善用人際溝通的技巧，發揮同理心、保持幽默感、展現親和力、開放自己接納他人、笑臉對人、多讚美他人、互相尊重與信任，兼採語文與非語文溝通技巧，必能建立良好的人際關係，營造和諧的組織氣氛，進而增進內部關係。

（八）辦理聯誼活動

學校應時常舉辦員工聯誼活動，如自強活動、團拜、慶生會、旅遊、敬師活動、社團活動、球類比賽等，一來大夥暫拋職位高低、盡情歡樂，可調劑身心、紓解壓力；二來在活動中成員彼此之間，以及眷屬之間，會有較多的互動機會，可聯絡成員、眷屬的感情。透過活動，在自然而輕鬆的氣氛中，成員較易放下矜持與顧忌，彼此能有較深入的交流，建立深厚的情誼。此外，行政人員應儘可能參加學校所舉辦的教職員工活動，一方面以身作則帶動成員踴躍參加，一方面在活動中接觸成員，促進關係的發展。

（九）參與成員活動

　　成員所舉辦的私人活動，如生日慶祝會、親屬結婚典禮、孩子滿月祝慶活動、新屋入厝等，行政人員如獲邀約，則應儘可能撥空參加，一來可給成員面子，二來可藉機與其家屬或親友接觸建立關係，使雙方的關係基礎更加廣闊穩固。若未蒙邀約，亦可主動以卡片或電話致意，使成員能感受到關懷。如此，行政人員與成員之間的距離得以縮短，彼此容易建立共識，有助於校內公共關係的建立。

（十）主動關懷服務

　　付出最能獲得別人的感激與銘心，是行政人員與成員建立良好關係的最有效利器。因此行政人員應以「時時關懷成員，處處服務成員」為推展公關的座右銘（謝文全，2002）。關懷與服務成員，可從對成員個人及工作兩方面著手。行政人員對於成員個人的生活，可適時加以關心，並提供必要的服務，成員的喜怒哀樂諸事，都可找到給予適當關懷與服務的著力處。對於成員在執行學校工作上所遭遇的困難挫折，行政人員若能適時給予關懷及協助，使其工作能順利進行，對成員是一莫大鼓勵，也容易贏得成員的友誼。

二、學生

（一）宣達重要訊息

　　學校可透過朝會、週會、布告欄、海報、校刊、簡訊、學生手冊、學校網頁等等方式，向學生說明學校各項重要措施與消息，使學生能清楚地瞭解學校各項措施與作法的用意、各項活動的時間及地點等等，以

避免學生遺忘或誤解，減少學生的怨言與投訴，達成學校教育的目標。此外，由於大部分家長是從孩子身上獲得有關學校的訊息，因此利用各種媒介，向學生重複傳遞重要訊息，並適時向學生提供正確的訊息，更顯重要。

（二）重視學生意見

學校可利用座談會、班會、班聯會、各種對話活動，或設置意見箱、校長電子信箱，讓學生充分表達各種意見，並和學生針對學校各種決定或措施進行雙向溝通，採納學生具建設性的可行建議，使學生感受到信任與尊重。當然，今日的學生為明日的校友，若學生在校時其意見不被重視，則其對學校的態度及觀感勢必不佳，對學校也將缺乏認同感，當其畢業成為校友，恐亦不易對母校有所支持或提供資源予母校。

（三）增進師生互動

學校可鼓勵學生參加各種社團活動，讓學生發揮各項才藝，學生也可在參與社團活動中習得辦理活動的能力，體會辦理活動人員的辛勞，以同理心感受學校行政人員及教師的付出。學校或導師亦可舉行自強活動、球類競賽、遊旅、各種班聚活動等，使學生能夠調劑身心、聯絡情誼，並可促進師生間的良好互動。此外，學校及教師應時時關懷學生的學業、生活、情感等問題，讓學生能感受到教師與學校的關愛。

（四）爭取學生支持

學校除透過各項宣導活動，讓學生瞭解學校各項訊息外，可透過學校識別系統的建立以及各種儀式與慶典，將學校的經營理念與學校文化，有效傳達給學生，以促進學生對學校的認同，培養學生愛校的心。此外，可視學生年齡適度開放各項會議讓學生參與，提供學生參與學校

事務和作決定的機會，以聽取學生意見、獲致共識，增進學生對學校的向心力，進而協助並支持學校的公關計畫與活動。

第六節　校外公共關係的推展

學校的外部公共關係，影響公眾對學校形象的觀感，以及學校能否獲致資源與校務推展的順暢與否，對學校教育目標的達成影響甚鉅。針對校外公眾的學生家長、校友、社區、主管機關、新聞媒體、民意代表、其他公眾（諸如人民團體、宗教團體、企業組織等），學校當分別採行適當的公共關係措施。

一、家長

（一）增進家長會功能

家長會不是捐錢的機構和社會地位的表徵，家長會是學校人力及財力的支援者、學校運作的參與者，更是義務的負擔者。學校應以民主開放的作風接納家長會，讓家長會能深入瞭解學校現況與困境，共謀學校的發展與成長。使家長會能成為學校與家長之間的溝通橋樑，一方面代表學校向家長及社區人士解釋及說明學校的辦學方針及各項重要措施；另一方面確實將家長及社區人士的意見與需求轉達給學校，使學校能回應這些意見或需求。

（二）組織班親會

透過班親會的運作，加強親師互動、溝通與合作，共同協助解決班級或學生的問題與需要。藉由學校與家庭良好關係的建立，以展示學校

教育成果，建立家長對學校的信心，發展學校公共關係。

（三）出版學校刊物

學校可利用學校出版的刊物，刊登學校訊息、辦學理念、重要教育政策等內容，向家長介紹學校的實況或展示學校的活動成果，協助家長瞭解校務，進而支持、協助學校教育工作。

（四）舉辦親職講座

舉行親職講座，增強父母職能成長，教師與家長面對面探討子女教育問題，共同為學生學習及學校績效而努力。透過親師關係的加強與互動，使家庭教育與學校教育能有緊密的結合。

（五）辦理懇親日活動

於學期初辦理懇親日活動，邀請家長蒞校參觀，走入子女班級，與教師面對面溝通。教師可分享教育理念、傳達學校重要訊息，家長亦可表達期望與需求，是學校建立良好公共關係的機會。

（六）開放觀摩教學活動

教學觀摩活動，可不僅供同儕相互觀摩，亦可邀請家長或家長委員參與，讓家長對教學工作有更進一步的認識，以利家長體會教師教學以及學校辦學的辛勞，促使家長更為支持教師與學校，樂於提供更多的人力、物力與財力資源。

（七）善用書面聯繫

透過學生成績單、家庭聯絡簿、家長意見調查、校慶、畢業典禮、運動會，或教育活動展覽邀請函等等，加強和家長的聯繫，讓家長瞭解

學校各項訊息，並感受到重視與尊重，以提高家長的支持度。

（八）進行家庭訪問

透過電話或家庭訪問，教師得與家長溝通，以瞭解學生的學習方式和成效、家長的管教態度與方式，使學生能獲得更適當而有效的教育。讓家長感受教師的用心，以及對子女的關愛，進而信任教師、支持教師。

二、校友

（一）建立校友組織

建立校友組織，推展校友聯誼活動，以聯繫校友情誼、集結校友力量，並透過校友組織，使校友能以群體的力量，有組織地為母校爭取資源、協助公共關係的推展。

（二）出版校友通訊

出版校友通訊，並寄發校友，以建立校友聯繫的管道，並使校友能掌握母校及其他校友的動態、感受母校關懷，以增強校友意識，增進對母校的感情，關心母校的發展，協助母校的成長。

（三）建立校友資料

建立歷屆校友通訊錄，並隨時更新，以掌握校友動態，瞭解校友的畢業年份、通訊方式、職業、職稱，甚至是回饋母校及參與母校活動的情形，以建立學校推展公共關係的人力資料庫。

（四）尊重畢業校友

邀請校友蒞校演講、為校刊撰寫文章、參加學校教育活動（如畢業典禮、校慶、園遊會等等），並授予傑出校友各種榮譽學位或頭銜，使其感受母校對校友的尊重。

（五）善用校友力量

通報校友，特別是具有影響力的校友，讓這些校友對學校的發展有清楚的認識，以協助學校傳播正確的訊息與形象。當學校發生危機或蒙受非議時，校友們亦能加以支持、協助並解決。

三、社區

（一）使學校瞭解並接觸社區

瞭解社區是建立與社區公共關係的基本途徑，學校可透過社區調查、拜訪社區有力人士、參加社區活動、鄉土及戶外教學、參閱社區文史資料、實地參訪社區等方式，來瞭解及接觸社區。

（二）讓社區瞭解並接觸學校

學校除了要瞭解及接觸社區外，同時也必須讓社區瞭解及接觸學校，以使雙方有更密切的互動。學校可透過大眾傳播、學校網頁、刊物、說明會或座談會、諮詢專線或信箱、邀請社區人士參加學校活動等等方式，讓社區瞭解並接觸學校。

（三）提供社區服務

　　學校可透過提供場地設備、協助社區舉辦活動、提供諮詢服務、舉辦電腦或才藝研習、辦理親職教育、學生參與社區清潔活動等等方式，為社區提供種種服務，以建立學校與社區的公共關係。

（四）利用社區資源

　　社區蘊藏了豐富的人力、物力、財力、組織、關係資源，學校可加以運用，以彌補資源之不足，及加強學校與社區之互動。學校運用社區資源的方式可以包括：邀請社區人士擔任義工、顧問，利用社區實施校外教學，促請社區贊助經費、設備，敦請社區專業人士蒞校演講、協助教學、指導社團，與社區企業實施建教合作等等。

（五）辦好學校教育

　　學校若能辦好教育，便能符合家長及社區的期望，增進學校的形象，贏得家長與社區的好感與信賴。若學校學生行為或課業表現不佳，則社區居民看在眼裡，自然對學校辦學與教師教學有所怨言，良好的學校公共關係便不易建立。

四、主管機關

（一）經常保持聯繫

　　學校可主動拜訪主管機關相關業務主管或駐區督學，彼此交換意見，增進相互之間的信任。平時，學校若有特殊情形，亦應即時將詳情向主管機關回報，讓主管機關能充分掌握情況。

（二）確實執行交辦事項

對於主管機關所委託或交辦事項，須確實執行，不宜延遲或推諉。如積極承辦研習活動、參加各項試辦計畫或實驗方案、即時回覆公文及函件、如期派員參加會議等等，均可表現學校成員負責盡責、積極與主管機關配合的態度。

（三）致力教學活動

學校欲獲得主管機關的支持與讚譽，校長積極辦學、教師認真教學是必備的條件。若學校能致力於教學活動，必能贏得家長的好感，勢必主管機關也能對學校放心與信賴。

（四）邀請蒞校指導

學校舉辦大型教育活動（如校慶、畢業典禮、運動會、園遊會等等）或承辦研習活動時，宜事先去函邀請主管機關派員蒞校指導。如此一來，學校有機會向主管機關展現辦學成果；二來，可增加雙方接觸機會，促進彼此瞭解；三來，也可提供主管機關關懷學校、支持學校活動的機會。

（五）提供辦學成果

學校應主動寄送教師教學及研究成果、校刊、特刊、簡訊、有關學校報導的新聞剪輯、承辦各項活動的成果報告等資料予主管機關，讓主管機關瞭解學校的辦學情形。

（六）詳實編列預算

依據學校目標與特色，以及學校近程及中、長程計畫，編列翔實的

預算，並提供充分的說明資料，以利主管機關在審核及分配預算時，能有精確的參考依據，提高主管機關對學校的信任。

五、新聞媒體

（一）瞭解當地新聞業和記者

瞭解地方上各家教育記者的姓名、聯絡電話、職責、權限、偏好的報導體裁，以及截稿時間等事項，有助於學校與記者的聯絡以及新聞的發布，並且在新聞被扭曲或報導失真時，學校可以即時有效的處理。

（二）提定專人負責新聞發布

設置學校新聞發言人，負責新聞發布及與新聞媒體互動與溝通，以避免學校訊息傳遞錯誤。若有必要時，學校亦可舉行記者招待會，以增進社會大眾對學校或特別事件的瞭解，防止不翔實或紛歧的報導。

（三）主動提供教育訊息及新聞稿

學校應主動提供教育訊息與學校活動的新聞稿或特稿給媒體記者，一來可提升學校消息被報導的機會，二來可使新聞媒體獲得完整而正確的訊息，避免報導有所偏頗或錯誤。

（四）以正當方式從事接觸

校長或學校新聞發言人，平時即應與媒體記者保持適當的關係，或寄發簡訊，或電話聯繫，或親自拜訪，一來可維繫較佳的私人情誼，二來可瞭解媒體的組織結構與職責，三來可發現編輯所希望的新聞稿，對彼此的合作定有助益。

（五）主動邀請參加活動

主動邀請新聞媒體參加學校重要的教育活動，並提供相關資料，以利媒體採訪與報導，以引發公眾對該活動的興趣與認識，學校亦可藉機塑造良好形象，讓公眾更進一步瞭解學校，進而支持學校。

（六）公平對待各媒體

媒體記者最怕遺漏重要的新聞，學校如有重大活動時，應邀請每位記者參加，所提供的新聞稿亦應發送各家媒體，以示公平，對於訊息的提供應避免獨厚某家媒體或某位記者，以免造成「獨家新聞」的情況。

六、民意代表

（一）主動拜訪

學校宜主動拜訪民意代表，和代表們充分交換意見，畢竟「見面三分情」，私下面對面的溝通，氣氛往往較為和緩，語意亦不易曲解。主動拜訪除有助情誼的建立外，更可讓民意代表瞭解學校經營的現況與困境，以提供各式的協助。

（二）寄發書刊或資料

學校宜定期將學校教師教學或研究成果，以及各式年度報告、校刊、簡訊、特刊等函寄學校選區的各級民意，使其在平日便能瞭解校務實際運作情形，以及學校績效與教師的教學成果。

（三）主動邀請參加活動

學校舉辦大型教育活動（如運動會、園遊會、畢業典禮、各項表演活動等）或餐會（如教師節敬師活動、尾牙聚餐等），可邀請民意代表參加。於歡愉氣氛中，一方面，可藉此培養彼此情誼，另一方面，可藉機向其要求校務經營上的協助，或向其解釋無法完成其委辦事宜的理由。

（四）參與民代舉辦活動

民意代表有時為特殊議題辦理說明會、公聽會，或舉辦各式公益或聯誼活動，如捐血、登山、烤肉、聯歡、餐會等活動，學校可派人參與或到場致意，以示對活動的重視與對民代的尊重。

（五）妥善處理關切或委辦事宜

民意代表接受家長請託，向學校關切其子女編班、選老師、不足齡入學等等問題，層出不窮，甚至各項工程、採購案的「關心」亦讓學校行政人員頭痛。學校應妥善加以處理，在合法的情況下儘量圓滿完成，亦可將許多措施制度化，以杜絕壓力。

（六）備詢時態度誠懇

校長赴民意機關備詢時，態度應誠懇親和，表達明確清晰，善用語言與非語言溝通技巧，切勿因民意代表的質詢而動怒。並應視需要準備各式說明資料，以利民意代表能瞭解學校實際情形，爭取經費預算。

七、其他公眾

（一）主動邀請出席活動

學校可邀請人民團體、宗教團體或工商企業參加學校活動，透過活動的參與，讓這些公眾更進一步瞭解學校。此外，學校甚至可以爭取這些公眾支持協助，讓學校的活動以及校務的推展更為順利。

（二）配合教育相關活動

其他公眾推動具教育價值和目的的活動，學校可與之配合、合作辦理。透過彼此合作、資源分享，使雙方能有更為緊密之結合，對學校推展公共關係有實質上的幫助。

（三）進行建教合作

學校可與優良之工商企業進行建教合作，一來學生可獲得實務之經驗，二來，學校可藉由學生在校外的優異表現，建立最佳的公共關係。學校亦可安排校外教學參觀工商企業，工商企業得以獲得宣傳，學校也得以建立公共關係，二者雙贏。

（四）提供人力與場地協助

社會團體或企業各界，辦理研習會、演講、座談等等活動，學校可以提供其舉辦活動的相關經驗、場地、設備支援，並以優勢的專業人力，給予必要之協助。

參考案例

人地不宜？此地不宜人？

　　回到當初任教的望海國小服務是林校長退休前的心願。這所瀕臨東海岸的小型學校，是林校長當初師專畢業服務的第一所學校，在望海國小服務五年後，因為結婚及考量夫婿的工作地點，便請調至都會，其後一路順利考上主任、校長。雖然離開望海多年，但林校長一直無法忘卻望海的美、望海質樸的學生、和善的家長……，於是在擔任校長多年，即將退休前，自願回望海服務。

　　望海國小由於地處偏遠海邊，本來教師的流動率極高，以往幾乎每年全體教師全部換新，但近幾年來，教師或擔心調動後成為超額教師，或因無缺額可調動，故穩定性相對提高，現職教師雖大都非本地人，但幾乎都已服務三、四年以上，大夥本來對自願回到鄉下服務的林校長充滿期待，但好景不常……。

　　「林校長實在太過分了，她竟然要我趕回來處理宿舍合約公證的問題，不管我父親正在加護病房，處於彌留狀態。」王老師顧不得男兒形象，聲淚俱下的說道。「有一次在暑假的假日中，校長要我立刻趕來學校處理幾張未蓋章的發票，並且說若我不到便要以曠職論，不顧我已懷有七個月身孕，挺著大肚子，仍要我開二十幾公里的車趕來。」兼職出納的李老師感慨地說道。「林校長不讓我們到別校參加教師進修，老要我們自我討論、反省教學與班級經營，我們一個年級才一個班，全校不到十個老師，大家常有時間聚在一起聊教學，哪還需要那麼多的反省，反而是應該多讓我們出去學習新知能才對。」最老資格的趙老師也說話了。「學校工友請假，校長以工友未有職務代理人不准假，學校唯有的兩個工友又不和，互不願擔任對方代理人，真不知如何是好，早知道就不來了。」借調來望海當總務主任的李主

任也加以附和。教育局新任的李督學，本想到新派任的轄區學校和老師們聊聊，以展現親民的作風，沒想到老師們輪番開炮，只好向老師們表示會深入瞭解情況。

回到局裡後，李督學愈想愈不對，於是決定分別和校長及家長會長私下聊聊。

「校長來學校之後，總是擺一張臉，家長們有事想和校長聊聊，還要我們先和主任們先談過，社區喜慶宴喪也從不參加，實在太不給面子了。因為大家都得為生計努力，在這個窮鄉僻壤找人擔任學校義工已經很困難了，校長話不好聽又高姿態，很多義工都不再幫忙。很多家長委員都表示校長只會向家長會要錢。老師也是都見面不和人打招呼，而且聽說和校長不和，連工友也是，我這個家長會長當的真是沒意思。」家長會長向李督學如此表示。

「回來後有點灰心，老師們的配合度不夠，下班後只想趕快回宿舍，也不願多花一點時間為這些弱勢的小孩進行補救教學，有活動要他們加班好像要他們的命一樣，要他們進行專業對話以改進教學，卻只想往外跑，專業精神實在不足，我只好賣老臉請我以前的師專同學，退休的孫老師每週二次一早從花蓮義務來為程度較差的孩子進行補救教學。老師們年輕，行政經驗又不足，若不盯緊點，早就出問題了，真不知以往的校長是怎麼管的。學校才二個工友，又分屬黑派與白派二個地方派系，政治立場不同，在學校從不講話，又不願擔任對方職務代理人，沒有職務代理人叫我如何准假？家長的配合度也不佳，大家都只顧著賺錢，不管小孩的教育，懇親日、運動會等等學校活動也不來，要家長會捐款辦活動，老是叫窮，害我只好找鄉長想辦法，還好鄉長是我以前在望海教書時的學生，多少給點補助。哎，人心不古，望海的景依舊，但人情卻不同，想想以前……」林校長滔

滔不絕的說著，但李督學的心中卻暗自叫苦，因為他曉得，讓各方都滿意將是一件棘手的工作，而校務評鑑又即將展開，火山彷彿將要爆發⋯⋯。

回答問題

1. 你認為林校長、教師、工友、家長會長各有什麼樣的人際溝通問題？
2. 在人際溝通方面你會給林校長什麼樣的具體建議？
3. 林校長的對內公共關係和對外公共關係有何問題？若你是林校長你會如何改善對內和對外公共關係？
4. 面對校園內派系糾葛、小團體林立，造成校園氣氛不佳、教師彼此對立，身為校長或行政人員，如何解決？
5. 身為校長，你如何看待教師不依管道進行溝通，反而常對外投書一事？你會採取哪些具體措施？

參考書目

王洪鈞（1989）。公共關係。臺北市：華視文化。

王淑俐（2000）。人際關係與溝通。臺北市：三民。

王德馨、俞成業（1990）。公共關係。臺北市：三民。

江家珩（2003）。校園人際溝通。學生輔導，84，38-43。

吳定編（1989）。公共行政辭典。臺北市：五南。

吳清山（1996）。學校行政。臺北市：心理。

林明地（2002）。學校與社區關係。臺北市：五南。

林新發、張明輝、張德銳、謝文全（1995）。**教育行政學**。臺北縣：國立空中大學。

林欽榮（2001）。**人際關係與溝通**。臺北市：揚智。

明安香（1995）。公共關係學。臺北市：博遠。

周崇儒（2003）。教育行政溝通。載於林天祐主編，**教育行政學**（頁217-249）。臺北市：心理。

周淑玲（1992）。教育行政機關推展公共關係之研究。**教育資料文摘**，178，124-149。

袁自玉（1989）。公共關係。臺北市：前程。

秦夢群（1997）。**教育行政—理論部分**。臺北市：五南。

梁在平、崔寶瑛同譯（1954）。Canfield, B. R. 原著，**公共關係的理論與實務**。臺北市：中國交通建設學會。

陳西森、連廷嘉、陳仙子、劉雅瑩（2002）。**人際關係的理論與實務**。臺北市：心理。

陳皎眉（2004）。**人際關係與人際溝通**。臺北市：雙葉書廊。

陳慧玲（1994）。**學校公共關係**。臺北市：師大書苑。

陳寶山（2005）。**學校行政理念與實踐**。臺北縣：冠學。

黃昆輝（2002）。**教育行政學**。臺北市：東華書局。

黃振球（1990）。**學校管理與績效**。臺北市：師大書苑。

彭國樑（2002）。學校公共關係。載於張銀富主編，**學校行政—理論與應用**（頁363-398）。臺北市：五南。

楊振昇（2002）。教育行政溝通理論。載於伍振鷟主編，**教育行政**（頁115-137）。臺北市：五南。

臧國仁、孔誠志主編（1988）。**公關手冊**。臺北市：商周。

熊源偉主編（2002）。**公共關係學**。臺北市：揚智。

鄭彩鳳（1998）。**學校行政—理論與實務**。高雄市：麗文。

鄭淵全（1996）。形象管理。載於蔡培村主編，學校經營與管理（頁25-55）。高雄市：麗文。

盧蓓恩譯（1996）。Daniel J. Canary & Michael J. Cody原著，人際溝通—目標本位取向。臺北市：五南。

謝文全（1990）。教育行政學—理論與實際。臺北市：文景。

謝文全（2002）。學校行政。臺北市：五南。

謝文全（2003）。教育行政學。臺北市：高等教育。

鍾靜（1988）。親職教育的潤滑劑—人際溝通。教與學，12，6-20。

顏麗琴（2002）。臺北市國民中學學校內部公共關係與學校效能之研究。國立臺北師範學校國民教育研究所碩士論文，未出版。

羅清水（2000）。學校組織的溝通藝術。研習資訊，17(1)，1-7。

Barnard, C. I. (1968). *The function of the executive* (3rd ed.). Cambridge MA: Harvard University Press.

Bochner, A. P. (1989). International encyclopedia of communication. *In Interpersonal communication*, pp. 336-340. New York: Oxford University Press.

Cody, M. J., Greene, J. O., Marston, P., Baaske, E., O'Hair, H. D., and Schneider, M. J. (1986). Situation perception and the selection of message strategies. In *Communication yearbook* 8. M. L. McLaughlin (ed.), pp.390-420. Newbury Park, Calif.: Sage.

Cutlip, S. M., Center, A. H. & Broom, G. M. (1985). Effective public relations (6th ed.). Englewood Cliffs, N. J.: Prentice-Hall.

Dillard, J. P., Sergin, C., and Harden, J. M. (1989). Primary and secondary goals in the production of interpersonal influence messages. *Communication Monographs*, 56, 19-38.

Guthrie, J. W. & Reed, R. J. (1991). *Education administration and policy:*

Effective leadership for American education (2nd ed.). Boston: Allyn & Bacon.

Harlow, R. F. (1976). *Precision public relations*. New York: Long Man.

Kindred, L. W. (1963). *School public relations*. Englewood Cliffs, NJ: Prentice-Hall.

Lewis, P. V. (1975). *Organizational communication: The essence of effective management*. Columbus, OH: Grid.

Norris, J. S. (1984). *Public relations*. Englewood Cliffs, N. J.: Prentice-Hall.

Robbins, S. T. (2001). *Organizational behavior* (9th ed.). Upper Saddle River, NJ: Prentice-Hall.

Simon, H. A. (1976). *Administrative behavior: A study of decision-making process in administrative organization*. New York: Free Press.

West, P. T. (1985). *Educational public relations*. Newbury Park, Calif.: Sage Pub.

Wood, J. T. (2000). *Interpersonal communication: Everyday encounters*. Australia: Wadsworth/Thomson Learning.

第八章 學校品質管理

·葉連祺·

學校品質可視為學校行政運作和師生教學後的成果或產品，能做為教師任教、學生就讀、家長支持、社會人士捐款或贊助的參考依據，如何有效管理和提升學校品質（quality），一直廣受學校行政研究者和學校經營者重視。要有效管理學校品質，必須具備正確的認知，配合使用適切的方法和策略，才能克竟全功。因此，學校品質管理（quality management）不能忽視，本章將說明其概念意涵、重要理論、研究成果和實務應用之道。

第一節　品質管理之發展與趨勢

　　根據Feigembaum看法，品質管理歷經了五階段的發展（王克捷，1987），目前仍持續發展中，各階段發展重點如表8-1。總結可知品質管理不斷因應經營大環境需求而發展，觸及的課題包括了什麼是品質？哪些人該負責品管？如何實施品管？目前是朝專業化、團隊化、制度化、計量化、學理化等方向發展，也就是說，品質管理演變成有完整的理論基礎體系，管理人員需要經由專門知識、技能和倫理的培訓，以團隊合作方式，依循系統化的品管制度，結合統計計量技術的輔助，已形成一種專業和學科。

表8-1　品質管理發展各階段之重點

階段	時間	生產模式	品管人員	發展重點
作業員品管	有製作活動開始至19世紀末	小規模手工業為主	少數作業員	以主觀經驗確認品質
領班品管	20世紀初至第一次世界大戰	工廠制度興起，採多人協力的大規模生產	領班	強調品管的經驗法則，重視品質規格化
檢驗品管	1918年至1937年第二次世界大戰前	風行機器生產、專業分工和產品標準化管理模式	品質檢驗員	訂定相關的品質檢驗標準，建立專人專門品質檢驗制度，強調符合標準
統計品管	第二次世界大戰起至1960年	強調快速大量生產和供應的軍用物資生產	品管部門人員	設立品管部門，以簡易統計方法抽樣檢驗，減少產品不良率

全面品管	1960年代迄今	除大量生產外，也興起少量特色客製化生產模式	品管部門人員為主，全體員工也有責任	重視產品製造和銷售服務品管，強調塑造品質文化和員工學習，形成品質認證標準和制度

　　總結近十年來品質管理在理論和實務方面，呈現快速成長、多元內容的局面，更有擴大朝向標準化、國家和國際化、學術化的發展趨勢：

　　1.標準化

　　訂定可供管理、檢定和獎勵的系列性標準，使得品質管理有明確、客觀的參考依據，齊一對品質的共識和便利管理，如1987年美國國家品質獎（the Malcolm Baldrige National Quality Award）設立，國際標準組織（The International Organization Standardization, ISO）發布ISO9000系列標準。

　　2.國家和國際化

　　許多國家創立全國性品質管理獎勵制度，以政府力量鼓勵企業界重視和落實品質管理，如日本的戴明獎（the Deming Prize）、美國的國家品質獎（the Malcolm Baldrige National Quality Award）、歐洲品質獎（EFQM European Award）、我國的中華民國品質獎等，或是設立管理和合作單位，如英國成立高等教育品質保證局（Quality Assurance Agency for Higher Education, QAA）、丹麥成立高等教育品質保證與評鑑中心（the Centre for Quality Assurance and Evaluation of Higher Education）、歐盟設立歐洲高等教育品質保證網絡（European Network for Quality Assurance, ENQA），可見品質管理不僅國家涉入，也是國際區域合作的議題。

3.學術化

品質管理的理論研究發展迅速，形成不少學術期刊和學術研究社群，對於促進理論和實務的發展助益頗大，如企業界有American Society for Quality Control、Association for Quality and Participation、中華民國品質管制學會等組織，及*Quality progress*、*Quality management journal*等刊物，教育界有*Quality assurance in education*、*Quality in higher education*刊物。探討品質管理的範疇擴大遍及人員素質、制度和機制、方法和工具、組織文化等，更與學習型組織（learning organization）、知識管理（knowledge management）、顧客關係管理（customer relationship management）、企業創新作為、行銷（marketing）、品牌管理（brand management）等結合，也出現全面品質教育（Total Quality Education, TQE）（Schmoker & Wilson, 1993）和全面品質學校（Total Quality School, TQS）（Fusco, 1994）、六個標準差（six sigma）、六標準差設計（design for six sigma, DFSS）等新理念，使得品質管理議題和內容推陳出新。

第二節　品質管理之意義和理論

一、品質和品質管理之意義

（一）品質的意義

品質是抽象、多層面意義的概念，可包含四層意義：（李友錚和賀力行，2004；吳清山和林天祐，2004a；Morgan & Murgatroyd, 1994）

1.強調產品成分

認為品質和製造原料有關，原料好就是產品品質較佳，品質差異在產品成分或特性。

2.強調製造加工

強調產品規格或製造流程，品質是產品符合最初設計的程度，經製程控制確保品質，精細又符合設計的成品就是品質較佳產品，此為Crosby強調品質就是符合要求的觀點。

3.強調顧客需求

結合品質和顧客需求，自顧客觀點，主張品質是符合顧客需求。Juran提到品質即適用性，認為切合顧客使用需求的成品有好品質，Deming指出品質應針對現在與未來消費者的需求，都是持這個論點。

4.強調產品價值

此加入考量產品價格，認為產品的價格和實質符合顧客期望，或產品實質超越顧客期望，那麼產品或服務就有好品質。這個論點擴及思考產品本身和顧客需求，也指出品質是和顧客期望比較而得。費根堡指出品質是行銷、工程、製造與養護的整體組合，透過品質將使產品與服務符合顧客期望，ISO 9001:2000視品質為滿足敘述與隱涵需求的能力，都屬於此觀點。

其次，品質概念有多種分類（Cole & Scott, 2000），臚列兩種觀點如下，由此可知品質意涵的複雜性：

1.期望品質和知覺品質

期望品質是顧客原本期望或要求的品質，而知覺品質是實際感受到的品質，當兩者差距愈小，就可能產生品質較佳的感覺。

2.傳統品質、專家品質、官僚品質（bureaucratic quality）、
顧客品質和市民品質（civic quality）

傳統品質如高價格、高地位等，這是一般的看法；專家品質由專家
判定品質，當符合專業標準便是高品質；官僚品質由上級官僚定義品
質；顧客品質則由顧客來定義品質；而市民品質乃顧客感受到符合市民
核心價值，便是高品質。

（二）品質管理的意義

那麼品質管理（quality management）是什麼？顧名思義，就字面來
看，就是以品質爲核心和目標的管理，管理品質是主要工作內容。論者
有一些看法，如李友錚和賀力行（2004）認爲品質管理可以視爲在管理
歷程中，涉及品質層面有關規劃、組織、用人、領導與管制的活動；吳
清山和林天祐（2004b）則定義爲運用客觀的原理原則和方法，使教育
規劃、執行與結果，能符合教育理念和多數人期待，或超越大眾期待。
基本上，這幾個論點都談到了品質管理的核心是在運用各種管理方法，
提升品質，因此品質管理可說是使用原則、方法和策略，去治理有關於
品質產出層面的人員和文化，與管控有關的事務和器物，以促成高品質
的產出，滿足顧客需要，而所指的產出可能是產品、新理念（idea），
或是服務。

二、品質管理之理論和理念

品質管理蓬勃發展得歸功於Deming、Juran、Crosby、
Feigembaum、Ishikawa、Peters、Taguchi等人倡導和實務界不斷改進
（王克捷，1987；張家宜，1999；Ho, 1999；Morgan & Murgatroyd,
1994）。簡述幾位代表人物的論點以及幾個重要的理論要點如下：

（一）Deming

Deming對品質管理影響深遠，承襲Shewhart「品管是企業成功的關鍵」的觀念和品質管制技術，提出「85%的品管問題出自管理不良」、「品質是製造出來」等論點，獲得廣大迴響和應用，更促成日後日本企業崛起，日本乃設立戴明獎表彰其貢獻。他提出計畫（plan）、執行（do）、考核（check）和行動（action）四階段循環歷程如下（王克捷，1987）：

1.計畫：依顧客需求設計符合顧客期望的產品和服務，決定執行方式、作業程序。

2.執行：根據計畫產出合乎當初規劃的產品，給予成員適當的訓練。

3.考核：檢查每項流程是否合乎規定執行，產品是否達到既定標準。

4.行動：發覺異常情形，迅速追查原因，修正錯誤，防止再度發生異常。

此外，另提出十四項管理原則，作為品管依據：1.設定固定目標；2.抱持以歷程中心的品質促進信念；3.減少對大量監控的依賴；4.和顧客及供應商建立長期的友誼關係；5.持續促進系統的生產力和服務；6.實行在職訓練；7.適當職能分工；8.免除恐懼，建立互信互賴；9.消除部門間隔閡和障礙；10.減少有關工作的專門術語、訓誡和目標；11.減少設立工作標準，停止目標管理；12.除去剝奪工作自信的障礙，增進合作機會；13.鼓勵參與教育訓練和自我成長；14.使成員投入組織轉變中（汪益譯，1994）。他也重視培養成員具備完全知識（profound knowledge），此包括對於系統理論、變異、知識和心理學等方面的認知（Horine, 1993），以提升人員素質和工作能力。

（二）Juran

提出品質三部曲（quality trilogy）和品質改善十大步驟的看法，他特別重視管理過程，認為透過品質三部曲可提升品質：1.品質規劃，確認顧客需求，並創造具特色的產品；2.品質管制，訂定產品規格，依循標準製作，控制品質的變異在允許範圍內；3.品質改善，主管持續不斷改善產品和服務品質，超越原有品質。其中改善品質為關鍵部分，有十項步驟：1.建立改善需要的意識與機會；2.設定改善目標；3.組織人員，致力於達成目標；4.提供遍及組織機構的訓練；5.實施品質改善方案，解決品質問題；6.報告品質改善方案的進度；7.確認品質改善成果；8.溝通結果；9.持續對品質評分；10.將品質改善納入制度，維持品質改善的動能（李友錚和賀力行，2004）。另外他發明了柏拉圖（Pareto diagram），可用於找出造成問題的關鍵項目，以利於決定解決問題的優先順序（徐玉枝譯，2004）。

（三）Crosby

認為品質應順應需求，事前防範勝於事後檢驗，事先規劃完善可經執行而達到標準，提出「第一次就做對」（do it right at the first time, DIRFT）和零缺點（zero defect, ZD）的看法，強調一開始做對的重要性，可避免日後改善要付出的巨大成本（王克捷，1987）。

（四）Ishikawa

提出以顧客為中心的論點，強調所有品質理念應以滿足顧客需求為依歸，重新定義顧客，將購買產品者視為外部顧客，和工作相關的組織同仁為內部顧客，顧客應包括消費者和工作伙伴。另提出全公司品質管制（company wide quality control, CWQC）和品管圈（quality control circle, QCC）觀念，強調全部門和全公司的全員制度化，以團體方式自發性參與品質管理，認為真正的品質應該是產品品質、服務品質加上工作品質（王克捷，1987）。而他發明的因果圖（cause-and-effect diagram），能由結果找原因，適用於釐清問題形成原因、確定問題性質、確認較佳解決對策（徐玉枝譯，2004）。

（五）全面品質管理（Total Quality Management, TQM）

1990年代，彙集前述大師觀點而形成的全面品質管理理念受到重視，引起一陣討論和實踐的熱潮，到今天已演變成為一個重要的管理理念。基本上，其強調管理典範轉移（paradigm shifts），由傳統單向度的注重績效觀，轉而強調全方位的注重品質觀，形成創造雙贏環境、重視內在激勵、兼重長期歷程和結果取向、合作取代競爭等四個典範轉移（Gitlow & Gitlow, 1994）。整理理論要點如下（吳清山和林天祐，1994；張家宜，1999；葉連祺，1997）：

1.整體系統觀

強調以整體系統的觀念，看待組織內外在的環境和互動。顧客、成員和管理者都是整體系統的分子，重視小組合作，經由合作以提升品質，績效被認定是團體成員群策群力的結果，不贊成組織內英雄式個人色彩濃厚的競爭行為及目標管理，管理者應讓成員對組織產生承諾，全心投入。

2.不斷追求品質

全面品質由管理而產生，為永續追求目標，強調「相對性」和「全面性」，即品質的高低由比較中產生，品質是兼重各方面因素，使不良的變異減少，甚至消失。

3.顧客中心

由顧客的角度來思索經營策略,主張品質檢認應讓顧客來確定,不斷與顧客聯繫和溝通,做爲改進參考。

4.人性關懷

主張尊重人性、關注成員需求,建立互信互賴的人際關係、順暢溝通管道,免除成員因惡性競爭而生的淘汰恐懼,注重自我成長及在職教育。

5.團體合作取向

強調團體合作,不論成果績效的歸屬、授權、組成運作單位,以小組合作(teamwork)爲主,反對個人相互惡性競爭。

6.歷程導向

強調「第一次就把事情做對」,注重平時性和預防性的品管,主張在投入及歷程階段,就應該檢核品質,以早期發覺妨礙品質提升的不良變異,減少爲補救缺失的損失。

7.科學管理控制

運用科學管理理念、統計過程控制(Statistical Process Control, SPC)技術和工具,協助分析、監控團體運作與產出的品質,採用品管圈理念,建立客觀的品質管理流程。

8.不斷學習創新

提升品質的關鍵在於成員的素質(含能力、觀念和知識等),所以培養完全知識顯得很重要,藉由全員參與,不斷自我學習和創新,有助於確保品質。

現有不少大學依據此理念,規劃教育品質管控機制,如元智大學、淡江大學等。

（六）ISO9000系列認證

由國際標準組織（International Organization for Standardization, ISO）於1987年訂定ISO9000系列品質認證標準，做爲世界通用的品質保證依據，其融入PDCA管理循環模式，以顧客爲主組織、領導、全員參與、流程導向、系統導向管理、持續改善、事實導向決策、供應者互利關係等原則爲基礎（張容寬和謝忠穆，2001），主要著重於確保製造或服務流程的品質，以提供讓顧客滿意的產品或服務。ISO9000是一系列與品質有關標準的統稱，目前爲2000年版，內容包括兩部分：一爲品質驗證標準，ISO9001整合ISO9001、ISO9002和ISO9003而成；二是工作指導綱要，爲組織執行作業的說明細則，如ISO9004（潘浙楠和李文瑞，2003）。此認證強調自願參加、立足點一致、市場導向、世界通用、企業共識等精神（ISO, 2006），認證重點在於：1.訂定各項品質規準（包括內容、方法和成果），加以書面化，作爲執行依據；2.依據既定的品質文件，進行品質管理（李友錚和賀力行，2004）。臺灣地區有不少各級學校都曾參加此認證，研究也發現認證效果和行政服務品質有顯著正相關（林素鈺，2001）。

（七）六個標準差（Six Sigma）

1987年摩托羅拉（Motorola）公司推動六個標準差方案，因爲成效卓著，掀起研究和實施熱潮，其強調流程管理，以減少誤差，達到成本掌控和時間節省的需求。六個標準差是統計學名詞，標準差在反映資料偏離平均值的程度，依字面解釋，六個標準差是在每百萬次的流程操作中，只容許3.4次的失誤，即每生產百萬件產品只允許3.4件瑕疵品，表示對品質的要求很高（樂爲良譯，2002）。

推動六個標準差，需要成員協力合作、執行長強力領導和全力支

持，並設置四類專業品管人員及認證晉升制度，人員職責包括：1.盟主
（Champion），是改善專案和領導專案的資深經理人，負責推動專案，
調度所需經費和人員，協助解決改善障礙；2.黑帶大師（Master black
belt），是全職指導人員，負責教學和技術指導，需指導黑帶人員通過
認證；3.黑帶（Black belt），為品質管理負責人員，帶領各品質改善團
隊，執行各項作業，需負指導綠帶責任；4.綠帶（Green belt），是兼職
參與專案的人員，除進行專案外，須在工作上持續應用六個標準差工具
（樂為良譯，2002）。

　　六個標準差有稱為DMAIC的系統化執行步驟：1.定義（Define），
是不斷與顧客和員工溝通，瞭解其需求，找出流程的問題和原因，客
觀定義問題，設計專案，改善問題；2.測量（Measure），針對已定義
的專案，蒐集資料，測量整個操作流程產生誤差的機率和改善空間；
3.分析（Analyze），根據資料和相關數據，使用分析工具，剖析導致
流程誤差的原因，決定改善的先後順序，及預定的達成目標；4.改善
（Improve），擬定問題改善方案，加以執行，不斷修正和評估未達預
期目標的流程；5.控管（Control），監控已達到目標的流程，維持預
定的目標，讓誤差不再產生或降至最低，監控有無出現新的影響因素
（Pande, Neuman & Cavanagh, 2002）。

第三節　學校品質管理之意涵和理論

一、學校教育品質之意涵

　　教育品質是個意涵有些模糊且具爭議性的概念（鄭燕祥，2003），
原因在於教育的範疇十分廣泛，包括正式和非正式教育、各級階段教育

（可能包括幼稚園至大學）等，還有品質的意涵複雜，另外，看待教育品質的角度也很多元，可以強調師資、設備或經費的輸入端品質，或是重視課程、教導和學習的過程端，也能包括結果端的學生表現。

而學校教育品質則將討論範疇侷限於學校，基本上它是根據學校教育情境、教育目標、相關利害關係人需求的特殊性，所形成的品質概念，學校教育情境中有關的環境、建築設施和經費、各級學校的教育目標、相關利害關係人（如教師、家長和社區人士）的需求和期待等，都會影響到學校教育品質。

基本上，學校教育品質的內涵可以自系統觀、層面／向度觀來看，系統觀強調學校教育品質彼此的因果影響關係，而層面／向度觀則說明學校教育品質的構成要素，此兩者各有特色。以下說明之：

（一）學校教育品質之系統觀點

學校教育品質能夠用產品成分、製造加工、顧客需求、產品價值的觀點來觀察：1.學生學習後展現於知識、技能、情感和品行等方面的良好表現可視為產品成分的觀點；2.學校教育有良好的教學和學校願景品質評鑑、管理機制和制度，且教職員認真關心學生學習，這與強調製造的觀點相同；3.學校行政人員和教師規劃校務、建設校園、設計課程和實施教學都能夠堅持教育目的，考量學生和家長需要，這就與強調顧客（或稱消費者）需求觀點一致，通常顧客可分為內部顧客和外部顧客，若學生和家長視為內部顧客，則社會大眾相對視為外部顧客，而學校教育品質應該兼顧滿足內、外部顧客；4.學校時時注意極力改善校園環境、學習設備和教學品質，使學生和家長感受到比較所繳學雜費用，實際獲益是物超所值，並留下美好經驗和感受，這無疑反映出重視產品價值。因此，看待學校教育品質應該兼顧上述四種觀點，不僅要重視教育過程（即行政措施、課程、教學等）和教育產品（指學生表現），也要

注意滿足顧客（指學生、家長和社會大眾）的需求和期望，以及投入
的經費、建築、設備等資源和教育目標，才是掌握到教育品質的真義。
綜合論述（吳清山和林天祐，1994；鄭燕祥，2003；Mukhopadhyay，
2005），自系統觀來看，學校教育品質的內涵和觀點可如圖8-1所示。

輸入端 顧客需求觀點	過程端 製造加工觀點	結果端 產品成分、產品價值觀點
教育目標、學校願景、經費、建築、設備等品質、師資素質	行政措施和制度、課程、教導、教師輔導等品質、學生素質、校長領導、教師專業成長	學生表現、教師、學生、家長和社會大眾等滿意度、教師效能、學校績效和文化、親師、師生和學校關係

圖8-1　學校教育品質之系統觀及內涵舉例

（二）學校教育品質之層面／向度觀

　　學校教育品質的內涵也可從適用的對象層級或事務性質來看，這種
觀點將學校教育品質依據對象分成學生個人、教室、教師個人、教師社
群、學校組織等層面，或依據事務性質約略分成個人心理感受、個人行
為表現、人際關係、行政事務運作、物理環境、規範／文化等向度，而
鄭燕祥（2003）結合上述若干層面和向度，提出了多層面多指標的學校
教育品質架構看法。若綜合上述兩者可以構成學校教育品質內涵的雙軸
度觀點，如表8-2所示，表中列出一些學校教育品質項目供參考。

表8-2　學校教育品質之層面／向度觀及內涵舉例

		層面				
		1.學生個人	2.教室	3.教師個人	4.教師社群	5.學校組織
向度	1.個人心理感受	學生滿意度		教師滿意度		家長滿意度
	2.個人行為表現	學業成績、行為表現		教學表現、教師效能		校長領導、職員工作表現
	3.人際關係	同儕關係	師生關係	同僚關係		校長一教職員關係
	4.行政事務運作		課程			學校行政制度、學校績效
	5.物理環境		教室設備、環境		辦公室設備、環境	建築、景觀、校園環境
	6.規範／文化		教室氣氛		教師專業成長	教育目標、學校願景、組織文化

二、學校品質管理之意涵和實施

(一) 學校品質管理之意涵

　　學校品質管理簡單地說，便是管理學校品質，那麼「管理」和「學校品質」是兩個構成的要件。學校品質從狹義來看，可視為僅指學校軟硬體環境、設備和設施所呈現的品質，自廣義而言，便等同於學校教育品質。因為教育是學校存在的目的，也是學校運作的核心任務和基本價

值，所以學校品質管理應當視爲藉由有效管理，去提升學校教育品質；更進一步說，管理只是學校品質管理的「手段」或是「工具」，而教育品質卻扮演「目的」、「指導方針」的角色。

通常學校教育目的在傳授學生生活所需知識和技能，輔導學生身心健全發展，陶冶高尚人格和品行，傳承和創新文化，各校也有發展願景，這些都可視爲學校教育品質產出的預期目標，也會影響學校品質管理的意涵。因此，實施學校品質管理不能忽略教育目標和學校願景的指導作用。

根據前述品質管理的定義，學校品質管理能夠視爲針對提升學校教育品質所採行的品質管理作爲，更詳細地說，可以定義爲根據教育目標和學校願景，管控和治理學校情境中有關於教育品質產出的人員、事務、器物和文化，以利於產出合乎（或超乎）預期的教育品質。

（二）學校品質管理之實施

該如何實施學校品質管理，Arcaro（1995）指出學校品質管理要成功，需要結合四項基本要素，分別是全體人員皆承諾要變革（change）、清楚瞭解自己學校狀況、對未來有清楚願景且受全體人員認同，及訂定提升品質的計畫。張家宜（2002）提出實施學校品質管理流程，其雖以大學爲例，但也能應用於中小學，此包括計畫、執行、評鑑、持續改進等階段。計畫階段應由主管提出實施承諾、成立管理委員會、訂定實施計畫、辦理研習會；執行階段包括成立推動小組、宣導和溝通做法、訓練人員、執行方案；評鑑階段要評估實施成效、獎勵和表揚有功人員和單位；持續改進階段則在檢討實施優劣點、提供回饋意見、觀摩學習優質案例、形成組織文化。而Crawford也提出由建立願景、定義使命（mission）、設定目標、分析顧客需求、規劃實施細節、確認執行目標和所需資源、整合人力、物力和財力資源、建立品質

確保機制（quality assurance mechanism）等階段，構成品質管理流程（Mukhopadhyay, 2005），這亦具參考應用的價值。

　　另外，從上述兩種看法，可以知道實施學校品質管理是需要一些條件的配合，例如人員需對學校品質管理理念和內涵（know what）及執行（know how）有正確認識和共識、訂定完整確實的執行計畫和實施規範、成立權責清楚且獲得上級支持的專責推動單位、建立明確可行的品質確保機制、塑造全員參與和重視品質的組織文化（Greenwood & Gaunt, 1994; Mukhopadhyay, 2005）。

三、學校品質及學校品質管理成效之評估

　　如何評估學校教育品質及學校品質管理成效，是兩項重要的課題，這些評估通常是藉助具備良好信度、效度和公信力的評估指標和機制，來提供評估資訊。所謂的指標（indicator），通常指能提供有關特定目標和需求的量化資訊，這種資訊多是具體可見、可測量的；而評估機制則是以一些理念為基礎，結合評估指標，所形成的評定系統。目前已有不少國內外機構提出有關學校品質和學校品質管理的評估指標觀點，並建立具公信力的品質評審機制，學校可分析這些機制的優點，作為檢視學校品質和發展學校本位評估機制的參考。以下介紹幾個較重要的品質評估機制：

（一）美國國家品質獎（Malcolm Baldrige National Quality Award）

　　該機制適用於教育界，其2007年評估規準以願景領導（visionary leadership）、顧客導向式卓越（customer-driven excellence）、組織和個人學習、增值於成員和伙伴（valuing employees and partners）、

靈敏因應（agility）、聚焦於未來（focus on the future）、管理以創新
（managing for innovation）、依事實而管理（management by fact）、社
會責任、聚焦於成果和創造價值（focus on result and creating value）、
系統思維（systems perspective）等核心價值和概念為基礎，發展出
七類評估指標，包括：1.領導；2.策略規劃（strategic planning）；
3.顧客和市場焦點（customer and market focus）；4.測量、分析和知
識管理；5.工作推動焦點（workforce focus）；6.過程管理（process
management）；7.成果（result）等（National Institute of Standards and
Technology, 2006）。

（二）歐洲國家品質獎（European Quality Award）

以卓越模式（EFQM Excellence Model）為基礎，將卓越視為一種
成果，目的在創造顧客價值，堅持目標且結合具願景、激勵的領導，
管理具交互影響性的過程和事實，讓成員參與讓其貢獻最大化，經由
學習去創新和改善現況，發展和維持加值型伙伴關係，並回應利害關
係人的期待。其基本概念包括成果導向（results orientation）、顧客中
心（customer focus）、領導和堅持目標（leadership and constancy of
purpose）、過程和事實管理（management by processes and facts）、
人員發展和創新（people development and involvement）、持續學習、
創新和改善（continuous learning, innovation and improvement）、發展
伙伴關係（partnership development）、企業社會責任（corporate social
responsibility）等層面，而前後層面間存在著因果影響關係（European
Foundation for Quality Management, 2006）。

（三）中華民國國家品質獎

就機關團體獎部分，規劃了八個層面的評審指標，包括：1.領導與

經營理念；2.策略管理；3.研發與創新；4.顧客與市場發展；5.人力資源與知識管理；6.資訊策略、應用與管理；7.流程（過程）管理；8.經營績效等（經濟部工業局，2006）。

第四節　　學校品質管理方法和技術之應用

　　關於可用於學校品質管理的方法和技術，可從狹義和廣義來看。狹義是指進行統計過程控制（SPC）時可用的方法或工具，如被稱為七大手法的直方圖（histogram）、柏拉圖、因果圖、流程圖（flow chart）、趨勢圖（run chart）、管制圖（control chart）等，在找出造成產品變異的原因，提供改善的參考資訊。廣義來看，凡是能利於增進最終產品或是服務品質的方法或技術，如SWOT都可算是，整理論著（張家宜，2002；葉連祺，1997；Arcaro, 1995；Kume, 1985；Morgan & Murgatroyd, 1994；Sallis, 1993；Turner, 2002）將學校品質管理可用的工具及其使用時機臚列於表8-3。以下介紹幾種簡單的方法或技術，並配合學校實例說明，以供參考應用，其中有些能藉由EXCEL（鍾朝嵩，2006）或SPSS、Minitab等統計套裝軟體來協助分析。

表8-3　學校品質管理之可用工具及使用時機

時機	界定問題	分析問題	資料蒐集	資料分析	發展方案	執行方案	評析方案
腦力激盪術（brainstorm）	✓	✓					
SWOT分析或TOWS分析	✓	✓			✓		
PEST分析	✓	✓			✓		
要徑分析（critical path analysis, CPA）		✓			✓		
德懷術（Delphi）	✓	✓			✓	✓	✓
流程圖（flow chart）	✓	✓	✓		✓	✓	✓
檢核表（check sheet）			✓			✓	
柏拉圖（Pareto diagram）*		✓		✓			✓
因果圖（cause and effect diagram）*		✓	✓		✓		
圖示資料（如長條圖）*	✓	✓		✓			✓
控制圖（control chart）*		✓		✓			✓
趨勢圖（run chart）*		✓		✓			
直方圖（histogram）*		✓		✓			
圓餅圖（pie chart）*		✓		✓			
散布圖（scatter diagram）*		✓		✓			✓
進度控制表			✓	✓	✓		
力場分析（force field analysis）				✓	✓		
關係圖（affinity diagram）						✓	✓
樹狀圖（tree diagram）					✓	✓	✓
優先矩陣（prioritization matrix）		✓		✓			
品質機能開展（quality functional deployment, QFD）				✓	✓		

說明：*表示可用EXCEL、SPSS等軟體協助分析。

一、柏拉圖

由Juran倡導，可用於找出關鍵項目，有發現形成問題的重要因素、確立問題解決的優先順序、比較實施前後效果等功能。左側為數值，右側是百分比，圖中包括代表不同項目的條狀線和累積曲線（或稱柏拉曲線，Pareto curve）。繪圖時，先確定欲探討的問題，再統計各種發生原因，計算次數、累積次數和百分比，依高低排列即可。圖8-2是虛構的某校小學生違反校規原因柏拉圖，該圖顯示「偷竊東西」是違規主因，次之是「亂丟垃圾」，經一個月後重點輔導後，可做改善情形的比較。

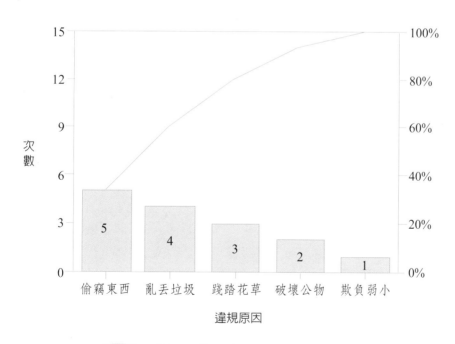

圖8-2　某校小學生違反校規原因之柏拉圖

二、因果圖

　　由Ishikawa所創，或稱石川圖（Ishikawa diagram），因為形似魚骨、樹枝等，又稱魚骨圖（fishbone diagram）或樹枝圖（tree diagram）。功用是圖解造成某項結果的眾多原因，以利剖析相互因果關係，系統分類去區別重要項目，可用於診斷教育問題、評估方案成效。該圖由特性（characteristic）和要因（factors）等組成，又稱為特性要因圖。要因或稱原因（causes），可細分大骨、小骨、中骨和脊骨（backbone）（圖8-3），大骨和特性部分多以方框區別。「特性」或稱結果（effect）在標示待解決的問題，由分析者自訂。「原因」部分由多個具階層關係的直、間接原因構成，「大骨」標示造成問題的主要原因（primary cause），「小骨」和「中骨」臚列產生「大骨」的次要（secondary）和更次要原因（tertiary cause），此三者形成因果關係體系，「脊骨」只有指示「特性」的作用。

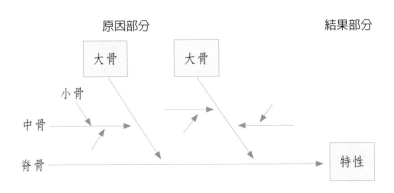

圖8-3　因果圖之基本結構

　　構建時，應先確定待解問題（即特性），繪出脊骨，以腦力激盪、資料分析、訪談、調查等方法協助決定主要原因（大骨），轉寫成簡潔

的文字敘述。其次，遵循清楚和易懂等原則，分析出次要（中骨）和更次要（小骨）的原因，應注意邏輯性和關聯性。最後，需圈選出造成問題的重要原因，做為改進參考，並登錄若干必要的資訊，如分析目的、日期、繪製者等，以供查考。圖8-4是虛擬的小學生中途輟學案例，該圖顯示影響中途輟學的原因頗多，教師可確定各影響因素的重要性，訂立解決問題的優先順序，例如由家庭方面先著手。

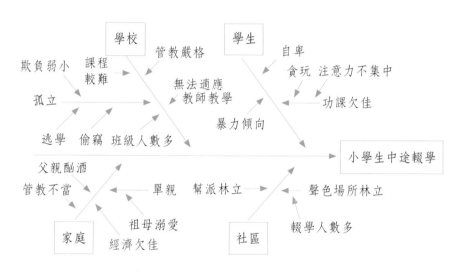

圖8-4　某小學生中途輟學之因果圖

三、力場分析

由Lewin提倡，可確認和變革有關的阻力（restraining force）和助力（driving force），經表列陳述，找出爭議的關鍵點，提供解決困境的對策。使用時，可配合腦力激盪，將可能支持和反對的理由，分別列於表的左右側，左為「助力」，右是「阻力」。圖8-5是虛擬的國小月考使用

非紙筆評量方式取代紙筆測驗意見分析，力場分析顯示雙方立場有共同的焦點，也有意見差異的爭議點，此可做為溝通協商的著力點。

助　力	阻　力
改變因筆試才學習的習慣→	
學生主動參與學習→	
評量多方面學習成果→	←良好試題可以達成
兼顧情意和技能的評量→	
可評量程序性知識→	←改進試題內容即可
	←忽略考查記憶性學習成果
評量方式生動活潑→	←改進出題技巧和方向即可
	←評量過程耗時
	←評量結果不客觀
	←教師和學生投入資源較多
學習結果和標準比較→	←學習結果應和他人比較
學生不必背誦過多知識→	←加重學生學習負擔

圖8-5　國小月考完全採用非紙筆評量之力場分析

四、關係圖（affinity diagram）

是將有關聯性的事件要素，加以分類後相對的表列，彰顯出其關係的重要處，並可據此去構建因果圖和力場分析（Arcaro, 1995）。圖8-6是虛擬的改善小學生亂丟垃圾情形案例，該圖顯示困難點在於經費、人力和觀念，因為觀念扭轉最為不易，故能繪製因果圖，以找出可能的解決方案。

助　力	阻　力
加強生活教育和宣導	班級人數多，教師工作量大
加強個別輔導	缺乏專人協助，學生不參與
親師溝通，尋求父母協助	家長無法密切配合
合作社減少販賣不必要物品	學生可由校外購得
增購垃圾桶數量	經費不足
校園內廣置垃圾桶	影響校園景觀
成立衛生糾察隊	人力不足
辦理繪畫、有獎徵答活動	經費和人力不足

圖8-6　改善小學生亂丟垃圾情形之關係圖

五、控制圖（control charts）

　　本圖作用是能儘早發現影響品質的異常現象，有七、八種類型。通常縱軸表示品質特性，為次數、比率或個數，橫軸為時間、項目或編號，需視分析主題而定。繪圖時先畫中線（CL）、上限（UCL）和下限（LCL）等三條線，再將資料依序繪點，逐一連結成線，以後可每隔一段時間，增添新資料，進行現象判讀。判讀此的重點是若資料點落到上下限外的區域，或是呈現週期重複、漸上或漸下趨勢等現象，都表示異常。圖8-7是根據虛擬的某校小學生亂丟紙屑被登記人數資料所繪製，該圖中間位置的實線表示平均次數，上下的虛線表示 $\pm 1\sigma$ 的次數，超過上面的虛線，表示第三天亂丟紙屑的情形非常嚴重，經宣導後，第五天有很明顯的下降，然而第十三天時又故態復萌，變得很嚴重，顯示似乎小學生自制能力的一個循環週期，可配合因果圖和柏拉圖，找出明確的原因。繪製時，可採用「缺點數控制圖」（cchart）畫法，先分析全部資料的平均數（c）為中線，計算得出上限和下限（為 $\pm 1\sigma$ 標準差）再

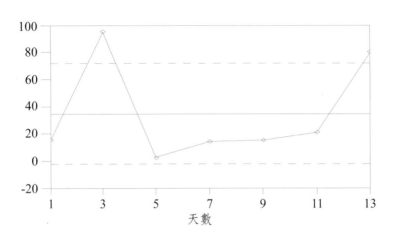

圖8-7　小學生亂丟紙屑被登記人數之控制圖

將全部資料點繪出即可。

第五節　學校品質管理發展之議題

　　學校品質管理早成為學校行政管理的重要議題，相關研究成果已經累積很多，學校品質提升活動也推展多年，但仍遭遇不少問題，以下分述之，並提出可行策略供參考：

一、學校品質管理發展之問題

　　學校品質管理是否就能產生宏效，可以借鏡觀察企業組織的推動成效。潘浙楠和李文瑞（2003）提到企業界推動品質管理遭到失敗原因，不外是公司的遠景或目標不詳、未能以顧客為中心、高階主管參與不足、強調技術而非制度、員工參與度不足、教育訓練未契合需求、過於強調立即效果、部門主義作祟、缺乏明確的品質改善效益評估指標、公

司會計制度無法彰顯品質的重要性、組織結構未能有效配合、未建立表揚獎勵的回饋制度等。Arcaro（1995）亦談到美國一些學校推動TQM，卻遭到失敗，就是誤認為使用統計過程控制技術於行政管理工作，就是實施TQM。簡言之，學校品質管理會造成挫敗的原因不外以下幾項：

1.對品質管理認識不清，誤認為品質管制就是品質管理，採用統計過程控制技術就能成功。

2.對品質管理瞭解不深，以為只要推動，在短期內就會有速效。

3.誤解品質管理是基層教職員工作，主管不必參加訓練或講習，也不必認同和支持。

4.未將學校教育價值和目標與學校品質結合，造成品質管理無法實踐教育目標和理想，學校品質管理目標不明確。

5.移植他校或企業模式，忽略推動提升學校品質需要配合學校本身資源，而實施條件亦未成熟。

6.忽視學生和家長對學校品質的認定和感受，使得學校品質未呼應相關利害關係人的需求和期待。

7.偏重技術作業層面的品質管理變革（如書面檔案管理），忽略一併推動制度、法令規範層面的變革。

8.輕視提升學校品質所能產生的宏效，誤認品質管理只是造成器物層面的改變，使得教職員參與意願不高，未形成重視品質的組織文化。

9.欠缺明確評估學校品質和品質管理成效的指標和機制，造成只做不評，無法發揮回饋改善的功能。

10.學校部門推動品質管理改善步調不一，缺乏統合協調機制，造成推諉塞責現象。

二、促進學校品質管理發展之可行策略

　　如前所述，影響學校品質管理的變因極多，因此要促進學校品質及提升學校品質管理成效，需要注重善用有效的策略，始能達成預期目標，以下策略可供參考：

1.品質焦點發展策略

　　訂定學校發展計畫以提升學校教育品質為願景和目標，將提升學校教育品質視為校務發展的主軸，來貫串相關的實施策略與措施，以確保學校教育品質的提升。

2.行政品質確保策略

　　可根據必須執行的學校行政運作流程和措施，藉由工作分析（task analysis），找出適宜且具成效的，設計出學校行政標準化作業程序（Standard Operating Procedure, SOP），以供相關人員有標準可以遵循和參考，確保學校行政運作有較穩定的品質。

3.注重品質文化策略

　　辦理研習或經驗交流，強化教職員對品質及品質管理的認識，並建立全員共識，且落實於日常生活實際作為中，以形成一個注重發展學校品質的文化。

4.善用品質技術策略

　　目前已發展出許多品質技術和工具，如前所述，若能善用這些工具或技術，將有利於產出高品質的行政和教學成效。因此，有必要透過計畫性的訓練和應用，以使相關人員熟悉，並能善加應用，檢測出造成品質不佳的成因，據以進行改善。

5.建立品質管控和回饋機制策略

欲維持高水準的學校教育品質，有賴於能夠長久運作的品質管理機制，不僅要監控品質的水準及變化，也要發現影響品質或是造成品質不佳的因素，通知相關單位或人員改善，這種改善資訊的回饋，對於確保和提升品質非常重要。

6.培育優質人才策略

人才素質是決定學校行政工作品質的重要因素，培育優質人才，在於強化和穩定人力素質，對於學校永續經營十分重要。因此，安排有計畫的品質知能訓練，以及實踐品質活動的機會，將有助於促進理論與實務結合，提升學校人才自身的素質及工作的素質。

回答問題

1. 請說明你對中小學品質的定義？
2. 請指出幾個影響中小學品質管理的重要理念？
3. 請舉出一個可用於分析中小學品質的方法？
4. 請舉出中小學品質管理遭遇的問題及解決之道？

參考書目

王克捷（1987）。品質的歷史觀：五位大師的理論演化。生產力，**378**，91-98。

吳清山和林天祐（1994）。全面品質管理及其在教育上的應用。初等教育學刊，**3**，1-28。

吳清山和林天祐（2004a）。全面品質管理。教育研究月刊，**127**，160。

吳清山和林天祐（2004b）。品質管理。教育研究月刊，**118**，147。

李友錚和賀力行（2004）。品質管理：整合性思維。臺北：前程管理。

汪益（譯）（1994）（R. Aguayo 著）。品管大師戴明博士：一個教日本人如何提昇品質的美國人。臺北：聯經。

林素鈺（2001）。大學校院認證ISO9000與其行政服務品質關係之研究。未出版之教育政策與行政研究所碩士論文，國立暨南國際大學。

徐玉枝（譯）（2004）。品質提昇七工具。臺北：中衛發展中心。

張家宜（2002）。高等教育行政全面品質管理：理論與實務。臺北：高等教育。

張容寬和謝忠穆（2001）。ISO9001：2000品質管理系統。臺北：商周。

經濟部工業局（2006）。機關團體獎。2006年11月30日，取自http://nqa.csd.org.tw/default2.asp?zone=2

葉連祺（1997）。全面品質管理在學校行政上的應用。國教月刊，43（7, 8），57-68。

樂爲良（譯）（P. Pande & L. Holpp著）（2002）。六標準差簡單講。臺北：美商麥格羅・希爾。

潘浙楠和李文瑞（2003）。品質管理。臺北：華泰。

鄭燕祥（2003）。教育領導與改革：新範式。臺北：高等教育。

鍾朝嵩（2006）。應用Excel的統計品管與解析。桃園：和昌。

Arcaro, J. S. (1995). *Quality in education: An implementation handbook*. Delray Beach, FL: St. Lucie Press.

Cole, R. E., & Scott, W. R. (Eds.) (2000). *The quality movement & organization theory*. Thousand Oaks, CA: Sage Publications.

European Foundation for Quality Management. (2006). *The Fundamental Concepts of Excellence*. Retrieved April 10, 2007, from http://www.

efqm.org.

Fusco, A. A. (1994). Translating TQM into TQS. *Quality Progress*, 27(5), 105-108.

Gitlow, H. S., & Gitlow, S. J. (1994). *Total quality management in action*. Englewood Cliffs, NJ: Prentice-Hall.

Greenwood, M. S., & Gaunt, H. J. (1994). *Total quality management for schools*. New York: Cassell.

Ho, S. (1999). *Operations and quality management*. London: International Thomson Business Press.

Horine, J. (1993). Improving the educational system through Deming's systems theory. *The Educational Forum*, 58, 30-35.

ISO(2006). *International Organization for Standardization*. Retried October 18, 2006 . http://www.iso.org/iso/en/ISOOnline.frontpage.

Kume, H. (1985). *Statistical methods for quality improvement*. Chiyoda-Ku, Tokyo: The Association for Overseas Technical Scholarship.

Morgan, C., & Murgatroyd, S. (1994). *Total quality management in the public sector*. Buckingham: Open University Press.

Mukhopadhyay, M. (2005). *Total quality management in education* (2nd ed.). Thousand Oaks, CA: Sage Publications.

National Institute of Standards and Technology. (2006). *Criteria for Performance Excellence*. Retrieved April 20, 2007, from http://www. quality.nist.gov/PDF_files/2007_Business_Nonprofit_Criteria.pdf.

Pande, P. S., Neuman, R. P., & Cavanagh, R. R. (2002). *The six sigma way team fieldbook: A implementation guide for process improvement teams*. New York: McGraw-Hill.

Sallis, E (1993). *Total quality management in education*. London: Kogan

Page.

Schmoker, M., & Wilson, R. B. (1993). Transforming schools through total quality education. *Phi Delta Kappan*, 74(5), 389-395.

Turner, D. S. (2002). *Tools for success: A manager's guide*. San Francisco: The McGraw-Hill.

第九章 學校創新經營

·秦夢群、濮世緯·

　　就學校組織而言，近十年來不但面臨教育改革之浪潮，也深受新世紀管理思維的洗禮。在不斷的衝擊中，學校必須不斷進行創新（innovation），才能因應相繼而來的挑戰。創新的智慧不但是企業組織在險峻環境中生存的要件，亦是學校組織提昇教育品質、滿足社會需求的關鍵。學校組織創新之層面相當廣泛，舉凡行政、課程、教學、設備、環境等等都是創新經營活動的重點。

　　長久以來，學校留給人的印象是行事謹慎保守、遵守傳統規章、創新程度較低。實務上，學校屬非營利組織，與一般之工商業團體不同，在作法必先求穩定再談變革。然而，公立學校由於沒有招生的壓力，變革之腳步顯得意興闌珊。自1960年代後，組織系統理論典範進行轉移，開放理論大行其道。學校開始重視回饋機制之運作與外部關係之建立。此種改革的信念在渾沌理論提出後更見穩固。1990年代，以高科技為基礎的知識經濟社會成型，其從知識的角度出發，重視創新與變革。在知識經濟時代，學校所面臨的壓力加劇，由於學校乃是知識密集之組織，與社會之發展呈密切關係，因此學校成員更需不斷進行知識更新，以提昇掌握動態環境，獲取新資訊，活用多元教材進行教學的能力，進而能培育出具競爭力的下一代。就此而論，以創新理念進行學校經營實有助於內部競爭力的提昇。

　　近年來，組織創新之理念已由企業界，逐漸擴及到教育界，頗有成

為顯學之態勢，相關研究也有一定數量。基於此，本章之主要內容，即在根據組織創新與學校創新經營的相關文獻與實證研究之蒐整，藉以探討其理論基礎、相關層面以及在國內學校實施之現況與問題，以供教育界參考。文中先探討組織創新與學校創新經營之意涵，接著敘述組織創新經營之基礎理論，其中包括組織創新理論、組織學習理論，與知識管理等。其次依據近年相關論文之因素分析，敘述學校創新經營之層面，計有行政管理創新、課程教學創新、外部關係創新、學生活動創新、校園環境創新五項。最後根據相關學校創新經營現況之論文，分析並整理學校創新經營與各變項之間之研究發現。

第一節　組織創新與學校創新經營之意涵

　　從產業界的角度觀之，組織創新之主要目的在於組織技術的創新，以提昇組織的競爭力，並獲得利潤。其新產品的產出過程，亦屬企業組織原有核心知識與技術的再強化，產品功能的再延伸。Kim即以三種不同的過程闡述組織創新：1.組織創新是綜合兩個以上現有概念或實體產生新配置的創造性過程，與發明同義；2.組織創新基本涵義在於新穎，可視為新創意；3.組織創新是個人或社會系統接受、發展和執行新創意的過程（引自莊立民，2002）。Lumpkin和Dess（1996）也指出組織創新反應了組織對於新意念、實驗性及創造過程的經營及支持，而其結果將產生新的產品、服務與技術。

　　從各相關研究來看，組織創新之定義隨研究焦點之差異而不同。例如從產出（product）觀點視之，組織創新是指組織生產或設計新產品，進而使該產品可以獲獎或成功上市（Burgess, 1989），例如 Kelm、Narayanan 和 Pinches（1995）以華爾街期刊索引之資料為依據，並以生物科技、新產品、科學發展、科技等上市宣布成功數量來界定組織創新主要概念，重視產出結果。

　　從過程（process）觀點觀之，學者多半認為組織創新是一種過程，並不只是一種產出。Kanter（1988）認為組織創新為新的構想、程序、產品或服務的產生、接受與執行，包含了產生創意、結盟創意、實現創意與遷移創意四個過程。因此，組織創新包含了新知識的轉化及運用、資訊連結、服務改變與資源再運用等。

　　張明輝（2003）指出創新是使創意成為一種有用的商品、服務或生產方法的過程，也係由不同想法、認知及資訊處理與判斷方式的結合而

產生。而創新管理則是組織領導者，藉由創新環境的建置及組織成員參與對話，進而引發組織成員願意突破現狀及接受挑戰的能力，並透過一套適切而新穎的文化型塑，以激發新思維、新方法，使組織得以永續經營。

除了從產品和過程的觀點來分析組織創新，尙可從其他觀點說明，例如技術創新（如產品、過程與設備）、管理創新（如系統、政策、方案與服務）等，都是組織創新的可能展現（劉濬，2002）。蔡啓通（1997）認爲組織在近三年內，由內在產生或外部購得的技術產品或管理措施之創意廣度與深度稱爲「組織創新」，創意廣度包括設備、系統、政策、方案、過程、產品與服務等，創意深度則包括各項創新對於組織經營的重要性、影響程度或長期潛在獲利性。

新時代強調組織創新經營、流程掌控與管理，學校如何運作新管理風潮，跟隨組織學習與知識管理之腳步？組織提倡員工之知識分享，將顯性知識、隱性知識結合，運用資訊科技有效儲存，建立組織之核心智能，至爲重要。莫爾定律（Moore's Law）點出知識成長之半衰期只有十個月，現今學校教學模式、學生學習方式、教師自我充實方式都應該迥異於以往，知識經濟所強調創新經營、知識分享、外部環境經營、新科技的運用以建立學校經營願景，並達成學校目標，正是學校領導者的中心要務。

實務上，學校雖然所面臨的現實面不如商業界險峻，然而學校在外部新知識吸收方面應加以重視。新知識吸收應包括組織層面與個人層面。新知識吸收能力的培養極爲重要，能否有效利用外界新觀念與基礎來進行創新，則視學校內部原有之基礎是否紮實，若組織原有知識基礎夠強，則很快能將新知識吸收，發揮功效。臺灣在加入WTO後，教育市場流動性加大，學校組織必須時時注意外在環境的脈動，掌握新思維，並整合至內部，適時進行經營上的創新，才能提高學校的競爭力，吸引

優秀的學生入學。

　　綜上所述，依有關組織創新之文獻為基礎，可將學校創新經營定義為「學校為滿足成員之需求、維持競爭力與提昇品質，而在組織內部和外部之經營作法上進行改變與創新的作為。學校創新經營可包括學校行政管理、課程教學、學生活動、外部關係，以及校園環境等層面。」

第二節　組織創新與學校創新經營的理論基礎

　　對組織之看法，近百年來基於不同科學觀而產生巨大轉變。在1970年代之前，基於邏輯實證論之線性思維，教育行政組織被視為是機械式的（mechanistic）組織，而教育行政研究也完全陷於實證科學熱潮當中，並以之作為瞭解學校組織相關問題之理論基礎。傳統組織理論被用來作為瞭解學校的工具，社會科學則提供了研究工具來確認與解決行政問題。如此科學觀所影響的組織研究對於促進組織功能之實踐，有其特定之主張（如科層體制），影響力直至今日。

　　然而1970年代後，另一股思潮興起。視組織為有機式的（organic）。其由現象學的角度出發，重視組織中個人對環境與背景的認知情況。主張組織是一個複雜的實體，無論是做決策或是任務的執行都經由繁複的過程（Greenfield, 1993）。在有機的結構中，有幾點重要的特徵。其一，與機械式組織相反，其溝通是平行而非垂直的。產品設計者直接與行銷人員溝通，而非透過其主管。這樣的作法有利於創意的交流；其二，於有機結構中，較有影響力的員工通常是具備技術或市場行銷知識者，而非組織中的高階主管。這能使他們作出最符合市場的決策；其三，工作職責劃分較不明顯，員工能有更多的機會接受新觀念，

並客觀的運用這些觀念。最後，有機的型態強調資訊的交換，而非來自某些中央單位的單向訊息。

　　有機式的組織由於複雜度增高，並注重外部環境對組織內部的衝擊，內部之回饋系統必須適時進行調整與創新，才能讓組織保有競爭力。創新經營的理念即源自有機式組織之假定。基本上，有數個大型理論可作為組織創新經營之基礎理論，其中包括組織創新理論（organizational innovation theory）、組織學習理論（organizational learning theory）與知識管理（knowledge management）等。其均受到1970年代後之開放系統理論（open system theory）與渾沌理論（chaos theory）之影響。以下先簡述開放與渾沌理論之基本假定，再分析說明組織創新理論、組織學習理論，與知識管理之理念。

　　開放系統理論源於Bertalanffy在1956年所發展之一般系統理論（general system theory），其認為任何一個組織或系統皆為開放系統，具有彼此相互依存、相輔相成的次級系統。開放系統具有反饋作用及自我調適的能力，平常維持平衡穩定狀態，當大環境變動而失衡時，系統將藉其反饋作用及自我調適能力，恢復平衡穩定狀態，維持發展能力（秦夢群，2005；黃昆輝，1993；謝文全，1993）。其與封閉系統最大之不同在於強調系統本身具有反饋作用（feedback），也即能依外界所做的回饋（或是外界所帶來的壓力）來調整系統本身的運作，以維持競爭力（Lunenburg & Ornstein, 2000）。

　　渾沌理論則從另一個觀點詮釋組織之運作。主張組織為一個非穩定與開放的耗散結構（dissipative structure）系統，隨著內部能量的消長，必須隨時與外部環境交會而產生新形態。在必要時，組織極可能呈現崩潰的狀態，此時領導者必須快速重組內部，建立競爭力。耗散結構中的崩潰狀態，勢必造成組織成員將注意力轉移至與外界互動的對話，進而幫助所有個體創造出新的觀點，此種個人持續質疑和重新思考既定假設

的過程可以促進組織創新（Winograd & Flores, 1986）。換言之，組織環境的波動會帶動組織內部的瓦解，進而創造新知。

　　綜而言之，由開放理論觀點觀之，學校之創新經營壓力來自其所處的環境。而學校與外界溝通的質與量影響了組織的創新能力，主要原因在於學校因與外界間知識流動而帶來創意。因此，學校組織之內部人員（包括行政人員與教師）若能跨越組織界限，且專業人員可以透過正式及非正式的溝通網路與他人接觸，則打造成功的學校將不僅是空談。渾沌理論則力主學校組織處於不穩定、不確定性的環境中，必須時時調整、不斷創新，才能增加績效，維持競爭力。兩者皆強調組織創新之必要性，成為日後「組織創新」理論、「組織學習」理論，與「知識管理」之概念基礎。以下，茲就上述三種理論加以闡述。

一、組織創新理論

　　組織創新之研究在近幾年已成顯學。在高科技時代，組織必須不斷推陳出新以維持市場競爭力。Nonaka 和 Takeuchi（1995）批判傳統的科學知識觀點，認為其容易忽略價值、經驗等無法量化的隱性知識，並將之排除在組織規劃與資源的配置之外，卻不知價值與經驗乃是組織生存的重要利器。基於此，兩人即提出組織創新理論。認為組織在創新的過程中，必先學習多方知識。如何將這些組織加以整合，並以此為基礎創造新的知識，是相當重要的過程。組織創新理論包括一系列的新概念，其中如隱性知識與顯性知識、知識螺旋、知識創新階段等，以下分述之：

（一）顯性知識與隱性知識

Nonaka和Takeuchi主張知識可分為兩種，即隱性知識和顯性知識。

兩類知識是互爲補充之實體（Nonaka & Konno, 1998）。二者彼此互動
且有可能透過個人或群體人員的創意活動，從其中一類轉化爲另一類；
亦即是新的組織知識是由擁有不同類型知識（隱性或顯性）的個人間互
動產生的。這種知識轉化的過程構成四種知識轉換方式：1.社會化（從
個人的隱性知識至團體的隱性知識）、2.外部化（從隱性知識至顯性
知識）、3.組合（從分離的顯性知識至統整的顯性知識），以及4.內化
（從顯性知識至隱性知識）。其形式可參見圖9-1。

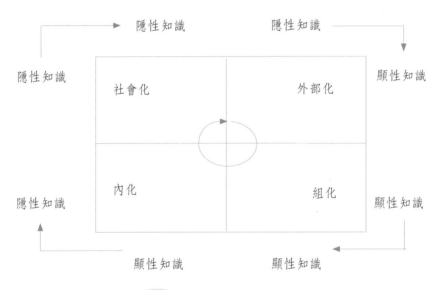

圖9-1　四種知識轉換方式

資料來源：出自Nonaka & Takeuchi (1995:62)。

（二）知識螺旋

　　Nonaka和Takeuchi（1995）認爲組織知識創造是隱性知識和顯性知
識持續互動的結果。此互動的形式取決於不同知識轉換模式的輪替。這
些輪替又導因於四種不同的機制：1.社會化的模式常由設立互動的範圍

開始，此範圍促進成員經驗和心智模式分享。2.外化通常由對話和集體思考開始，利用適當的隱喻或類比協助成員說出難以溝通的隱性知識。3.結合模式的動力來自於結合創新及組織其他部門原有的知識基礎，使他們具體化而能創造新的產品、服務或管理系統。4.內化的原動力則來自於邊做邊學，使每個知識轉換模式所創造出來的知識內容各不相同。

　　個人的隱性知識是組織知識之一部分。就學校組織創造的基礎，組織必須使個人層次的知識轉換和累積，隱性知識經由四種知識轉換模式在組織內部加以擴大，成為更高的層次，此現象即稱為組織知識創造螺旋（見圖9-2）。組織知識的創造即是一種螺旋的過程，由個人層次開始，逐漸上升並擴大互動範圍，從個人擴散至團體、組織甚至組織間。因此，知識的創造由個人的層次，逐漸擴散至團體、組織，最後至組織外，過程中不斷有社會化、外化、結合及內化的知識整合活動。

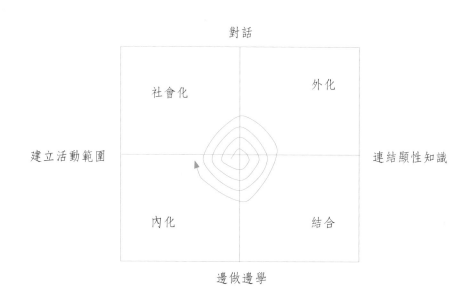

圖9-2　知識螺旋圖

資料來源：出自Nonaka & Takeuchi (1995:62)。

　　組織知識的創造是透過穿越四種知識轉換方式之知識螺旋。知識的螺旋可能始於任何一種知識轉換方式，而通常是從社會化開始。就學校組織而言，組織當中的隱性知識可透過社會化和外化，而成爲某種教學方式之顯性「概念性知識」（conceptual knowledge）。概念性的知識也會以引導結合的步驟將新發展的知識和現有的顯性知識相結合，以建立「系統性知識」（systemic knowledge）之原型。隱藏於新的教學方式中的系統性知識，也會透過內化而轉爲大多教師所使用的「操作性知識」（operational knowledge）。而教師的教學隱性操作知識和學校所發展出的隱性知識通常會被社會化，而成爲傳遞教學之知識或另種教學型態的產生。

　　綜上所述，依據知識螺旋之概念，組織知識創造可跨越個人、團體、組織及集團（collaborating organizations）之實體層次。個人的隱性知識係組織知識創新之基礎，組織會使個人層次創造和累積的隱性知識產生流通，而且透過知識轉換之四種方式，擴展至上層的本體論層次。同時，在較低層次的組織知識則會被使用並產生內化（王如哲，2000；Nonaka, Umemoto, & Sasaki, 1998）。

（三）知識創新階段

　　Nonaka和Takeuchi（1995）認爲知識創新是將隱性知識轉換爲顯性知識的過程。此種觀念類似Hedlund（1994）所提出的知識轉換模式，即透過外顯化及內化、延伸與凝聚、最後吸收及散播知識的過程。

　　依Nonaka和Takeuchi的看法，組織中最可貴的是藉由知識轉換過程中，進一步創造出有助於組織知識發展的新知識，針對組織知識創新，他們認爲包含以下五個階段：

　　1.分享隱性知識（sharing tacit knowledge）

　　隱性知識主要透過經驗獲得，較無法訴諸言語。因此，背景、觀點

和動機不同的許多個體分享隱性知識，便成了組織知識創造關鍵性的一步。

2.創造觀念（creating concepts）

隱性知識和顯性知識最強烈的互動發生在此。一旦分享的心智模式在互動的範圍內形成，組織小組便可藉著進一步的持續會談，將其表達得更明確。這個將隱性知識轉成顯性知識的過程可藉由多種推理方式來催化，例如演繹法、歸納法和誘導法。

3.證明觀念的適當性（justifying concepts）

個人或小組所創造的新觀念必須在某一階段加以確認。這和過濾過程十分相似，在這個階段中，個人不斷的確認和過濾資訊、觀念或知識。

4.建立原型（building a prototype）

此階段已確認的觀念將會被轉化為有形或具體的原型。在新產品發展的個案中，產品模型即可視為原型。由於此過程相當複雜，因此組織內各部門機動性的合作不可或缺。具備多種能力和資訊的重複都有助於此過程的完成。

5.跨層次的知識擴展（cross-leveling knowledge）

組織知識創造是一個不斷自我提升的過程。新的觀念經過創造、確認和模型化後會繼續前進，在其他的本體論層次上發展成知識創造的新循環。在跨層次的知識擴展的互動和螺旋過程中，知識擴展到組織內部與組織間。

近年來由高科技產業所帶動的知識經濟風潮，使得企業組織危機意識加強，紛紛進行內部與外部的創新管理以因應變動的時代，教育組織亦是如此。以美國為例，由於受到新觀念的影響，體認教育中之知識與變革將帶動經濟與社會之發展，學校革新之進行遂如火如荼展開。特別是在學校知識創新的部分，要顧及外部環境知識的接收，以增進學校本

身的動態適應能力，是相當重要的。學校組織有別於一般之高科技公司或是商業組織，其知識創新之路當然不必急躁。然而，在全球化的趨勢下，國家之競爭力來自於公民教育水準的提昇，故學校在知識創新的層面上，更顯得馬虎不得。

　　學校之知識創新，可源於行政上之科技使用、教師間之專業交流、學生學習態度的轉變、課程內容之更新與增減等等。透過這些內容，即可瞭解學校在面對新趨勢時是否有了應對的方法。另外，在2003年全國學校經營創新獎活動有關學校經營創新方案之摘要表中，列出學校經營創新活動理念的作法與成效，在在顯示知識創新理論在教育界逐漸受到重視的事實。

二、組織學習理論

　　組織學習理論及其實踐，已成當今組織管理上的顯學。組織面對外界快速變遷的環境，為了保持領先優勢，必須徹底改變組織傳統做法，不但要瞭解現況，更要有勇氣接受新的挑戰。學校在過去五十年來並無太大改變，但如今各營利或非營利組織，已逐漸變成有機式學習型組織，所以面對未來劇烈的變化與競爭，教育行政領導者必須認真思考如何在快速變遷的環境中站穩而保持優勢。

　　面對21世紀知識經濟社會的來臨，各國教育行政主管機關也力求學校角色的轉型，過去一板一眼的做法已無法滿足當前快速的知識流動。因此，如何在保有傳統知識教育的原則，又能兼顧市場知識的學習，則需要專家學者共同研議。由於知識經濟教育模式是以知識為核心，並結合科技、創新、網際網路、全球化、新經濟導向等因素的新興教育方向，故學校未來不得不面臨轉型問題。不少學者認為學校必須從傳統封

閉型組織轉型成學習型組織。

　　學習型組織的興起，並非是偶然的理論創見，而是經歷了經濟、社會、學術系統改變後的產物。在經濟系統方面是受到經濟全球化的挑戰，在社會系統方面是因爲終生學習社會的來臨，在學術系統因素方面是發生物理學典範遷移。種種的因素交織而造就了學習型組織理論的形成。

　　學習型組織概念起源於1970年代，首先由Argyris和Schon提出組織學習的單圈組織（single-loop organization）與雙圈組織（double-loop organization）的概念，單圈組織又稱適應性組織（adaptive organization），指利用組織歷程性的工作來達成組織的目標，在組織的基本假設上並無顯著的改變；雙圈組織又稱生產性組織（generative organization），指組織利用經驗系統重新評估組織目標、改變組織價值與其組織文化（引自Gordon, 1996）。

　　學習型組織的學習類型又可分爲三大類：單環路學習（single loop learning）、雙環路學習（double loop learning）以及再學習（deutero learning）。所謂單環路學習是指組織內部所設計的一個診斷，與監視錯誤並且矯正錯誤的機制。換言之，針對組織行動策略，例如達成規範、目標與績效標準的方法，所進行的偵測與矯正過程即是。這種學習機制的設計，容易產生「刺激反應」的行爲特徵，因此較適用於穩定的組織，此種學習方式又稱之爲適應性的學習。雖然多數組織現階段的學習機制大致屬於單環路學習，但其明顯有所不足，此因沒有一個組織既有的規範與標準，能永遠適應外在環境的變化。

　　至於雙環路學習，除了進行單環路的學習模式之外，更進一步去檢視組織規範、目標及可能存在的錯誤假設，並予以矯正。因此，雙環路學習是一種創新的學習，學習結果不只產生表面的變革，更可以造成組織深層結構的改變。再學習乃是上述兩種學習經驗的轉化與再應用，藉

此過程內化成為組織的能力。由於組織很可能面對相同的問題，或者類似的情境，因此，組織經過單環路或雙環路學習過程後，所產生的學習經驗，可成為未來自我解決問題的基礎，藉由再學習的發生，提高組織解決問題的能力。

　　關於學習型組織的確實意涵，Senge本人並未給予明確定義。其認為在學習型組織中，人們得以不斷擴展創造能量，培養全新、具前瞻性而開闊的思考方式，全力實現共同的願望，並持續學習如何學習。Senge將重點置於組織如何建構出一套能適應大環境變化的方法。一些學者則嘗試對學習型組織下定義。Kochan 和 Useem（1992）認為學習型組織不單指個人或組織方面的學習，其事實上涵蓋個人、團體、組織的學習，組織的目的則是為了達成組織的願景。Robbins（1996）認為所謂的學習型組織是指一個組織已經發展出對環境應變與改善的持續能力。Dale（1997）則認為學習型組織必須承認系統中固有的渾沌狀態，並能夠從複雜的生態中發現其秩序。Redding（1997）將學習型組織視為是整個組織、團體的學習，而非個人的學習，而組織學習的程度，是依其對快速變遷環境的應變能力而定。綜言之，學習型組織強調組織對於外在環境改變時的應變能力，重視組織學習，以隨時調整組織結構，因應轉變與變革。

　　1990年代，學習型組織不僅是理論上的闡述，國外也有部分學校開始重視學習型組織理論的運用。Denver（1997）敘述了Senge的學習型組織理論應用在高等教育的情形，其檢視Senge的學習型組織中領導者的角色，並歸納出兩點關於學習型組織未注意的領導者因素，分別是政治的熟練與強烈的個人因素。Bender（1997）提及美國亞利桑那大學花了四年的時間對圖書館組織進行重組，從垂直的組織改變成為水平的組織，經此改變後，圖書館開始重視顧客需求、行政與人事組織、策略性廣泛層面的計畫；開始強調分散決定，強調學習型組織原則與組織內部

的評鑑與內部的自我檢視。

綜而言之，學校在面對知識經濟時代的來臨，必須要懂得如何去吸收新觀念，特別是學校成員必須瞭解知識經濟時代中殘酷的真相，不具競爭力的學校必然沒落，最後走向關閉之途。因此，隨時注意社會的變動，進而讓學校順應潮流適度轉型相當重要。在教師方面，除了教學法必須改變外，教師更要廣泛吸收新知識，才能滿足學生與社會的需求。未來，網際網路將愈來愈發達，學生之知識來源將更為多元，教師必須體認此不可擋的趨勢，並配合新科技的發展，發揮引導者的角色，使每個學生成為學習主體，選擇符合其需求的知識。

三、知識管理理論

知識管理之理念源自於知識經濟。知識經濟係以知識做為企業創造商機最主要工具的經濟型態，此與古典經濟學理論認為勞力與資本（土地）做為創造財富的最主要工具的型態完全不同。知識作為經濟發展關鍵因素之時代，組織致勝的關鍵在於知識。此因未來不論是國家或企業要生存發展，都需以知識為基礎。企業主要的投入是知識，主要的產出也是知識。知識的吸收、消化及產出，將成為企業活動的主體。

潘品昇（2000）綜合專家的看法，將組織知識管理的目的歸納成五點：

（一）增加組織知識的存量與價值

組織中的知識可能存在於各式各樣有形、無形的物體、作業程序或是員工的頭腦中，不論是組織內、外或正式、非正式的知識型態，都應建立起讓員工易於存取及應用的知識儲存處，如文件、資料庫、光碟片等，以累積並增加組織知識的存量，並由儲存的知識中開發出對組織有

利的新價值。

（二）建立知識網路

組織中有絕大多數的知識是隱匿於員工的頭腦之中，此種隱性知識既不易發掘，也不易分類或儲存；因此，組織應建立起以人與人溝通為基礎的知識網路，讓員工可以更輕易地找到所需要的人，分享真正符合需求的經驗與知識。

（三）建立有效率的知識使用環境

當組織建構起合適的知識管理之相關軟體、硬體架構，還要能夠營造出讓員工更有效率去創新、分享和運用知識的環境，以提昇員工使用知識的效率。

（四）組織知識創新

將組織現有的知識加以發展獨特的見解，並產生更有價值的知識是組織管理者必須關注的重點。組織應要積極地找尋具有潛力、能夠使現存知識產生最大附加價值的學習機會與經驗，對組織的知識使用愈頻繁，知識能夠產生的效益也就愈大。

（五）建立學習型組織

進步來自於不斷的學習，因此組織必須盡其所能經由各種管道、多方面的學習，才能順利的生存以及持續的擴展。

知識經濟時代所強調之創新能力，實有賴於組織之知識管理。在知識經濟時代，快速學習是個人與組織長期維持競爭力的重要因素。而知識被視為是組織得以永續經營的關鍵，也是重要的資產。組織若能妥當管理其智慧資本，才能推陳出新，創造無限商機。知識管理乃是將組織

的無形資源創造出價值的過程，它是一個綜合的概念，其範圍涵蓋人工智慧、軟體工程、企業的修正和傳播組織之內部和外部知識（Liebowitz, 2000）。

由於學校組織與高科技產業或商業組織有所差異，知識經濟之理念運用在學校之合理性常遭受質疑。然而，學校為典型之知識密集型組織，學校人員是競爭力的核心，尤其是教師更需要不斷的更新其知識，與提昇其掌握動態環境獲取新資訊的能力，才能靈活使用多元教材，培育出具競爭力的學生。

第三節　　學校創新經營層面

創新經營並非抽象之概念，有其一定之實施層面。張吉成、周談輝和黃文雄（2002）即指出組織創新之基礎建設範圍為由人才、科技、資本與文化所構成。其中科技面以網際網路及企業內網路為基礎，來作為知識分享，達成組織成員間知識共有化的重要方法；另外，組織所具有的創新文化，使得成員對於創新習以為常。就像企業組織中所設立的「創意工場」則成為營造創新的最佳場所。除此之外，人才的創意培育亦至為重要，必須培育一群具有勇於接受挑戰、創新與冒險精神的人才來做為組織的基礎。再加上科技之輔助，才能使組織發揮創意成效。

張明輝（2003）則指出學校創新管理的內涵，包括教師創意教學策略、學生創意活動展能、校園規劃及校園美化、創新社會資源運用、建構知識管理系統及學校行政管理創新等。由此可知，學校創新經營有賴校長之激勵與鼓勵作用，鼓勵同仁提出創意，並共同學習新的工作方法與技巧。

實務上，由教育部指導，中華創意發展學會與國立臺灣師範大學主辦之「全國學校經營創新獎」中，將辦理類組分為行政管理革新、課程

與教學領導、學生多元展能、校園環境美化，及社會與環境資源應用等
五組。在行政管理革新組中強調校務基金的募集策略、學校人力物力之
整合、危機管理及品質管理等面向。在課程與教學領導組中特別提到知
識管理與分享、教師進修機制及教師行動研究等面向。在學生多元展能
組中則注重學生特殊才能的培育、提供學生多元的表現機會、彈性適性
的獎勵措施及學生社團組織的健全發展。校園環境美化組之工作重點則
在於學校軟硬體設備的經濟性、安全性、人性化、美感以及是否具備環
境教育之功能。最後在社會與環境資源應用組中，則強調學校與社區的
資源交流以及家長參與學校教育之情形。

　　此外，由教育部舉辦之「標竿一百：九年一貫推手」之競賽的評分
項目，則強調在九年一貫之課程推動過程中各學校所建立之教師討論機
制、行政支援情形、對於課程的改良程度、課程的應用及推廣價值、教
學及評量的創意表現及內外部資源的整合分享。由以上兩種比賽的分組
標準與評分項目，可大略得知現代的學校創新經營之著重層面。

　　在實證研究部分，研究者多半編製「學校創新經營量表」，並利用
因素分析等統計方法抽取相關層面。表9-1中即將2003年之後的論文與全
國學校經營創新獎之相關層面加以統整摘要，檢視後可歸納出五大學校
創新經營層面。茲分述如下：

表9-1　「學校創新經營」層面分析表

層面／研究者	行政管理	課程教學	知識分享	外部關係	資訊科技	文化創塑	團隊支持	資源提供	學生活動	學校特色	教師專業發展	校園環境營造
濮世緯（2003）	V	V	V	V	V							
姚欣宜（2005）	V		V			V	V	V				
林虹妙（2005）	V	V		V					V			V
林筱瑩（2005）	V	V		V					V		V	V
游琇雯（2005）	V	V				V		V	V	V		
鄭福妹（2006）	V	V	V	V	V							
徐瑞霞（2006）	V	V			V	V						
林新發、王秀玲、汪宗明、顏如芳、顏如芳（2006）	V	V		V	V				V			V
2006「全國學校經營創新獎」	V	V		V					V			V
層面統計	9	8	3	6	4	3	1	2	5	1	1	5

資料來源：本研究自行歸納整理。

一、行政管理創新

　　行政管理是組織創新的首要層面，領導者本身的態度深深影響組織創新。前已述及，組織結構可分為有機組織及機械式組織兩種。前者較能適應急速變遷的環境，而後者則適合於穩定的環境。一般而言，有機的組織結構較能促進組織創新，主要由於有機的結構會使決策制定分權化、工作角色的自由安排，並提高成員的創造力；而彈性的結構及較少的層級節制及廣泛的溝通將會加速組織的創新。自1980年代以後的學者對於組織結構的分析層面多以集權化、正式化以及專業化為主。Damanpour（1991）即以後設分析法（meta-analysis）探討組織結構與組織創新的關係，發現集權化與組織創新呈現負相關，專業化則與組織創新呈現正相關。

　　在知識經濟時代，藉由網路互相分享知識，促進訊息與知識的作法相當普遍，並可相互激發創意與創造力。Amabile（1988）更特別強調：個人創造力是組織創新的主要元素，無個人創造力便無組織的創新；Woodman、Sawyer 和 Griffin（1993）的組織創造性互動模型也視人格為個人創造性之要素。員工個人特質影響個人創造力發展，而員工個人創造力發展則影響組織創造力之發展。學校組織之領導者為校長，其與行政團隊之行事作風必定影響其他成員之創新經營能力。一直以來，學校被詬病為作風官僚與保守封閉的場所，對於新穎之領導作風頑強抗拒。在學校創新經營中，校長如不能帶頭做起，則必定事倍功半。就此而論，行政與管理之創新實為最重要的指標之一。

二、課程教學創新

　　學校為教育的場所，其課程內容的翻新與教師教學方法的改進相當重要。從開放理論與組織學習的觀點觀之，組織內部需隨著環境的變動而不斷進行調整，而學校課程即為創新的重要指標。實務上，教師之教學必須因應時代的改變而求創新，如在資訊科技時代使用相關科技與技術，以做為教學之輔助等皆為課程創新重點。在高科技時代，電腦科技配合教學的做法被認為是有助於提高教學效能的方式，而教師之資訊科技知能也有助於其採用資訊科技進行教學創新行為。電腦網路提供教育一個全新的教學取向。使用電腦科技，可實現以學生為中心的學習環境，師生關係由「老師中心」轉變成「師生互為主體」。

　　此外，創新不能只依賴個人，更需要團隊或組織的創造力。在企業界，重視研究團隊間技術的分享，共創贏家角色。應用於教育界，教師在課程教學部分，也應組成知識團隊，彼此分享知識。前已述及，從知識管理的觀點，知識可分為顯性知識與隱性知識兩種。後者牽涉到個人經驗與創新的想法。就像在某些時候突然間完成某項任務，但卻無法理解是如何辦到。課程教學涉及大量隱性知識的運用。例如獎懲學生的方式、時機與班級經營風格等，多半屬於只能意會難以言傳的隱性知識，即使這些知識難以符合傳統文字知識定義，難以用語言表達，學校知識管理者仍應體認其重要性，將教師的隱性知識轉化成顯性知識，以提供全體教育成員分享，進而形成學習型組織，由傳遞知識進而能創造知識。

三、外部關係創新

組織創新的條件之一為外在環境的渾沌。波動與不穩定的環境使組織產生創新的壓力。若組織對於外部環境的訊號採取開放的態度,便能對曖昧不明、模糊的訊息產生回饋,強化內部的競爭力。

從開放理論與渾沌理論的觀點來看,學校組織與外界環境實息息相關。對學校而言,家長、社區與相關教育改革理念皆會影響其運作。故時時保持其回饋系統之暢通性,與家長、社區建立良好關係實為重點發展之一。因此,學校須打破以往關起門來辦教育的思維,對外部關係經營的成效亦應為學校創新經營的重要指標之一。

四、學生活動創新

學生為學校之重要成員,其表現乃為學校效能之重要指標。創新經營之層面自不能忽略學生。傳統以智育掛帥的結果,使得成績較差者備受冷落。學校創新經營對學生首先可以計畫性的培育其特殊才能,使之成為學校的特色,如鼓隊、民俗技藝隊陣等。此可發覺學生之多元智慧,增進其自信心。另外如運用當地資源(如靠山談山或臨海談海),可增加學生相關知識的學習機會。此外,學校也應創造多元機會讓學生表現其才能,其中如多元場合的練習或表演,使學生之長才有所發揮。

以往學校多對學術表現良好之學生有所青睞,往往忽略較為平庸者。因此,提供彈性適性的獎勵,讓學生肯定自我也是學生活動創新的重要內容。實務上,學校也應建立承先啟後的機制,健全發展學生社團組織,以發展學生才能。

五、校園環境創新

校園爲教育最主要之場所，其環境之良窳影響甚大。爲使各項創新活動順利進行，規劃學校空間與軟硬體設備符合經濟性，利用有限的經費達最大的效用乃屬必要。此外，建置有品質的校園空間，以提升教學環境的美感，與具體規劃符合人性化發展，提升使用的安全性，皆爲校園環境創新之重要內容。晚近所倡導之「綠建築」與「永續經營」之理念也應作爲校園環境創新之重要依據。

第四節　學校創新經營現況研究分析

綜觀國內外之研究文獻，近年來對於組織創新或學校創新經營之論文，已爲數不少。以下即就較爲重要之研究進行敘述。在國外部分，Hibbard 和 Carrillo（1998）之研究指出組織成員的知識分享是對整個組織文化的挑戰，主因是知識在流通、分享的過程中，組織結構會產生變化，甚至重新組成組織結構。Obenchain（2002）的研究中探討非營利組織（大學）、私營化組織與公立組織中競值架構文化取向與組織創新之關係。其研究發現在非營利組織（大學）中團隊文化爲優勢文化；而最有力於促進創新（包括行政管理創新與技術創新）之文化取向爲權變文化。Bellum（2003）研究學校組織創新之過程情形，其以美國兩學區使用新資訊系統的情形做爲基礎，瞭解學校在革新過程所遇到的困難與阻礙，結果發現新的資訊系統並不適用於每個學校。King（2003）探討國小學校如何進行學校課程創新。其以Smith和Andrews所提出的教學領導爲主變項，發現在課程創新中，校長應扮演促進者之角色，並提昇教師合作與教師領導。學校也應重視教師專業發展機會的空間，才能讓學校

之課程創新順利進行。

　　在國內研究部分，蔡啓通（1997）的研究探討組織因素、組織成員整體創造性與組織創新之關係，其中一項結論爲：若組織愈能積極鼓勵與提供充分資源，則組織成員整體創造性愈高。林佳慧（2000）研究組織創新氣氛與知識管理機制之關係。其發現組織創新氣氛和知識管理間具有相當程度之關聯性，組織氣氛中的組織活動、工作團隊支持與資源三者決定了知識管理成功與否，具備這三項特徵之工作環境才能有效實行知識管理。由此觀之，學校在創新經營上必須營造創新之氣氛，如此方可順利推行知識管理，提昇組織整體效能。

　　林偉文（2002）探討組織文化、創意教學潛能與創意教學之關係，其特別提出「與教師學習有關的學校文化」，包括共享價值、學習結構管道、知識分享合作（深度對談、討論合作、組成或參與知識社群、經營管理的支持）、與創意教學有關的組織文化、教師創意潛能（教學省思行為、學習者中心教學信念、教學內在動機、教學擴散思考），其與學校知識創新行爲，諸如重視共享價值與分享合作，似乎有相關存在，其研究指出：教師間有愈高的知識分享與資訊流通、合作、深度對話、組成或參與知識社群，則教師有愈高的教學創新行爲；而學校在經營管理上愈支持教師學習，教師有愈高的教學創新行爲。

　　在針對學校創新經營現況部分，濮世緯（2003）發現學校創新經營之各層面上，以「課程與教學」、「資訊科技」與「行政管理」創新經營較高，「教師知識分享」與「外部關係」創新經營較爲偏低。在學校文化取向方面，以「團隊文化」與「權變文化」最有助於學校創新經營。此外，爲數不少之研究係以個別縣市學校爲研究對象。例如在臺北市部分，吳素菁（2004）以四所國小爲例，探討臺北市國民小學組織創新的現況。其發現學校組織創新因校而異，以環境創新與活動創新居多。但是學校創新共識不易建立，與學校組織創新經費不足，爲學校組

織創新最大的困難。林虹妙（2005）則對臺北市高職學校創新經營的現況進行調查，發現臺北市高職學校創新經營的情況良好，並以「行政管理創新」層面表現最佳，「校園規劃創新」層面表現則尚待加強，其餘各層面與整體的創新成效均已顯著高於中等程度。林筱瑩（2005）分析臺北市國民中學創新經營的現況與問題。發現學校創新經營的問題包括1.經費不足；2.成員參與的意願低落；3.時間不足；4.缺乏具體可行的方案；5.組織學習機制不足。

在臺北縣部分，姚欣宜（2004）發現臺北縣國民小學整體支持創新經營為高度程度，其中「領導啟發」支持創新程度最高，「資源提供」較為不足。此外，特小型學校、偏遠地區及創校歷史三十年以上之歷史悠久學校其創新氣氛較高。徐瑞霞（2006）探討國民小學校長領導行為與學校創新經營之現況，發現在學校創新經營現況中，教師最肯定課程教學創新面向，而行政管理創新面向則有待努力。校長的領導行為與學校創新經營具有頗高的正相關。辜皓明（2005）探討國民小學教育人員知識分享行為與學校創新經營之現況，發現其在知識分享行為和學校創新經營之現況為中高程度。而「學校規模」、「創校歷史」之人員所知覺的學校創新經營有顯著差異。黃嘉明（2003）探討臺北縣一所完全中學（清水高中）之經營思維、管理創新及經營上的困難。由於完全中學有其特殊背景，故在營運、組織、人力資源、行銷、顧客關係、財務、研發管理等方面都訂定創新辦法以及實施計畫，在作法上與一般之國中、高中不同。

在桃園縣部分，林文勝（2006）探討桃園縣國民小學教師知覺學校創新經營的現況，發現國民小學創新經營表現屬中上程度。整體而言，國民小學校長轉型領導與學校創新經營具有顯著相關。汪宗明（2005）則同時探討臺北縣、桃園縣國民小學知識延續管理與學校創新經營之關係。發現臺北縣、桃園縣國民小學學校創新經營屬於「中度學校創新經

營」程度，「資訊科技創新」表現最佳，「資源價值創新」可再加強。

　　此外，部分研究也對性質特殊之學校創新經營情況加以探討。例如鄭福妹（2006）以參與臺北縣92學年度「特色學校方案」的18所偏遠地區小型學校之創新經營策略，為探討焦點。發現新經營策略包括：凝聚共識組織經營團隊、因應需求建立SOP標準作業流程、採取異業結盟策略、創新套裝課程、重視專業對話、規劃學習護照、邀請社區參與、運用走出去請進來策略、建構數位化校園以及資訊科技課程化等。游琇雯（2005）則以文件分析法、訪談法及參與觀察法，探討臺灣地區首波公辦民營小學之宜蘭縣人文國小，發現人文國小創新經營的內涵含括了觀念創新、行政創新、教學創新、資源整合創新、學校活動創新、校園環境創新、學校文化與特色創新等七個層面。林建棕（2005）以一所百年老校（臺北縣深坑國小）做個案研究，探討校長在推動永續校園計畫扮演的角色，以及如何透過知識管理傳承永續經驗。對學校創新經營之影響。其發現校長是推動永續校園的關鍵人物，校長透過知識管理的過程，傳承永續校園推動經驗，可為永續校園經營注入持續的活水。永續校園的成功關鍵在於校長的前瞻領導，校長透過知識管理過程，則可將個人的永續經驗轉化為學校組織成員共有的知識資產，讓永續校園的經營不致因校長換人就無以為繼。

　　表9-2整理了學校創新經營與各背景變項之相關論文的研究結果，發現教職員或學校的背景變項不同，在學校創新經營之程度乃有所差異。在教職員的背景變項方面，林文勝（2006）發現男性教師知覺學校創新經營的程度高於女性教師；姚欣宜（2005）發現具備碩士40學分班以上學歷的教職員，其感受學校支持創新經營的程度較高；而教師若兼任行政職務，或擔任學校的一級主管，對學校創新經營的肯定度亦較高（林虹妙，2005；姚欣宜，2005；徐瑞霞，2006）。此外，教職員的年資（齡）較高，則學校創新經營的表現愈好（林文勝，2006；林虹妙，

2005；林新發等，2006；姚欣宜，2005；徐瑞霞，2006）。

表9-2　學校創新經營程度在背景變項上之差異

變項 研究者	教職員背景變項				學校背景變項			
	性別	學歷	職務	年資（齡）	學校規模	學校校齡	學校區域	學校屬性
濮世緯（2003）							都會＞偏遠	
姚欣宜（2005）		高＞低	兼任行政＞未兼行政	高＞低	小＞大	高＞低	偏遠＞都會	
林虹妙（2005）			一級主管＞二級主管	高＞低	中＞大，小	高＞低		私立＞公立
徐瑞霞（2006）			兼任行政＞未兼行政	高＞低	大＞小	高＞低		
林文勝（2006）	男＞女			高＞低	大＞小			
林新發等（2006）				高＞低			都會＞偏遠	

註：細格中所表示者為學校創新經營之程度，空白者代表不顯著。

　　就學校的背景變項而言，歷史悠久的學校愈能支持學校的創新經營，且林虹妙（2005）發現私立高職學校在整體創新經營的程度乃優於公立高職學校；此外，學校規模中上，或位置處於都會區的學校，其學校創新經營的程度愈佳，但姚欣宜（2005）的研究發現卻恰好相反，其發現學校規模較小，或位置較為偏遠的學校，其支持學校創新經營的程

度較佳,至於原因爲何,尚待未來研究加以探討。

　　在知識經濟的時代中,學校創新經營有其必要。然而,任何改變及創新皆要以達成教育目標爲依歸,千萬勿落入爲求創新而創新卻不知所爲何事之窠臼,創新的方式雖可多元化,但仍應有所本,而非亂無章法、恣意妄爲。採用理論性、實證性及實用性的研究策略,方能找出落實學校創新經營的具體辦法及配套措施。學校創新經營在國內尚屬起步階段,大部分學校對於創新尚未能明確掌握其精神而全面實施。此外,學校創新經營面臨法規不全及學校組織慣性的阻礙。國內有關人事、會計法規尚未完全鬆綁,教師傳統守舊觀念生態仍然存在,皆阻礙創新經營的推動。未來學校創新經營之具體實施辦法、配套措施,乃至實用性策略之發展,仍須進一步努力。

 參考案例

臺北市文化國小之創新經營

　　處在當今變動社會中,學校要因應內部與外部快速變遷的環境,必須善於運用組織學習與知識管理,倡導成員之間知識分享,將隱性知識與顯性知識作妥適結合,方能在變局中創造新局面的可能。學校組織是一個複雜的實體,如何創造一個有機性的組織,重視外部關係與內部回饋系統,擁有自我調適進而更新創新的能耐,是學校創新關注的核心問題所在。

　　文化國小即是一所學習型組織的學校:創校於1991年,現有57班,教職員生2,000多人,教師碩、博士人數占50%左右,教學與研究風氣鼎盛,最近幾年有亮眼的成績。獲得臺北市優質學校「學校文化優質獎」、「資源統整優質獎」,以及「專業發展優質獎」。在落實本國語文教育、推動英語教學、圖書館利用教育、教師專業發展、輔

導活動等方面成效卓著，近四年來國內外媒體報導超過400次，並在CNN全球新聞網中報導播出，頗受各方肯定。

在各項活動中，文化國小所辦理的英語教學最為亮眼，自2001學年度起，全校全面性試辦加強英語教學，一到六年級每週合計8-9節（正式課程加課後輔導），採全美語教學，兼顧縱向橫向的教學規劃，含中、外籍英文教師教學課程與課後輔導英文課程三個面向。同時規劃晨光英語、辦理英語遊園會、英語遊學團、英語冬令、夏令營，以及建構雙語學習環境等方式，提供學生更多接觸英語的環境。學生必須以英語自我介紹三分鐘，學生畢業前必須學會音標看字即能唸出，單字量一千字以上，並重視英語課外讀物閱讀與英語補救教學活動，被譽為全國公立小學第一。

除了英語教育之外，語文教育及圖書管理利用教育也相當注重，以「每週一文」資料進行朗讀比賽與閱讀，高年級每週進行演說比賽，每年定期舉辦校內國語文競賽，並針對語文專長學生辦理冬令營集訓。學生需於畢業前需閱讀100本好書、完成小書著作、三到六年級每學期需完成六到八篇作文，會查字典、查資料；圖書館利用教育方面，推動書香制度，鼓勵學生閱讀好書，累計20、50、100本好書並書寫閱讀心得，頒發書香學士、碩士、博士獎。凡學生閱讀滿100本好書，校長請其吃牛排給予鼓勵。相關語文活動尚包括「小博士信箱」和「語文萬花筒」有獎徵答活動；每月有主題書展；金書獎活動，鼓勵學生製作小書等，希望學生在六年內閱讀100本好書並書寫閱讀紀錄。另外在體育教學方面，則鼓勵每一位學生培養一項運動專長，並於每學期辦理學年班際體育競賽，規範全體學生一起參與，高年級學生則必須長跑2,400公尺之課程目標。

綜而言之，在行政管理創新、課程教學創新、外部關係創新、學

生活動創新與校園環境創新方面，文化國小均有相當程度之對應，以下逐一概述：

一、行政管理創新方面

校長與行政團隊的行事作風多少會影響其他成員創新的能力，文化國小校長積極思索學校未來之定位與方向，鎖定在學生基本知能的培養，如校內英語教學之積極推動，深耕閱讀的實施，並從而營造溫馨尊重之校園，重視教師的關懷與交流機制，期勉落實教訓輔合一，建立友善校園。另外，會議常採腦力激盪方式，每個人各自提出意見，下次再邀集其他成員一起參與，讓不同的人，從不同觀點看教育。行政管理創新需對於教師專業發展方面一併探討，文化國小積極安排教師進修活動，並於教師晨會進行教學經驗分享；其次，重視教學研究發展，鼓勵教師從事行動研究，每年出版教師研究專輯，每學期並分別安排不同主題之讀書會與教師成長團等活動。

二、課程教學創新方面

文化國小重視學生基本能力的養成，落實學生學習品質，其特色為：1.落實國語文教育、深耕兒童閱讀、英語教學；2.發展情緒教育課程、性別教育課程、重視體驗學習；3.學生學習體驗，包含生活、學習、節慶、國際等不同的體驗活動，不但提供學生有系統的學習環境，更能涵養生命，展現競爭實力。特別在精耕語文教育方面，聘請許多外籍教師與本國籍教師合作教學，並研發教材，每週平均英語課程節數之增加，定期實施英語日活動、辦理國際遊學活動，均有助於紮實打下英語聽說讀寫各方面的基礎。

三、外部關係創新方面

學校對於外部環境的訊號採取開放的態度有助於家長、社區對學校之回應更加通暢，從而建立起良好互動關係。文化國小在這一方面

認為家長是學校的合夥人,是學校的支持力量,家長參與的面向則包括決策參與、學習輔導、心理輔導、事務支援、社區成長等,涵蓋相關校內委員會的參與、圖書資料整理與課後輔導之協助等,不但讓家長更瞭解學校如何辦學,也解決學校人力不足的問題;另外,運用校內外社區資源方面,文化國小依據學生學習需求,主動與社區組織互動,同時也歡迎社區協會、基金會等團體參與學校相關教育活動,如八頭里仁協會、北投青商會、政戰學校等。透過這些社區組織團體熱心參與及付出,學生學習到更多書本之外的知識與能力。

四、學生活動創新方面

學生表現乃為學校效能重要指標,學生活動創新宜注重學生多元智慧與特殊才能培育、提供多元表現機會、彈性適性的獎勵措施,以及學生社團組織健全發展方面。文化國小定期推展各項學習成長活動,如晨光英語,推展藝術護照、耐力跑等活動,配合節令、課程辦理各項競賽或活動,提供學生活動展能、發表或作品展示機會。例如各年級分別辦理才藝發表會、定期巡迴演說,甚至爭取社區演出之機會,也訓練學生口語表達及展現自我之膽識。另外,小書製作比賽是該校學生活動創新的另外一項特色,學生利用假期製作屬於自己的一本小書,運用自三年級開始圖書館利用教育的點滴經營,從瞭解一本書的結構,到每週新書介紹與閱讀,最後選擇所喜愛的主題進行探究,完成後圖書館更公開陳列並收藏,意義非凡。

五、校園環境創新方面

包含建置有品質的校園空間,提升教學環境的美感,具體規劃符合人性化發展,提升使用的安全性等。文化國小具體型塑中庭藝術天地,整體規劃校園櫥窗,執行藝術深耕校園計畫,諸如每月介紹一位音樂家,播放音樂家作品,藉由播放樂曲的方式讓學生潛移默化,提

升學生音樂鑑賞之能力。

　　多年來，文化國小透過不斷的溝通與討論達成共識，將隱性知識逐步轉化為有價值的顯性知識，成為知識創新螺旋。使文化團隊近年來於行動研究、多語文競賽、深耕閱讀、自然科學等方面囊括許多獎項。教師之間彼此合作交流，相互提供意見，進而激發出創意的火花。學校領導人具有遠見、膽識與行動力，並能掌握時代趨勢，以辦理私立學校的精神辦理公立小學，雖處於市郊卻年年列為額滿學校，廣為社區所肯定，所謂「外部要有品牌，內部則先要有品質」，文化國小的創新經營理念與實踐值得吾人參考。

回答問題

1. 試以Nonaka與Takeuchi知識創新理論中有關知識轉換方式、知識創新階段，說明文化國小創新經營之實務作法。

2. 學校創新經營源自於有機式組織之假定，同時蘊含組織學習中之單環路學習、雙環路學習與再學習。文化國小是否具備上述有機式組織與學習型組織之特性？請加以說明之。

3. 學校創新經營的層面包含行政管理、課程教學、外部關係、學生活動、校園環境等面向，請先就個人所屬學校之現況分析之。再以文化國小推動實例做比較，思考哪些層面值得作為學校推動創新經營時之參考？

4. 你認為學校創新經營還可分為哪些類型（如漸進式創新）？學校於推動過程中有哪些應注意的事項，方能促成在校務運作與教學創新中達到最高的成效？

參考書目

中華創意發展協會（2006）。*InnoSchool2006全國學校經營創新獎*。2006年8月10日，取自http://teach.eje.edu.tw/prodev/100/elementary100.htm

王如哲（2000）。知識管理的理論與應用：以教育領域及其革新為例。臺北：五南。

吳素菁（2004）。**學校創新經營之研究—以四所國民小學為例**。國立政治大學教育系碩士論文，未出版，臺北。

汪宗明（2005）。**國民小學知識延續管理與學校創新經營關係之研究-以臺北縣、桃園縣為例**。國立臺北教育大學教育政策與管理研究所碩士論文，未出版，臺北。

林文勝（2006）。**桃園縣國民小學校長轉型領導與學校創新經營關係之研究**。臺北市立教育大學教育行政與評鑑研究所碩士論文，未出版，臺北。

林佳慧（2000）。**組織內部創新氣氛與知識管理機制關係之探討**。國立中央大學人力資源管理研究所碩士論文，未出版，桃園。

林建棕（2005）。**一所百年老校活化創新—永續校園經營之個案研究**。臺北市立教育大學教育行政與評鑑研究所碩士論文，未出版，臺北。

林虹妙（2005）。**臺北市高職學校創新經營之調查研究**。國立臺北科技大學技術及職業教育研究所碩士論文，未出版，臺北。

林偉文（2002）。**國民中小學學校組織文化、教師創意教學潛能與創意教學之關係**。國立政治大學教育學系碩士論文，未出版，臺北。

林新發、王秀玲、汪宗明、顏如芳、顏如芳（2006）。國民小學校長領

導行為、知識延續管理對學校創新經營影響之研究─以臺灣北部三縣市為例。載於澳門大學舉辦之「華人社會的教育發展學術研討會論文集」（頁73-91），澳門。

林筱瑩（2005）。臺北市國民中學創新經營之研究。國立臺灣師範大學教育學系在職進修碩士班論文，未出版，臺北。

姚欣宜（2005）。臺北縣國民小學學校支持創新經營與學校創新氣氛之研究。國立臺北教育大學教育政策與管理研究所碩士論文，未出版，臺北。

徐瑞霞（2006）。臺北縣校長領導行為與學校創新經營之研究。國立臺北教育大學教育政策與管理研究所碩士論文，未出版，臺北。

秦夢群（2005）。教育行政─理論部分（五版）。臺北：五南。

張吉成、周談輝、黃文雄（2002）。組織知識創新：企業與學校贏的策略。臺北：五南。

張明輝（2003）。卓越校長的關鍵力。載於臺北市教師研習中心主編之「92年度學校行政人員專業發展：精緻學校經營研習班手冊」（頁37-43），臺北。

教育部（2003）。92年「標竿一百─九年一貫推手」評審規則。臺北：作者。

莊立民（2002）。組織創新模式建構與實證之研究：以臺灣資訊電子業為例。國立成功大學企業管理研究所博士論文，未出版，臺南。

游琇雯（2005）。宜蘭縣公辦民營人文國小創新經營之個案研究。臺北市立教育大學國民教育研究所碩士論文，未出版，臺北。

辜皓明（2005）。臺北縣國民小學教育人員知識分享行為與學校創新經營之研究。國立臺北市立教育大學教育行政與評鑑研究所碩士論文，未出版，臺北。

黃昆輝（1993）。教育行政學。臺北：東華書局。

黃嘉明（2003）。完全中學經營策略之個案研究。國立臺灣科技大學管理研究所碩士論文，未出版，臺北。

劉濬（2002）。**組織創新氣氛與知識創造績效之研究—以資訊產業為例**。彰化師範大學商業教育學系碩士論文，未出版，彰化。

潘品昇（2000）。**企業實施知識管理與電子商務關聯性之研究**。大葉大學資管理研究所碩士論文，未出版，彰化。

蔡啟通（1997）。**組織因素、組織成員整體創造性與組織創新之關係**。國立臺灣大學商學研究所博士論文，未出版，臺北。

鄭福妹（2006）。**偏遠地區小型學校創新經營之研究—以臺北縣特色學校方案參與國小為例**。國立臺北教育大學教育政策與管理研究所碩士論文，未出版，臺北。

濮世緯（2003）。**國小校長轉型領導、學校文化取向與學校創新經營關係之研究**。國立政治大學教育學系博士論文，未出版，臺北。

謝文全（1993）。**教育行政理論與實務**。臺北：文景。

Amabile, T. M. (1988). A Model of creativity and innovation in organization. In B. M. Staw & L. L. Cummings (Eds.), *Research in organizational behavior* (pp.123-167). Greenwich, Conn: JAI Press.

Bellum, J. M. (2003). *Rogers' innovation process in organization: Information systems implementation in educational organization.* Doctoral Dissertation of University of Nebraska-Lincoln, unpublished.

Bender, L. J. (1997). Team Organization - Learning organization: The university of Arizona four years into it. *Information Outlook*, 1(9), 19-22.

Burgess, G. (1989). *Industrial organization.* Englewood Cliffs, NJ: Prentice-Hall.

Dale, J. D. (1997). The new American school system: A learning organization. *International Journal of Educational Reform*, 6(1), 34-39.

Damanpour, F. (1991). Organizational Innovation: A meta-analysis of affects of determinants and moderator. *Academy of Management Journal*, 34 (3), 536-555.

Denver, J. T. (1997). Reconciling educational leadership and the learning organization. *Community College Review*, 25(2), 57-63.

Gordon, J. (1996). *Organization behavior*. New York: Prentice-Hall.

Greenfield, T. B. (1993). Theory about organization: A new perspective and its implications for schools. In T. B. Greenfield & P. Ribbins (Eds.), *Greenfield on educational administration* (pp.1-25). London: Routledge.

Hedlund, G. (1994). A model of knowledge management and the N-form corporation. *Strategic Management Journal*, 15, 73-90.

Hibbard, J., & Carrillo K. M. (1998). Knowledge revolution. *Information Week*, 663, 49-52.

Kanter, R. M. (1988). When a thousand flowers bloom : Structural, collective, and social conditions for innovation in organization. *Research in Organizational Behavior*, 10, 169-211.

Kelm, M., Narayanan, K., & Pinches, G. (1995). Shareholder value creation during R & D innovation and commercialization stages. *Academy of Management Journal* , 38, 770-786.

King, M. H. (2003). *Instructional leadership in the principal role: Testing the effectiveness of practices in the implementation of a curricular innovation.* unpublished Doctoral dissertation, Montana State

University.

Kochan, T., & Useem, M. (1992). *Transforming organizations*. New York: Oxford University Press.

Liebowitz, J. (2000). *Building organizational intelligence: A knowledge management primer*. London: CRC Press.

Lumpkin, G. T., & Dess, G. G. (1996). Clarifying the entrepreneurial orientation constructs and linking it to performance. *Academy of Management Review*, 21(1), 135-172.

Lunenburg, F. C., & Ornstein, A. C. (2000). *Educational administration: Concepts and practices* (3rd ed.). CA: Wadsworth.

Nonaka, I., & Konno, N. (1998). Te concept of 'Ba': Building a foundation for knowledge Creation. *California Management Review*, 40(3), 40-54.

Nonaka, I., & Takeuchi, H. (1995). *The knowledge-creating company: How Japanese companies' creating the dynamics of innovation*. New York: Oxford University Press.

Nonaka, I., Umemoto, K., & Sasaki, K. (1998). Three Tales of knowledge-creating companies. In G. Krogh, J. Roos, & D. Kleine(Eds.), *Knowing in firms* (pp.25-45). London: SAGE.

Obenchain, A. M. (2002). *Organization culture and organizational innovation in not-for-profit, private and public institutions of higher education*. Dissertation of Nova Southeastern University, unpublished.

Redding, J. (1997). Enhancing team performance. *Academy of Human Resource Development Conference Proceedings, March*, 6-9.

Robbins, S. P. （1996）. *Organizational behavior*. Englewood Cliffs, NJ:

Prentice-Hall.

Winograd, T., & Flores, F. (1986). *Understanding computers and cognition: A new foundation for design.* Reading, MA: Addison-Wesley.

Woodman, R. W., Sawyer, J. E., & Griffin, R. W. (1993). Toward a theory of organizational creativity. *Academy of Management*, 18 (2), 293-321.

第十章 學校知識管理與組織學習

· 陳錫珍 ·

21世紀是知識經濟的時代,知識成了新經濟的核心生產要素,而知識的創造、應用及管理等工作,也成為企業組織在市場競爭的勝負關鍵,於是「知識管理」(knowledge management,簡稱KM)的理念受到企業多方的關注,紛紛將其援用為提升績效及競爭優勢的重要管理策略。而知識與學習的關係向來密不可分,唯有透過組織成員的持續學習,組織的知識才能不斷地成長與創新,「組織學習」(organizational learning)的重要性與價值也因此而受到各界的矚目。

面對外在環境的迅速變遷,學校組織也和企業組織一樣,必須不斷地創新及提升效能,才能在高度競爭的社會中維持競爭優勢,於是近年來知識管理與組織學習的理念及做法也逐漸在教育領域受到重視。有基於此,本章即以學校知識管理與組織學習為主題,共分為兩部分:第一部分針對學校知識管理相關概念予以探討與介紹,其包括知識管理的意涵、知識管理的流程及知識管理應用於學校組織的具體策略;第二部分旨在探討學校組織學習的相關概念,討論的範圍包括組織學習的意涵、學習型組織的意涵與特徵、建構學習型組織的理念與做法,以及學習型學校的意涵與建構。

第一節　知識管理的意涵

　　知識爲知識管理的重要核心概念，但也是個極爲複雜的概念，故要瞭解知識管理的意義之前，有必要先明瞭知識的意涵及其類別。有基於此，本節首先探討知識的意涵，繼則分析知識的類別，最後則申述知識管理的意涵。

一、知識的意涵

　　早在希臘哲人柏拉圖（Plato, 423-347 B. C.）的時代開始，有關知識的意義、起源、本質、內容、存在、眞僞及類別等，即是西洋哲學知識論所探究的重要課題。然而對於近年來興起的知識經濟及知識管理的概念而言，知識已不再侷限於哲學知識論當中所探討的學術性知識而已，而是包含了各領域專業人員所具有的實踐性知識。知識管理一詞中所指的「知識」（knowledge）雖然與數據（data）及資訊（information）息息相關，但三者在意義及內容上還是有一些不同之處，Davenport與Prusak（1998）認爲其主要差異如下：

　　1.數據

　　指未經過處理的原始文字或數字，這些資料只針對事件做客觀的紀錄，本身並不具有關聯性或目的性。例如學校的經費、圖書館的藏書量、學生人數、教師的年資等，都是與學校組織有關的數據。

　　2.資訊

　　指一種訊息或消息，亦即將上述數據經過處理，形成有意義、有脈絡的資料。資訊與數據最大的不同之處在於資訊是有系統的、有條理的，且具有關聯性及目的性，通常可透過脈絡化、分類、計算、修正、

簡化等方式將數據賦予意義並轉換為資訊。例如將各縣市每生平均經費加以統計與比較，可作為教育資源分配相關決策的參考指標。

3.知識

為結構化的經驗、價值、具有脈絡性的相關資訊，以及專業見解和洞察力等的綜合體。係個體根據相關資訊，並經由思考及研判所形成，它結合了經驗、事實、判斷、經驗法則、價值觀與信念等，為個體瞭解、創造、轉化及學習的成果，可藉由行動來體現，並可作為評估及整合新經驗及資訊的架構。例如教師在教學方面的相關知識，即來自其日常教學的經驗、學生學習的情況，再加上個人對於教學原理及理論的瞭解等所融合而成。

由以上的探討可知，知識並非僅有數字、文字的堆砌或書面資料的匯集而已，而是需要透過個體主動的參與及思考，才能進一步將資訊轉化為知識。

二、知識的分類

知識可以依不同的標準劃分為不同的類別，以下介紹一些知識分類的原則供參考：

就知識被利用的層次而言，可分為個人知識及組織知識，個人知識主要來自個體的思想及經驗，由組織成員個人專屬及運用；組織知識為組織成員經由互動之後所共同創造的知識，與組織的活動息息相關，可由組織成員共同擁有及分享，並可應用於組織決策及創造組織價值。

此外，Polanyi（1967）依知識性質的具體化程度分為外顯知識（explicit knowledge）和內隱知識（tacit knowledge）。Nonaka與Takeuchi（1995）認為外顯知識係指可以用文字、數字、符號、圖形等

方式具體呈現並供他人檢視的客觀知識，例如書面報告、說明書、手冊、電子郵件、電腦程式等。因為外顯知識的內容具一致性、共通性及普遍性，有規則及系統可循，所以比較容易被傳播與分享，而且也比較容易為他人所取得及應用。而內隱知識則是一種只能意會不可言傳、無法明確描述的知識，通常以專業技能及經驗的形式存在個人主觀的行為、信念、心智模式、直覺、洞察力、預感、偏好、習慣等層面之中，難以文字、數據、圖表或標準化的形式來表達，且極為獨特及個人化，通常需要透過言語及行動才可被用來溝通、分享及傳授。例如在學校服務多年的資深行政人員，在學校行政工作中經由直接的體驗及實際行動後累積了豐富的實務經驗，因而形成其個人所擁有的內隱知識。

三、知識管理的意涵

對於知識管理的見解及看法雖然論者頗多，但由於研究焦點的不同，學者之間尚未有一致性的定義。以下列舉一些代表學者的定義為例供參考，然後再做歸納。

王如哲（2000）：知識管理主要關注在「人力資本」的層面，亦即個別組織成員所擁有的知識力量；知識管理的對象為組織成員知道如何（know-how）的能力，其目標在於提升組織的生產力與創新力。

Sveiby（1997）：知識管理的內涵應包含資訊及人員的管理，前者強調資訊系統及電腦科技的應用，後者則偏重在個人與團體潛能的開發。

Wigg（1997）：知識管理係指有系統、謹慎地建立、革新及應用組織知識，使組織的智慧資產能發揮最大的效益及回饋，故可視為組織透過知識的安排及傳播以維持競爭優勢的一種策略。

　　Leibowitz（1999, 2000）：知識管理是一個綜合性的概念，為一種由組織無形資產（intangible assets）中創造出價值的過程，範圍涵蓋了人工智慧、軟體工程、企業流程再造、組織的行為及資訊科技領域，其主要功能在創造、保護、合併、更正及傳播組織內部及外部的知識。

　　勤業管理顧問公司（Arthur Andersen Business Consulting）（劉京偉譯，2000）以下列公式指出在知識管理架構中幾個重要元素之間的關聯性：

$$KM = (P + K)^S$$

　　在上述知識管理的公式中，其中「P」指人（people），即組織知識的運載者；「K」代表組織所累積的知識（knowledge），其中還涵蓋了資料、資訊和智慧；「＋」加號部分指協助建構知識管理的資訊科技；「S」則是指分享（share，次方代表加乘效應）。換言之，知識管理必須透過資訊科技的應用，將組織成員所具有的經驗與組織所累積的知識充分結合，並在知識分享的組織文化中，讓組織知識達到加乘的效果，進而達到知識創新及永續經營的目的。

　　綜合上述學者對知識管理的解釋，可將知識管理的定義歸納如下：知識管理是組織藉由知識的選取、儲存、整理、分享、應用及創新等歷程，有效結合科技、人力及資訊，使原有的知識透過組織成員的共享、轉化、傳播等方式，有效轉化為組織成員共享的新知識，並藉由組織知識不斷地創造、累積及創新，進而增加組織資產及提升組織智慧，以掌握競爭優勢，創造永續經營。

第二節 知識管理的流程

　　從以上有關知識管理定義的探討，可見知識管理實爲一種複雜的過程，如要做好知識管理，組織必須掌握其中的基本步驟，以下分就知識管理流程中的獲取、分享與轉化、應用與創新等主要階段分別加以說明。

一、知識的獲取

　　知識管理的首要步驟在於知識的獲取（knowledge acquisition），無論是資料、資訊、內隱知識或外顯知識，組織必須先獲得這些重要資源才能進行知識管理。而組織通常可透過以下五種方式來取得知識（胡瑋珊譯，1999；Davenport & Prusak, 1998）：

（一）收購

　　透過某個組織或擁有此項專才的人員來取得知識，爲最直接及有效的方式。

（二）指派專責單位

　　可設立專門的單位或團體（例如研發單位）爲組織開發新的知識。

（三）融合

　　組織在複雜與衝突的情境中，將具有不同才能、觀點及背景的成員結合起來，共同爲某個目標或問題而努力，藉由新的合作模式激發出有創意的解決方案。

（四）適應

組織為適應外在及內在環境的改變，而不斷地追求進步以因應挑戰，因而激發知識的產生。

（五）建立網絡

組織中的非正式網絡也可成為產生知識的來源之一，組織成員透過電話、電子郵件、面對面談話等方式，分享彼此的專長，並共同解決問題，為組織激發出新的知識。

二、知識的分享與轉化

組織的知識必須要透過分享及轉化的過程，才能豐富知識的內涵及提升知識的價值。Nonaka與Takeuchi（1995）認為組織知識的創造係透過成員內隱知識與外顯知識的交互作用而產生，為一種知識分享及建構的動態過程，透過這種知識轉化的過程，組織成員的內隱知識及外顯知識才能在質與量上加以擴展。而知識的轉化包含了共同化（由內隱轉換為內隱）、外化（由內隱轉換為外顯）、結合（由外顯轉換為外顯）、內化（由外顯轉換為內隱）等四個基本模式。知識藉由上述四個模式不斷地進行轉換與整合，並由個人的層次開始，逐漸在團體、組織，甚至組織與組織之間累積與擴展，整個循環過程被稱為知識螺旋（spiral of knowledge）。茲將此四種模式的內涵分別說明如下：

（一）共同化（socialization）

又稱為社會化，即組織成員以身體力行的方式，透過分享與互動，將其內隱知識傳授給其他成員，其他成員再經由觀察、模仿與練習，將

其轉化爲自己的內隱知識。

（二）外化（externalization）

又稱爲外部化，即透過適當的隱喻或類比（通常會訴諸語言及文字），將組織成員的內隱知識以具體的形式呈現出來，並傳達給其他成員，使其轉化爲其他成員的外顯知識。

（三）結合（combination）

即將不同成員或部門既有的外顯知識，以有系統的方式加以分類、組織及重新組合，使其成爲新的外顯知識體系。

（四）內化（internalization）

又稱爲內部化，即透過「邊做邊學」的方式，將文件或手冊上的外顯知識加以吸收，使其轉化爲內隱知識的過程。

由於內隱知識與外顯知識的轉換始自於組織內部人與人之間的互動，如何塑造有利於組織成員知識創造的情境尤其重要。Leonard與Sensiper（1998）認爲組織成員可透過共同解決問題、發現問題及預測等方式，來促進成員之間內隱知識的分享與交流。而Nonaka（1994）也指出，組織必須要提供成員充裕的資源，並賦予成員一個富有挑戰性及多樣化的環境，才能使成員願意自發性地進行知識的交流。

三、知識的應用與創新

知識必須有效應用才能達到組織的目標，所以組織成員必須讓知識應用的結果能夠提升工作的效率與效能。而組織成員在運用知識之後，

成員之間會經由討論、溝通與分享而不斷地修正及改進知識，進而創造出新的知識。知識創新（knowledge innovation）除了靠組織不斷地學習之外，組織成員亦需要不斷地成長，才能成為激發知識創新的泉源，進而提升組織的競爭能力。

Leonard-Barton（1998；王美音譯，1998）認為知識創新可藉由以下四種方式來進行：

（一）有創意地共同解決問題

若要促進組織及個人的成長，則須營造多元開放的組織氣氛，在組織結構的設計上，要減少水平與垂直溝通上的障礙，使成員願意針對組織的問題貢獻自己的智慧，提出有效的解決方案，並共享問題解決的成果。

（二）整合新的技術及流程

組織可採用「使用者參與」（user involvement）的原則，讓組織成員能參與新技術的開發過程，使其將執行過程中所產生的經驗與知識能融入至新的技術及流程中。

（三）持續不斷地實驗

組織必須塑造出一個允許及鼓勵成員實驗的組織氣氛，使組織成員能不畏失敗並且能從經驗中學習，從這些實驗中開發出新的知識來源、資訊管道，以及問題解決的新方法。

（四）吸取組織外部的專業知識

組織可從外部的不同知識來源，蒐集及吸取新的專業知識，以彌補組織內部知識的不足。

第三節　知識管理應用於學校組織的具體策略

　　知識管理除了在學術領域掀起了一股熱潮之外，許多企業組織也在實務上積極推動知識管理。就學校組織的特性而言，學校本身就是一個創造及傳遞知識的教育組織，透過有效的知識管理，學校才能持續地維持競爭優勢。本節將進一步探討知識管理應用於學校組織的具體策略，綜觀眾多學者的看法，學校若要有效實施知識管理，可採用以下五項具體策略：

一、善用科技設備與資源

　　知識管理需要資訊科技的支援，才能使組織成員迅速且有效地蒐集、儲存、擷取、應用及共享知識。學校可利用資料庫、資訊平臺、網際網路、電子郵件、討論區、多媒體電腦系統等資訊科技來進行學校知識的管理。這些資訊科技設備的運用，可以使學校成員節省許多精力和時間搜尋及獲取資訊，提升其工作效率，並可使成員跨越時空的障礙與其他成員進行知識分享，使成員的知識能不斷地擴充與成長。

　　雖然資訊科技是推動知識管理的重要工具，但學校在運用資訊科技建置知識管理系統時，必須考量到學校組織文化的特性及組織成員的需求，才能使資訊科技有利於知識管理的推展。有些組織在推行知識管理時，常會誤以為資訊科技的運用即可取代成員面對面的溝通，所以只要建立一個能彙整知識的資料庫即是等於在進行知識管理，但卻發現實施的成效不如預期（Dixon, 2000）。Leibowitz（1999）認為這些組織在推行知識管理時會遭遇到挫折及失敗的主要原因在於過度強調科技的層

面，而忽略了知識管理其實與組織的文化及人力密切相關。所以學校組織在科技的使用上，必須讓硬體（科技）及軟體（人）做有效的結合，而組織成員也要加強應用資訊科技的素養與能力，才能使資訊科技的運用眞正達到知識管理的目標。

二、型塑知識分享的組織文化

　　組織知識爲成員共同創造及擁有，唯有透過組織成員的溝通、傳授及分享，成員個人的知識才能轉化爲有意義的組織智慧資產，發揮更高的價值（Leonard & Sensiper, 1998; Malhotra, 1998）。組織在推動知識管理時，知識分享的文化即成爲了成功知識管理的重要基石，所以組織必須營造適當的情境，建構一個能使不同部門的成員樂於共同分享、交流、討論及學習的組織文化，在這種文化之下，組織知識才能成爲不同成員知識綜效（synergy）的結果，而非僅是成員零散知識的整合而已（Brown & Duguid, 1998）。

　　型塑學校組織文化往往不易達成，綜合學者的看法，一個有利於知識分享的組織文化必須具備以下幾項要件：

（一）信任

　　組織知識的轉化與創新需要透過成員之間內隱知識與外顯知識的交流與互動，而在組織成員知識交流及傳遞的過程中，信任是促使組織成員樂意與他人分享知識與經驗的關鍵要素（Davenport & Prusak, 1998）。

（二）積極學習

　　在知識經濟資訊日新月異的時代，組織成員必須持續不斷地學習，

個人的知識才能夠持續累積與成長，所以組織若要掌握競爭優勢，創造一個鼓勵積極學習的組織文化可爲其奠下成功的基礎（Kimball, 1998）。

（三）互相關懷與支持

知識管理可否有效進行與組織成員能否和諧共處有很大的關聯性（Krogh, 1998），爲了使組織成員能夠摒除與他人分享知識的疑慮及障礙，組織的領導階層必須要提供一個高度關懷的工作環境，讓成員願意互相支持與協助，進而樂與他人分享知識，勇於嘗試與實驗。

三、提供績效評量與獎勵制度

爲了瞭解學校知識管理的表現，學校應訂定一套知識管理的績效評量制度來檢測知識管理實務的優劣之處，如此一來，可促使學校對知識管理的實施持續不斷地改進，使其達到更好的成效。學校所發展的知識管理績效評量工具宜針對學校組織的情境而設計，其評量的指標可包括學校知識管理的流程、策略、文化與結構、人員與技術、資訊科技的運用等。

除此之外，若要使學校成員願意自發性地貢獻所長，並樂與他人共同合作與學習，進行知識交流與分享，則學校必須規劃一套獎勵制度，提供物質與精神的誘因，鼓勵組織成員積極分享知識及運用組織知識。組織成員的表現若受到肯定，則會更加投入知識管理的工作，組織也因而可以塑造一個長期性的知識分享與創新的文化。

四、慎選知識管理的專才

　　對於學校而言，知識管理的實施並非僅是一項暫時性的業務而已，而是一項持續不斷的歷程。爲了使知識管理工作能夠順利運作及永續進行，學校在組織結構上宜做適當的調整，並設置專責單位及各種知識管理工作的角色來負責規劃及協調有關校園知識管理的相關事宜。學校可慎選一位具備知識管理專業知能的知識長（chief knowledge officer，簡稱CKO）來負責整個學校知識管理相關工作的規劃及管理策略的推行，例如從事知識管理工作的倡導、建置資料庫、發掘與蒐集組織內部與外部知識、規劃績效評量與獎勵制度、建立知識管理的文化及結構等。Davenport與Prusak（1998）認爲知識長的人格特質必須具備以下四種條件：1.具備某個知識領域豐富的管理經驗，包括創造、傳播以及應用相關知識；2.熟悉以知識爲導向的組織及科技工具；3.能展現與個人專業相關的博學能力；4.能適應知識管理工作的運作過程。

五、學校領導者的高度支持

　　知識管理是否能成功實施有賴於領導者的高度支持，因此學校校長是否能以身作則並積極投入知識管理的工作，對於學校成員的信念和行爲將深具影響。綜合一些學者的看法（王如哲，2001；吳清山，2001；Davenport & Prusak, 1998; Nonaka & Takeuchi, 1995），校長在推動學校知識管理的主要任務可包括：1.充實有關知識管理的知識，以瞭解知識管理對於達成學校目標的重要性；2.建立及倡導學校知識管理的願景，以給予學校成員明確的方向感；3.協助學校成員克服知識管理的障礙，

鼓勵同仁透過溝通及對話互相分享知識；4.重視學校成員的在職進修，鼓勵同仁持續學習，以提升其專業知能；以及5.爭取足夠的經費，充實學校的資訊設備及提供所需的資源，以利學校知識管理工作的進行。

第四節　組織學習的意涵

　　置身在快速變遷及高度競爭的時代裡，組織需要持續不斷地學習才能因應環境的挑戰，因此組織學習成為組織致勝的重要關鍵。為進一步瞭解組織學習的概念，本節分別就組織學習概念的起源、組織學習的理論基礎、組織學習的意涵等三部分加以說明。

一、組織學習概念的起源

　　「組織學習」一詞最早出現在公共行政領域有關組織理論的文獻中，學者H. Simon於1953年在「公共行政評論」（Public Administration Review）的文章中，提到組織重組的過程就是一種學習的過程，組織學習為組織在受到外在環境的刺激後，組織成員循序漸進地進行組織結構重組的一種自然適應過程，其產出將成為組織的結果。之後在1960年初期，逐漸有一些學者開始對於組織學習的概念產生興趣，R. Cyert及J. March於1963年在其《商業組織的行為理論》（Behavioral Theory of the Firm）一書中，將組織學習一詞列為探討組織行為理論的基本概念，而V. E. Cangelosi及W. R. Dill在1965年於《行政科學季刊》（Administrative Science Quarterly）所發表的〈組織學習：理論進程之觀察〉一文中，進一步將組織學習的概念視為一種理論來探討。在歷經上述概念萌芽時期之後，從1970年末期開始，愈來愈多的學者由不同角度在期刊及專書探討組織學習的概念，組織學習概念的發展進入了理論

內涵充實時期，以組織學習學習爲核心概念的相關文獻陸續出現，其中又以C. Argyris和D. Schon在1978年所出版的《組織學習：行動理論的觀點》（*Organizational Learning: A Theory of Action Perspective*）一書最具代表性（盧偉斯，1997；Easterby-Smith & Araujo, 1999），許多有關組織學習的原創概念成爲許多後續研究的主要理論基礎，《組織動力學》（*Organizational Dynamics*）期刊並將C. Argyris奉爲組織學習之父（Fulmer & Keys, 1998）。此後組織學習理論廣受各界探討與應用，其發展也更趨多元而複雜。

二、組織學習的理論基礎

雖然組織學習的概念在學術領域已歷經多年的發展過程，但由於學者們研究角度的不同，因而產生不同觀點的組織學習理論。而在眾多學者當中，其中以Argyris與Schon（1978）對於組織學習所提出的觀點最具代表性，以下說明Argyris與Schon組織學習理論的主要概念，以作爲瞭解組織學習意涵的理論依據。

Argyris與Schon（1978）以「行動理論」（theory of action）爲基礎，認爲人在採取行動時皆具有意圖及目的，且會深思熟慮地針對目的採取適當的行爲；組織猶如個人一般具有認知的形式，如欲達到某個目標結果，會根據其行動與結果之間的假定，擬定適當的行動策略，並採取特定行動以達到預期的結果。而組織學習係透過個人的學習行爲來達成，發生在當組織實際的表現與期望的結果產生落差時，組織成員對此落差進行檢視，探究其原委，並將錯誤予以矯正的集體探索過程。而組織學習主要包含以下三種形式：

(一) 單環學習 (single-loop learning)

指在組織既定的目標之下，當組織所採取的實際行動的結果與期望目標之間不一致時，組織成員同心協力檢測行為結果的錯誤，並在不逾越組織既有的行事規範之下，改變例行的行為策略與準則，以更正錯誤、改善現況，使新的行為策略能與組織內部既定的目標相結合。換言之，單環學習主要是學習以既有的方法與準則來解決組織例行或已知的問題，並未涉及根本價值或假定的改變，適合在組織內在與外在環境皆維持穩定的情形下進行。當組織所處的情境愈趨複雜，且環境的變化超越原先所設定的範圍時，則單環學習便無法提供有效的組織學習，也無法使問題得到根本的解決。

(二) 雙環學習 (double-loop learning)

雙環學習發生在當組織遇到複雜、多變的、無固定解決方案的問題時，改變組織既有的運作規則已無法有效解決問題，此時組織成員不僅只有瞭解既有的事實改變現狀而已，而是能更進一步探究問題所形成的根本原因，對組織既有的運作規範抱持質疑的態度，檢視錯誤，提出問題，透過反思與探究澄清組織內部的矛盾與衝突，以新的觀點重新修正目標，並徹底改變組織運作規則所隱含的價值及假設，找出新的行動方案，以修正錯誤。

(三) 再學習 (deutero learning)

即是學習如何學習，組織成員針對組織過去學習的情境進行反思與探究，瞭解其中能促進或阻礙組織學習的因素，並進而創造、評估，並推廣新的學習策略，最後將學習的結果嵌入個人的概念圖像及組織學習的實務中。

三、組織學習的意涵

有關組織學習的定義，迄今在文獻上仍呈現多元而分歧的現象，尚未出現一個整合性的定義可以用來完全解釋何謂組織學習。除了上述Argyris與Schon對組織學習的定義之外，以下將國內外學者對於組織學習的定義擇數例供參考。

盧偉斯（1996）認為，組織學習是組織為了促進長期效能與生存發展，而在回應環境變化的實踐過程中，對其根本信念、態度、行為，及結構安排的各種調整活動，這些調整活動藉由正式和非正式的人際互動關係來實現。

林麗惠（1999）指出，組織學習係透過組織中的個人、團隊與組織等層面共同進行學習的歷程，在此歷程中包含單環學習、雙環學習與再學習等過程，以期調整並修正組織因循之常規，且將所學的知能轉化為實際的行動，以利妥善因應外在環境的變遷，進而提升組織績效。

吳明烈（2003）認為，組織學習是透過持續而有效的個人學習、團隊學習與組織整體的學習，進而有效解決組織面臨的問題，並提供組織創新及應變的能力，以促進成員與組織整體的發展。

Fiol與Lyles（1985）認為組織學習並非個人學習的總合，而是一種藉由更佳的知識與理解方式來改善組織行為的一種過程。

Huber（1991）認為組織學習為組織透過資訊的處理改變其潛在行為，當組織中任何個體或單位取得知識，並認為該知識可能為組織帶來潛在的利益時，即代表組織已經處在學習的狀態。組織學習由知識取得、知識散布、知識詮釋，以及組織記憶（organizational memory）等四個構面所構成。Huber並強調學習不見得要刻意，也不見得要導致外

在行為的改變，而是發展可能影響組織行為的新知或洞見，增加行為改變的可能性。

Kim（1993）表示，組織學習即是增加組織採取有效行動的能力，可藉由個人學習成果的累積來達成。

DiBella、Nevis與Gould（1996）則將組織學習定義為：組織以經驗為基礎，用以維持或改進組織績效的能力或過程。相關的活動包含知識的取得、分享及運用。

Dixon（1999）將組織學習定義為：一種企圖在組織各層級中利用學習的過程，不斷地改變組織，以增加利害關係人滿意度的過程。

綜上所述，學者對於組織學習的定義各有不同的關注焦點，有些學者由個人學習的角度切入，視組織學習為組織中個人學習的總和；但也有學者持相反觀點，認為組織學習是多層次的，並不等同於個人學習的集合體；有的學者強調組織的調適，有的則強調知識的傳遞與運用，有的則兼採不同的觀念。

雖然學者對於組織學習的定義各有不同的見解，組織學習的概念也尚待釐清，但Dixon（1999）從學者所提出的十一種組織學習的定義中，發現仍可歸納出以下幾項共同要素：

1.預期知識的增加會造成行動的改善；

2.認知到組織及其環境間關係之重要性；

3.強調在集體或共同思考時的團結一致感；

4.強調組織自我改變的能力。

第五節　學習型組織的意涵與特徵

自組織學習的概念產生之後，到了1980年代後期，由於全球的經濟、科技、社會及工作環境均產生的重大的變革，許多企業開始體認到

組織必須在知識、策略、領導及科技等各方面調整或轉型，才能提高效率，因應組織內部與外部的挑戰，且唯有組織持續不斷地學習，才是維持競爭優勢、獲得永續生存與發展的關鍵，也因此「學習型組織」（learning organization）的概念逐漸成為企業所關注的課題，許多企業紛紛朝學習型組織發展。本節主要說明學習型組織的意涵、學習型組織與組織學習的關係，以及學習型組織的特徵。

一、學習型組織的意涵

（一）學習型組織的定義

1990年Peter M. Senge發表《第五項修練：學習型組織的藝術與實務》（*The Fifth Discipline: The Art and Practice of the Learning Organization*）一書，進一步闡揚以系統思考作為建構學習型組織的根基，在學術界及實務界均引起廣大的迴響，使得討論學習型組織的風潮因而達至巔峰，而學習型組織概念的應用也從企業界延伸至社會各界。

有關學習型組織的定義，各家學者大多就個人的觀點加以詮釋，茲引述幾位代表學者的定義如下：

吳清山（1997）學習型組織係指：一個組織能夠持續不斷地學習，運用系統思考，從事各種不同的實驗與問題解決，進而強化及擴充個人的知識與經驗，改變整個組織行為，以增強組織變革與創新的能力。

Senge（1990）認為學習型組織係指：組織成員持續提升其能力，創造共同渴望的結果，培養新的思考模式，塑造集體的氣氛，實現共同的願景，並且持續不斷地學習如何共同學習。

Garvin（1993）學習型組織為一個精於創造、獲取及傳遞知識的組織，並藉由這些新知識及見解得以修正、反省其行為，並從中培養新的

洞察力。

　　Watkins與Marsick（1993）認為，學習型組織是一個不斷在學習及轉化的組織，學習發生在個人、工作團隊、組織整體及與組織互動的外在環境中。學習與工作結合，且是一種持續的過程，其結果將導致組織成員知識、信念及行為的改變，並且可以提升組織創新與成長的能力。

　　Marquardt（1996）將學習型組織定義為：能夠有效和集體地學習，並為了共同的成功，組織成員持續使自己在取得、管理及使用知識上蛻變精進的組織。

　　綜上所述，可發現雖然學者的定義各有不同，但大多數學者皆強調組織持續不斷地進行學習、創新、改變的核心概念，組織唯有不斷地進行及促進學習，才能永續生存與發展。

（二）學習型組織與組織學習的關係

　　「組織學習」與「學習型組織」的概念有時常被混為一談或交互使用，雖然學習型組織的概念源自於組織學習，但兩者在核心思想、關注焦點及對象上均不盡相同。若要將兩者加以比較或區分，一般而言，探討組織學習的文獻大都出自於學術領域，學者對於組織學習概念的探討比較偏重在分析組織中個人及集體如何學習的本質、技能及過程。而研究學習型組織的代表學者則有不少在大型企業中身兼顧問的角色，在探討學習型組織時，多半以組織學習的概念與理論為基礎，將其視為學習型組織的一個構面，並從實務及應用的角度，發展特定的工具、模式及方法，以診斷、評量及促進組織的學習過程，相關文獻也將焦點放在學習型組織應具有的系統、原則及特徵（Easterby-Smith & Araujo, 1999; Marquardt, 1996）。換言之，組織學習為一種活動及過程，強調組織學習的方法及程序；而學習型組織則是一種結果，組織須藉由組織學習的動態過程才可達成的一種目標及層次，唯有進行組織學習，並且促進組

織學習，才能達到學習型組織的理想及境界。

二、學習型組織的特徵

由於學者對於學習型組織的定義各有不同的重點，為了進一步瞭解學習型組織的概念，以下說明學習型組織的特徵及其與一般組織的不同，以作為進一步說明建構學習型組織的基礎。

Watkins與Marsick（1993）以簡單的七個C說明學習型組織所展現的特徵：

（一）持續不斷（continuous）的學習

許多組織所安排的學習活動只在特定時間內舉行，只針對特定項目，且非員工自願參與，學習內容也往往是單方面來自訓練者的想法。反之，學習型組織當中的學習與學習者的工作經驗息息相關，能符合工作者即時的需要，往往是透過非正式及團體的方式進行。所以訓練者應教導組織成員如何從自己的工作經驗中學習、如何在團體中更能有效地學習、如何自己獨立學習，所以在學習型組織中，學習的機會是開放的、隨手可得的、且受到鼓勵的。

（二）共同合作（collaborative）的關係

組織成員透過與他人共同參與有意義地工作任務而形成共同合作的學習關係，而培養此種關係也需要組織能提供相關的機會，鼓勵組織成員互相合作，且讓員工感到受到重視。因此組織必須將組織成員視為組織的資產，相關政策均能重視其長期的福利，員工感受到組織的重視與關懷，才能與他人建立良好的合作關係。

（三）緊密聯繫（connected）的組織結構

學習型組織的組織結構有高度的緊密性及互相依賴性，以增進組織成員間的互動關係，使組織成員能夠感受到彼此之間有休戚與共的關聯性。此外，組織成員能瞭解組織與外在環境（包括供應商、顧客及社會）的關係及社會責任，瞭解工作和產品對他人所帶來的貢獻，因此大家願意共同為長遠的目標而工作，而非眼前短暫的利益。

（四）全體共有（collective）的學習

組織整體的學習為個人及團體共同決定組織行為及意圖的一種途徑，可藉由跨單位的探詢、瞭解不同觀點的對話、挑戰不同的想法及基本假設、共識的建立等方式來創造組織共享的意義。

（五）創新發展（creative）的精神

創新的思維可使組織超越限制，將組織帶向無法想像的未來，學習型組織鼓勵成員實驗及冒險，不斷改良與創新，且創意要能周全、獨特且源源不絕，並發揮在技術、產品、服務、生產等過程的革新。

（六）存取（captured and codified）學習的制度與系統

學習型組織善用科技鼓勵組織成員將學習的成果回饋至整個組織文化，組織的政策也提供資源鼓勵成員自發性地學習，並讓成員參與組織政策制訂的過程。

（七）組織學習能耐的建立（capacity building）

組織學習最終的目的在於提升組織整體改革的能力，學習型組織具有能讓組織及其成員持續成長及學習的系統，提升組織整體改革的能

力，得以永續成長與發展。

組織在轉化爲學習型組織之後，與一般組織會有何不同？Watkins與
Marsick（1993）認爲一般組織與學習型組織的特性在個人、團隊、組織
及環境等層面上有以下幾點差異：

（一）個人層面

一般組織個別成員的學習往往是制式的、片段的、一窩風的，而且
比較不具統整性或連貫性；而在學習型組織中，成員個人的學習具有持
續性及發展性，並且針對組織未來的需求做策略性的規劃。

（二）團隊層面

一般組織團隊的學習著重在任務的達成而非過程，比較重視個人的
獎勵，而非整個團隊，而且學習容易以個別部門爲主；但在學習型組織
當中，團隊學習著重在團體的發展及合作技能的建立，比較重視整個團
隊或整個單位的獎勵，且往往以跨部門的方式進行。

（三）組織層面

一般組織對於組織整體的學習往往在沒有考慮到組織學習障礙的情
形下，藉由組織重組的方式而進行，組織結構比較不具彈性，學習有時
會流於形式，且與成員既有的技能無法產生關聯；而學習型組織會建構
彈性的組織結構，以提升每位組織成員的學習，學習是逐步建立在既有
技能的基礎上。

（四）環境層面

一般組織在進行學習時，無法察覺到組織的政策對社會所帶來的影

響；而學習型組織在進行學習時，則是能體認到組織與環境之間的互賴性，並努力對社會的改善有所貢獻，不斷地審視及預測未來的趨勢，以建造一個理想的未來。

第六節　建構學習型組織的理念與做法

受到Senge《第五項修練》一書的影響，世界各國的企業紛紛以建立學習型組織為目標，但是要建立學習型組織之前，必須先去除組織中對於學習的障礙，然後才能針對這些組織學習障礙，提出適當的因應對策。本節首先瞭解組織的學習障礙，其次呈現建構學習型組織所需的修練，繼而提出建構學習型組織的具體策略。

一、組織的學習障礙

許多組織無法在競爭的環境下永續生存，有些組織甚至擁有一群傑出又忠誠的員工，但整體的表現仍是乏善可陳，其中最主要的關鍵在於這些組織往往具有阻礙其進步及成長的學習障礙（learning disabilities）而不自知。若要成功地建立學習型組織，首要之務在於認清組織的學習障礙。Senge（1990；郭進隆譯，1994）認為存在於組織的學習障礙通常有以下七項：

（一）本位主義（I am my position）

當組織分工不當、成員各司其責並缺乏互動時，往往會導致組織成員只專注在自己所負責的工作職務上，認為把自己的工作本分做好就好，而不願意去瞭解自己的行為對於整個組織的影響。於是當組織有問題時，往往無法察覺到問題的原因，也很難找出問題的根源。

（二）歸咎於外（the enemy is out there）

　　上述本位主義的學習障礙，若導致組織成員無法全盤性地看待問題，連帶著也會產生歸咎於外的學習障礙。如果組織成員只偏狹地關心與自己職務有關的事務，且無法瞭解個人行為的後果對組織所產生的影響，當問題發生時，往往就會認為事不關己，而將錯誤歸咎在別人身上，歸咎的對象往往不限組織內部而已，還包括組織外部的競爭對手。

（三）意氣用事（the illusion of taking charge）

　　如果組織遇到困境時，往往會認為錯不在己而是在他人身上時，管理者會認為與其被動等待別人解決問題，不如趁問題尚未發展成危機之前先主動採取行動。如果遇到極為錯綜複雜的問題時，有時為了主動出擊所採取的行動反易淪為意氣用事，對於問題的解決並沒有太大的助益，因為組織並未能真正瞭解組織本身與問題成因的關聯性。

（四）過度專注於個別事件（the fixation on events）

　　組織成員之間的對談往往只專注在眼前所發生的事件，但是許多事件或問題的形成都是歷經緩慢及漸進的發展過程，所以當組織成員過度專注於個別事件的習慣養成之後，就易過度簡化事件之間的因果關係，而無法深入瞭解事件背後長期演變的過程、模式及其所產生的原因。組織如要有創新的思維，則不能只針對眼前所發生的事件反應而已，而是要進一步瞭解背後的問題型態及成因。

（五）煮蛙效應（the parable of the boiled frog）

　　許多企業失敗的原因往往是對於外在環境緩慢且漸進的改變習而不察，等到這些變化逐漸演變成致命的威脅時，已經來不及因應，終而走

上絕命之路。就如同將一隻青蛙置在滾燙的熱水中，在受到突如其來的威脅時，牠會本能地馬上跳出水鍋逃命，雖然會受到燙傷，但至少還能保住性命；但如果把這隻青蛙置在一鍋室溫的水中，然後再緩慢地加溫，則青蛙反而因逐漸適應水溫而不覺有異，直至水溫達到滾燙時，早已無力脫逃，只好坐以待斃。

（六）從經驗中學習的錯覺（the delusion of learning from experience）

組織成員常常從過往的經驗中，經由嘗試錯誤而學習到新的行動策略，但有時一個人行為後果的影響可能會超乎眼前所能想像的範圍，這時便會發現過於仰賴過去經驗所做出的決定可能就無法通過時空的試煉。

（七）管理團隊本身的迷思（the myth of team management）

管理團隊原本應為組織解決跨部門的複雜問題，但企業組織的管理團隊往往表面上看起來團結一致，但私底下卻致力於權力鬥爭。為了保持和諧的形象，團隊內部甚至會設法壓制不同的意見，所以遇到團隊成員有異議時，也無法去檢視不同看法中所隱含的基本假設，最後喪失了團隊可以學習的機會。

二、建構學習型組織所需的修練

組織在認清上述的學習障礙之後，若要轉化為一個學習型組織，必須具備哪些要件呢？根據Senge（1990；郭進隆譯，1994）的分析，要成為學習型組織至少必須具備五項基本的修練（系統思維、自我超越、心智模式、共同願景及團隊學習），茲將其內涵分別說明如下：

（一）運用系統思維（systems thinking）

系統思維是型塑學習型組織五項修練當中的主要精髓，也是強化其他四項修練的基石。Senge認為一般人在遇到複雜的任務或問題時，常犯的思考錯誤包括：用以往可行的經驗來解決當前所遭遇的問題，或是礙於時間及資源上的限制，急於尋找立即見效或顯而易見的方法（例如將問題拆解成幾個部分個別處理）。此種反應看似可以將問題化繁為簡，但事實上往往這些思考上的障蔽卻使根本的問題無法得到長期而有效的改善，其結果反而是捨本逐末、欲速則不達。會導致此種結果的主要原因是事件之間的因果關係往往在時空上並非緊密相連，事物之間也不僅只有單純的一對一關係，而是各種不同因果互相影響所衍生成的循環發展，所以必須摒除以靜態的、僵化的、片斷的、直線式及二分法的思維習慣專注在當下所見的表象，否則無法認清事件發展的循環原理及動態的互動關係。系統思維即是一種思考問題的架構，可幫助我們以綜觀全局的視野瞭解事件的演變模式及彼此之間的關聯性，體認事件發展的互動關係，瞭解組織問題背後真正形成的一連串動態過程，使我們能夠有效的掌握多變及複雜的情境，是一種見樹又見林的藝術。

（二）鼓勵自我超越（personal mastery）

人有肯定自我，追求成長的動機，唯有透過個人學習，組織才能學習，而學習型組織即是一個能幫助個人達成自我實現的場所。而自我超越即是一種個人不斷成長與學習以突破極限的自我實現，具有高度自我超越的人具有強烈的使命感，不斷地學習與精進，擴展自我的潛能與創造力，以實現個人生命真正想要達成的最終結果。自我超越的修練包含以下三項要素：

1.建立願景

一般人或許有目標，但不見得有一個清晰的願景。通常目標比較廣泛、抽象，但願景卻是能提供一個對於理想未來的具體意象。自我超越強調的即是針對個人不斷釐清及精鍊內心深處願景的過程，這種全力關注最終願望的能力即是自我超越的基石。

2.客觀體察願景與現實條件之間的差距

即使個人有清晰的願景，但如果願景和現實有差距時，則會令人感到挫敗或緊張。但是Senge卻認為願景與現實的差距反而是創造力的泉源，並稱之為「創造性張力」（creative tension），而真正有創造力的人會將此種差距轉化為正向的力量，激勵自己產生改變的動能以實現願景。

3.追求真相

自我超越的人願意真誠地探究自己行為背後的衝突，並挑戰內心所隱含的假設，這種對於自我內心真相的瞭解與覺察，可使高度自我超越的人進一步確認內在衝突的起源，對其做更有創意的改變，使之成為實現願景的力量。

（三）改善心智模式（mental models）

心智模式是指一個人的思維及信念模式，也是我們思考及看待周遭世界如何運作所持有的假設及圖像，往往潛藏在我們內心而不易被察覺及檢視。當心智模式日積月累而逐漸根深蒂固時，即會影響到我們對於周遭世界的看法及所採取的行為模式。組織當中有許多新的構想之所以無法如願付諸實施，其關鍵即在於深植在組織管理傳統當中的舊有心智模式成為推展上的障礙。如果要改善組織運用心智模式的能力，必須鼓勵組織成員透過反思（reflection）及探詢（inquiry）的技能，揭示內心的圖像，審視習以為常的假設及問題真正的原因，在組織成員多元觀點

的交流下，重新建構及改善組織的心智模式。

（四）形成共同願景（shared vision）

　　組織的共同願景是一種組織成員共同持有的願望、理想、遠景、意象或目標，能使組織成員產生一體感。當組織成員強烈認同組織願景時，就會衷心嚮往，積極為值得奉獻及投入的共同目標而努力，並產生真正創造性的學習。組織若要建立共同願景，必須營造開放的氣氛，持續不斷地鼓勵成員發展個人的願景，並樂意與其他成員分享彼此的願景。共同願景的產生必須透過所有組織成員由下而上發自內心的參與，而非被動地遵從來自管理高層的宣示，領導者本身更是要以身作則，不斷把自己的個人願景與組織成員分享與溝通，與組織成員共同激盪出組織未來的圖像，組織共同的願景才能經由所有成員不斷地釐清、投入、溝通與奉獻而形成。

（五）落實團隊學習（team learning）

　　團隊是組織當中最主要的學習單位，但即便將一群具有優秀才能的個人聚集在一個團體，若無法共同學習，則仍是無法造就出一個優秀的學習團隊，所以精熟團隊學習的修練是建立學習型組織的主要關鍵。團隊學習的修練主要在發展團隊成員能夠彼此信任，截長補短，互相配合的能力，以實現共同目標的過程，而落實團隊學習的方法在於培養團隊成員有效運用討論及深度匯談（dialogue）的能力。討論的技能是使團隊成員能夠由不同的看法中異中求同，形成集體的圖像，發展出更高一層的共識。而深度匯談的技能則是使團隊成員在探索複雜的議題時，能夠互相信任，願意揭露個人深藏內心的假設，並且彼此聆聽，交換不同的想法，使團隊匯集更多樣的意義與想法，且遇到成員之間思維不一致甚至有所衝突時，能夠覺察及面對不同思維之間的歧異，進而引發深入

的集體學習。當團隊能夠共同學習，致力於持續不斷地改進時，則團隊不但能有集體優異的表現，個人在團隊中的成長也將遠超過個人單獨學習的成果，而且團隊學習成功的要訣也可擴散至組織的其他團隊，進而帶動組織整體的學習。

三、建構學習型組織的具體策略

除了Senge的學習型組織五項修練之外，Watkins與Marsick（1993）對於學習型組織的建立提出了一個整體的概念架構，認為組織中的學習包括個人、團隊、組織及環境等四個相互依賴的層面：在個人層面的學習方面，必須為組織成員創造持續學習的機會，且增進組織成員探詢與深入對話的技巧；在團隊層面的學習方面，要鼓勵成員之間的合作及團隊學習；若要促進組織層面的學習，整個組織應建立儲存及分享學習成果的系統，並協助組織成員建立共同願景；最後在環境層面的學習部分，則應加強組織與其環境的連結。

針對以上四個學習層面，Watkins與Marsick認為，組織必須掌握以下六項建構學習型組織的具體策略，才能成為一個持續學習的系統，並且不斷地改革與進步。茲將六項策略的內涵說明如下：

（一）創造持續學習的機會

組織成員可藉由工作獲得持續不斷的學習機會，特別是將在日常工作中所面臨到的問題及挑戰轉化為學習的契機，思考以往經驗所採取的行動、實驗各種解決方案、評估所獲得的結果，以作為未來經驗之參考。組織成員藉由工作中的行動及反思形成一個不斷學習的循環過程。

(二) 促進探詢與深入匯談

組織成員在工作上的交談若能善用探詢及深入匯談的技巧，即可使其成為學習的重要媒介。組織成員在工作上的交談須將個人的想法真切地表達出來，並能更深入探詢對方對事物看法所持有的基本假設，甚至在聆聽其他成員的想法時，能針對對方想法所隱含的基本假設提出質疑與挑戰。若要讓組織成員應用探詢及深入對話的技巧來促進個人學習的話，組織亦須建立起充滿信任的組織氣氛，並實施相關的訓練，才能使組織成員在開放及支持的溝通環境下，激發及學習新的觀點，並為團隊及組織的學習奠下重要的基礎。

(三) 鼓勵合作及團隊學習

組織當中的團隊、團體及網絡為組織知識流通的重要媒介，組織成員若能透過合作的方式互相交流新的工作方法，可進而提升組織的學習能力，達成共同的目標。為促進組織成員的共同合作及團隊學習，組織需要提供可使成員能夠互相交換及分享團隊學習成果的有效機制，才能使各個團隊學習的成果散播至整個組織。除了組織的支持之外，團隊成員也需要共同建立一致認同的目標，學習如何分享不同的觀點或心智模式，朝團隊的目標努力。

(四) 建立儲存及分享學習成果的系統

組織須建立一套儲存系統，學習的成果才能留在組織記憶當中，而不因人員的流動而消失。除此之外，也需要一套能分享組織成員學習成果的系統，使所有成員能以正式或非正式的方式分享到其他成員所提供的見解或資訊。而這些系統宜將相關資訊做有系統的保存，才能使資訊能被有效利用。

（五）協助組織成員建立共同願景

在學習型組織中，組織需要改變其深層的結構及文化，授權讓組織成員能發揮潛能，並共同參與建立共同願景的過程。而領導者對組織成員的賦權增能也可使其勇於承擔風險及嘗試，進而促進學習。在學習型組織中，每位成員均能對組織有整體的願景，瞭解工作的程序，並且擁有能夠影響他人的知識。而每位成員也能獲取如何計畫學習的資訊，以及如何評估自己的需求與組織需求之間的關係。

（六）加強組織與其環境的連結

學習型組織須與其內在及外在環境做緊密的連結。在內在環境部分，由於組織成員所產出的產品及服務的品質與其工作生活品質是互相關聯的，所以組織需要有相關的政策回應組織成員的需求，使其在家庭與工作之間能維持適度的平衡，進而願意投注更多的心力持續不斷地學習與改進。此外，組織也須能回應外在環境的需求，藉由系統思考的觀點，瞭解個人、組織及社會三者長期需求的互賴關係。

第七節　學習型學校的意涵與建構

自從1990年代有關學習型組織的概念在學術界及企業界掀起討論的熱潮之後，教育領域也逐漸開始探討如何將學習型組織的理念與原則應用於學校組織。在這股浪潮之中，如何建構「學習型學校」（learning school），使學校提升教育品質及競爭力，以因應外在環境的變革，就成為當前國內外教育改革所重視的課題之一。本節首先說明學習型學校的意涵，然後再討論建構學習型學校所需具備的要件。

一、學習型學校的意涵

　　「學習型學校」的概念主要源自「學習型組織」的概念，但什麼樣的學校才是一個學習型學校呢？以下列舉幾位國內外代表學者的定義為例：

　　胡夢鯨（1999）將學習型學校定義為：一個經由個人學習及團隊學習過程而改變學校成員心靈意念的學校。其目的在幫助學校成員進行反思，開發個人潛能，解決學校問題，實現學校願景，以提供學校全體成員更理想的學習環境。

　　張德銳（1999）認為，在學習型學校裡面，學校成員能夠持續不斷地學習，並且運用系統思考從事各種不同的行動研究及問題解決，進而提升組織成員個人的知識與經驗，以及改變整個學校的組織行為，以強化學校組織變革與創新的能力。

　　Southworth認為學習型學校應具備下列五項相互關聯的特徵：1.重視學生的學習活動；2.每位教師都能持續不斷地學習；3.鼓勵教師和其他同仁共同合作或相互學習；4.學校為一個學習系統的組織；及5.學校領導者為學習的領導者（引自張明輝，1999）。

　　Wallace、Engel及Mooney（1997）則指出，學習型學校能積極協助學生的學習，以培養學生終身學習及問題解決的能力；並鼓勵教師致力於終身學習，以擴展其教學技能，進而提升其對學生的影響。

　　綜上所述，學習型學校是一個鼓勵學校全體成員積極參與學習的學校，其目的在幫助學生、家長、教職員及學校領導者等所有學校的成員能夠持續不斷地學習，形成蘊含學習風氣的學校文化，將學校建構成一個學習系統的組織，進而使學校成員能夠運用系統思考進行有效的問題

解決，並增進學校組織創新及成長的能力。

二、建構學習型學校的要件

　　學習型學校的建構是一個持續性的過程，需要學校全體成員凝聚共識、同心協力，才能逐步達成。在釐清了學習型學校的意涵之後，接下來說明將學校建構成一個學習型學校所需具備的要件。

　　秦夢群（1999）認為，學校若要成為一個學習型組織，就應具備以下要件：

　　1.明確可行的目標

　以便讓組織成員能夠清楚瞭解組織的方向，並且目標的設定應由領導者與成員共同努力產生。

　　2.良好的組織文化

　以使組織成員能夠共同建立願景，以達成團隊學習的目標。

　　3.流暢的資訊系統

　以便使組織成員因資訊的完備而能進行系統性的思考。

　　4.自我超越的個人

　　組織若要有強大的競爭力，其成員就必須具有自我超越的意願。在不斷鼓勵創新的團體中，致力於自我超越的成員在互動的過程中會互相激盪，改變彼此既有的心智模式，進而使組織脫胎換骨。

　　此外，Leithwood、Leonard與Sharratt（1998）根據一系列相關研究的結果，發現建構學習型學校組織學習的主要影響因素包含了學校外部環境、學校內部環境及學校領導者等三個層面，且每個層面均包含了促進學校成為學習型組織的必備要件，茲分別說明如下：

（一）學校外部環境方面

1.教育主管機關的願景

教育主管機關的使命及願景為學習型學校的重要根基，如欲建構學習型學校，則教育主管機關要能滿足教師及行政人員在專業上持續不斷成長的需求，並建立清晰、明確及有意義的願景，才能喚起教師及行政人員對於學習的承諾，以此願景作為個別學校願景的基礎，並建立個人專業學習的目標。

2.教育主管機關的政策與資源

學習的政策或資源能促進教師與行政人員繼續不斷地學習，例如安排教職員共同規劃及進行專業發展的時間、延請顧問或專家教師提供專業上的指導與協助，及提供其他可彈性運用的資源。

（二）學校內部環境方面

1.學校文化

營建一個教職員能夠共同合作及協同學習的組織文化，教職員之間具有相互支持的規範及想法，能受到同僚的尊重，並願意嘗試新的作法。

2.學校結構

提供能夠促進教師參與學校決策的組織結構或機制，例如每週舉行籌備會議、提供許多非正式的問題解決討論時段、規劃彈性且具巧思的時程表、安排固定的專業發展時段，及教師共同準備課程的時間。

3.學校政策與資源

為了提升教師的學習，學校提供及時且充足的資源支持教師的專業發展，例如圖書資源、專業期刊雜誌、教材資源、電腦軟硬體設備、專業技術人員的協助及社區資源等；此外，同事也是教師專業發展的重要資源。

（三）學校領導者

1.勾勒及闡述願景

領導者為學校發掘新的機會，校長與全體教職員共同協力建立學校的願景，並藉由共同發展、傳達及感召的方式，使教職員具有共同的使命感，齊心為學校的未來而努力。

2.促進對團體目標的認同

校長親自參與目標制定的過程，協助教職員發展個人的專業成長計畫，並促進教職員之間的合作，提升教職員為共同目標的接受程度。

3.傳達高度表現的期望

對教職員傳達出卓越、品質及高度表現的期望，鼓勵教師嘗試新的教學實務，期許行政人員的表現是有效能且創新的。

4.提供適切的楷模

校長以身作則成為教職員學習的楷模，實際行為表現能與標榜的價值相符。值得教職員仿效的行為包括：努力工作、態度積極、心胸開放、擁有良好的社會關係技巧，及透過學習達到自我成長與改進。

5.提供個別的支持

對個別教職員的尊重，善用其所提供的意見；提供精神上的支持，關懷其個人的感受及需求表達關懷；並對教職員工作表現予以個別的讚許，使其感受到自己對學校的貢獻受到肯定。

6.提供智性的刺激

校長會挑戰教職員重新檢視平時對工作的基本假設、鼓勵教職員對其工作實務進行反思、為教職員的專業學習引進新的觀點、引導教職員重新思考新的工作方式、瞭解教職員個別專業成長的需求、提供教職員互相學習的機會，使其能在工作中持續學習。

7.塑造有生產力的學校文化

校長會營造教職員互相合作、彼此關懷及信任的學校文化，並協助教職員共同建立能夠持續改善對學生的服務品質之規範、價值和信念。

8.協助提供參與決策的組織結構

賦予教師參與學校決策的權利與自主性，鼓勵教師透過正式或非正式的機會提供建議，並提供能促使所有學校利害關係人有效參與學校決策過程的機會。

回答問題

1. 數據、資訊、知識三者之間有何差異？
2. 學校行政人員在推動知識管理時應把握哪些原則？請舉例說明。
3. 組織學習與學習型組織的關係為何？
4. 我國目前中小學學校組織常見的學習障礙有哪些？應如何克服？
5. 學校行政人員在將學校組織轉化為學習型學校時，可能會面臨的困境為何？應如何因應？

參考書目

王如哲（2000）。知識管理與教育革新。**教育研究集刊，45**，35-42。

王如哲（2001）。**知識管理的理論與應用**。臺北：五南。

王美音（譯）（1998）。D. Leonard-Barton著。**知識創新之泉：智價企業的經營**。臺北：遠流。

吳明烈（2003）。**組織學習與學習型學校**。臺北：高等教育。

吳清山（1997）。學習型組織理論及其對教育改革的新的啟示。**國教月**

刊，**43**(5)，1-7。

吳清山（2001）。知識管理與學校效能。臺北市立師範學院學報，**32**，
　　1-15。

林麗惠（1999）。**組織學習與學習型組織**。載於中華民國成人教育學會
　　（主編），學習型組織（頁117-153）。臺北：師大書苑。

胡瑋珊（譯）（1999）。T. H. Davenport與L. Prusak著。知識管理。臺
　　北：中國生產力中心。

胡夢鯨（1999）。**學習型學校的發展：以美國加速學校與我國補習學
　　校為例**。載於中華民國成人教育學會（主編），學習型組織（頁
　　281-315）。臺北：師大書苑。

秦夢群（1999）。營造學習型組織學校：教育行政人員應有的體認與策
　　略。**教育資料與研究，27**，9-12。

郭進隆（譯）（1994）。P. M. Senge著。第五項修練：**學習型組織的藝
　　術與實務**。臺北：天下文化。

張明輝（1999）。營造學習型學校。**教育資料與研究，27**，1-7。

張德銳（1999）。現代教師在學習型學校應扮演的角色。**教育資料與研
　　究，27**，13-16。

劉京偉（譯）（2000）。Arthur Andersen Business Consulting著。知識
　　管理的第一本書。臺北：商周。

盧偉斯（1996）。**組織學習的理論性探究**。國立政治大學公共行政學系
　　碩士論文，未出版，臺北市。

盧偉斯（1997）。組織學習論基本議題的分析與比較。**公共行政學報，
　　1**，103-136。

Argyris, C., & Schon, D. A. (1978). *Organizational learning: A theory of
　　action perspective.* Reading, MA: Addison-Wesley.

Brown, J. S., & Duguid, P. (1998). Organizing knowledge. *California*

Management Review, 40(3), 90-111.

Davenport, T. H., & Prusak, L. (1998). *Working knowledge: How organizations manage what they know*. Boston: Harvard Business School Press.

DiBella, A. J., Nevis, E. C., & Gould, J. M.(1996). Understanding organizational learning capability. *Journal of Management Studies, 33*(3), May, 361-379.

Dixon, N. M. (1999). *The organizational learning cycle：How we can learn collectively* (2nd ed.). Vermont：Gower.

Dixon, N. M. (2000). *Common knowledge: How companies thrive by sharing what they know*. Boston: Harvard Business School Press.

Easterby-Smith, M., & Araujo, L. (1999). Organizational learning：Current debates and opportunities. In M. Easterby-Smith, L. Araujo & J. Burgoyne(Eds.). *Organizational learning and the learning organization：Developments in theory and practice* (pp.1-21). London：Sage.

Fiol, C. M., & Lyles, M. A. (1985). Organizational learning. *Academy of Management Review, 10*(4), 803-813.

Fulmer, R. M., & Keys, J. B. (1998). A conversation with Chris Argyris: The Father of organizational learning. *Organizational Dynamics, 27*(2), 21-32.

Garvin, D. A. (1993). Building a learning organization. *Harvard Business Review*, July-August, 78-91.

Huber, G. P. (1991). Organizational learning: The contributing processes and the literatures. *Organization Science, 2*(1), 88-115.

Kim, D. H. (1993). The link between individual and organizational learning. *Sloan Management Review,* Fall, 37-50.

Kimball, F. (1998). Shedding light on knowledge work learning. *The Journal of Quality and Participation, 21*(4), 8-16.

Krogh, G. V. (1998). Care in knowledge creation. *California Management Review, 40*(3), 133-153.

Leibowitz, J. (1999). Knowledge management handbook. Boca Raton, FL: CRC Press.

Leibowitz, J. (2000). Building organizational intelligence: A knowledge management primer. Washington, D. C.: CRC Press.

Leithwood, K., Leonard, L., & Sharratt, L. (1998). Conditions fostering organizational learning in schools. *Educational Administration Quarterly, 34*(2), 243-276.

Leonard, D., & Sensiper, S. (1998). The role of tacit knowledge in group innovation. *California Management Review, 40*(3), 112-132.

Leonard-Barton, D. (1998). *Wellsprings of knowledge: Building and sustaining the sources of innovation.* Boston: Harvard Business School Press.

Malhotra, Y. (1998). Deciphering the knowledge management hype. Journal for Quality and Participation, 21(4), 58-60.

Marquardt, M. J. (1996). *Building the learning organization: A systems approach to quantum improvement and global success.* New York: McGraw Hill.

Nonaka, I. (1994). A dynamic theory of organizational knowledge creation. *Organization Science, 15*(10), 14-37.

Nonaka, I., & Takeuchi, H. (1995). *The knowledge-creating company.* New York: Oxford University Press.

Polanyi, M. (1967). *The tacit dimension*. New York: Doubleday.

Senge, P. M. (1990). *The fifth discipline: The art and practice of the learning organization*. New York; Doubleday.

Sveiby, K. (1997). *The new organizational wealth: Managing and measuring knowledge-based assets*. San Francisco, CA: Berrett-Koehler.

Wallace, R. C., Engel, D. E., & Mooney, J. E. (1997). *The learning school: A guide to vision-based leadership*. Thousand Oaks, CA: Corwin Press.

Watkins, K. E., & Marsick, V. J. (1993). *Sculpting the learning organization: Lessons in the art and science of systemic change*. San Francisco, CA: Jossey-Bass.

Wigg, K. M. (1997). Knowledge management: Where did it come from and where will it go? *Expert Systems with Applications, 13*, 1-3.

國家圖書館出版品預行編目資料

學校行政／秦夢群主編. --1版. --臺北市
：五南, 2007.09
　　面；　公分
　含參考書目
　ISBN 978-957-11-4855-7（平裝）
　1.學校行政
　526　　　　　　　　　　96014773

1ISN

學校行政

主　　　編 — 秦夢群(434.1)

作　　者 — 秦夢群　朱子君　黃旭鈞　郭昭佑　何宣甫
　　　　　　湯志民　林偉人　葉連祺　濮世緯　陳錫珍

發 行 人 — 楊榮川

總 編 輯 — 王翠華

主　　編 — 陳念祖

責任編輯 — 李敏華

封面設計 — 童安安

出 版 者 — 五南圖書出版股份有限公司

地　　址：106台北市大安區和平東路二段339號4樓

電　　話：(02)2705-5066　　傳　　真：(02)2706-6100

網　　址：http://www.wunan.com.tw

電子郵件：wunan@wunan.com.tw

劃撥帳號：01068953

戶　　名：五南圖書出版股份有限公司

台中市駐區辦公室/台中市中區中山路6號

電　　話：(04)2223-0891　　傳　　真：(04)2223-3549

高雄市駐區辦公室/高雄市新興區中山一路290號

電　　話：(07)2358-702　　傳　　真：(07)2350-236

法律顧問　林勝安律師事務所　林勝安律師

出版日期　2007年9月初版一刷
　　　　　2013年8月初版三刷

定　　價　新臺幣480元